Die Salonièren und die Salons in Wien

HELGA
PEHAM

Die Salonièren
und die Salons
in Wien

200 JAHRE GESCHICHTE
EINER BESONDEREN INSTITUTION

styria premium

INHALTSVERZEICHNIS

Alma Mahler-Werfel im Jahre 1909. Foto von Madame d'Ora.

SALONS ENTSTEHEN UND
SALONIÈREN ENTWICKELN SICH

Ein Salon bildet sich um eine gebildete, geistreiche Frau, die Salonière. Die Besucher treffen einander mehr oder minder regelmäßig, die Geselligkeitsform ist das Gespräch mit dem Ziel, neues Wissen aufzunehmen, weiterzuentwickeln und weiterzugeben.

Der ursprüngliche Salon beginnt Anfang des 17. Jahrhunderts in der Pariser Aristokratie. Die Kultivierung der feinen Lebensart, der Sitten und der Sprache, und der Kontakt mit Künstlern und Wissenschaftern bleiben jedoch innerhalb dieser Elite und erzielen keine Wirkung nach außen.

In Wien setzt das Salonleben in den 70er-Jahren des 18. Jahrhunderts ein. Der erste Kreis bildet sich um das Ehepaar Charlotte und Franz Greiner. Im Salon Fanny von Arnsteins treffen Adelige, Geschäftsleute, Gelehrte, Künstler und Damen der Gesellschaft aufeinander. Karoline Pichler umgibt sich mit angesehenen Beamten und deren Familien, Kavalieren, Gelehrten und Künstlern. Um 1800 und zur Zeit des Wiener Kongresses 1814/15 erlebt der Wiener Salon eine erste Hochblüte, er dauert bis zur Mitte des 20. Jahrhunderts.

Der Begriff „Salon" entstammt der repräsentativen Architektur, er wird in die bürgerliche Wohnkultur übernommen, als die bürgerliche Repräsentation die aristokratische ablöst. Ohne das Salonleben wären die prachtvollen Ringstraßenbauten nicht entstanden. Ab der zweiten Hälfte des 18. Jahrhunderts findet man Salons als Geselligkeitsformen im Bereich zwischen privater und öffentlicher Sphäre, das ist das Emanzipatorische daran. Der Hochadel grenzt sich zu dieser Zeit noch streng vom niederen Adel und den bürgerlichen Schichten ab. Durch das starre Festhalten an Althergebrachtem und das Abgrenzen gegenüber neuen Einflüssen, bleibt die Hocharistokratie meist unberührt von gesellschaftlichen Entwicklungen. Merkmal für die Zugehörigkeit zur Hocharistokratie sei die Zahl der adeligen Vorfahren, berichtet 1796 ein Reisender, der von Riga aus nach Wien fährt. Niemand könne die Salons der Hocharistokratie betreten, „den nicht Rang und Geburt dazu berechtigen, und die Häuser sind immer noch selten genug, die hierin bey verdienstvollen Gelehrten und Künstlern eine Ausnahme machen".[1]

Zusehends öffnen sich die Gesellschaften des niederen Adels, der sich ständig durch Nobilitierungen erweitert, dem aufstrebenden Bürgertum, und es bildet sich die Zweite Gesellschaft heraus. Man blickt auf den Hochadel und kopiert ihn, ist jedoch gesellschaftlich weit geöffnet. Aufgeklärte Wien-Reisende werden rasch in die Geselligkeit integriert und von Salon zu Salon herumgereicht, sobald sie eingeführt sind. Bankiers, Wissenschafter, höhere Beamte, Künstler und Offiziere kommunizieren miteinander. Im 18. Jahrhundert, das vom Geist der Aufklärung stark geprägt ist, distanziert man sich zunehmend vom Hof und bespricht politische Themen. Der politische Salontyp entsteht. Es bilden sich Interessengemeinschaften, und gebildete Bürger nehmen gleichberechtigt an den Salongesprächen teil.

Ideen und Ideale, „cognitiv" akzentuierte Geselligkeiten bilden den Kern von Salons mit dem Ziel, gewisse Kunstrichtungen oder politische Ideen philosophischer Schulen zu diskutieren. Die Salonière bringt intellektuelle Fähigkeiten mit und verfügt, meist durch den Ehemann, über die materiellen Voraussetzungen, ein entsprechendes Ambiente, Räumlichkeiten sowie über das notwendige Personal, um eine solche Gesellschaft zu geben, in der und durch die sie anerkannt ist. Zu den hervorstechenden Eigenschaften einer Salonière gehören organisatorisches Geschick, Kontaktfreudigkeit, ein großes Interesse an Menschen und die Fähigkeit, einen intellektuellen Diskurs zu führen. Dem Ehemann ist eine untergeordnete Rolle im Salon zugeteilt, obwohl er als

Geldgeber fungiert, „Salonunternehmerin" ist die Salonière. Oft übernimmt ein Habitué den männlichen Part im Salon, oder es steht der Dame des Hauses eine herausragende Persönlichkeit zur Seite – ein großer Schriftsteller, ein tonangebender Philosoph –, die dem Gespräch eine Richtung gibt. Die regelmäßigen Zusammenkünfte ermöglichen es, dass ein Thema vertieft, der Gesprächsfaden wieder aufgenommen wird. Ist zunächst die kommunikative Begegnung der primäre Zweck, so ändert sich die Dynamik mit dem Beginn der Aufklärung und man will den Gesprächspartner überzeugen. Die Argumentation gewinnt an Raum. Die Salondame bezieht Position.

Universalität ist wichtig, die Themenpalette erstreckt sich von Literatur über Philosophie, Musik, Kunst hin zu politischen Ereignissen und kleinen Skandalen. Mit Beginn der Aufklärung entwickelt sich der Salon zu einer Plattform für Künstler und Publikum und zum Ort, der Einfluss auf das Schaffen eines Schriftstellers oder Musikers ausübt. Philosophische, wissenschaftliche und religiöse Fragen werden im Sinne der Aufklärung zu Themen. Der neue Stil ist geistreich, witzig, elegant.

Die Zweite Gesellschaft ist eine lernende Gesellschaft, ihre Salons sind die Akademien, in denen Wissen aufgenommen und weitergegeben wird. Gebildete Frauen sind bildungshungrig, ihnen ist es aber in Österreich verwehrt, an der Universität zu studieren. So holen sie sich kulturelle und wissenschaftliche Weiterbildung ins Haus und sammeln einen Kreis von Persönlichkeiten aller Schichten und Sparten um sich. Wissenschafter, führende Persönlichkeiten, Künstler verschiedenster Richtungen leisten ihren Beitrag zur Weiterbildung im Gespräch, im Vortrag, zur Ausbildung und Verfeinerung der Sinne.

Der Salon bildet „einen Freiraum von materiellen oder ideologischen Interessen. Die alleinige Motivation der Gäste ist es, einander zu respektieren, zu fördern und zu bilden."[2] Ein ästhetisches Element kann hinzukommen: Gedichte und Schriften aller Art werden vorgetragen, Theaterstücke aufgeführt, Musikabende gestaltet.

Statt rückwärts zu schauen, wie es vielfach in den hochadeligen Kreisen der Ersten Gesellschaft Usus ist, trachtet man in den Salons des aufstrebenden Bürgertums nach Erweiterung des Geistes, unabhängig vom Stand, in den man hineingeboren ist.

Die Salonière hat einen großen Anteil an diesem Bildungsangebot, denn sie stellt die Besucherliste aus Habitués und Besuchern zusammen, die zur geistigen Bereicherung aktiv beitragen. Die meist heterogene Zusammensetzung der Gäste zwingt sie, ein „auf situative Harmonie" bedachtes Verhalten zu beherrschen. Dadurch gelingt im Salon eine Art von Gleichberechtigung, die anderswo nicht zu finden ist: Das bürgerliche Rollenmodell steht gleichberechtigt neben dem aristokratischen und das weibliche neben dem männlichen. Die erotische Komponente in der Begegnung zieht sich wie ein roter Faden durch die europäische Salonkultur.

Ende der 1930er-Jahre gehen die Salons ihrem Ende entgegen. Die Künstler und Gelehrten verlassen vielfach Österreich, die Salonièren ebenfalls, sie kehren größtenteils nicht mehr zurück und es gibt keine Persönlichkeiten, die die Lücke nach Eugenie Schwarzwald, Gina Kaus, Berta Zuckerkandl, Alma Mahler und Grete Wiesenthal füllen. Doch die Erinnerung an die großen Wiener Salons und Salonièren ist heute noch lebendig.

CHARLOTTE VON GREINER
(1739–1815)

Charlotte von Greiner, geborene Hieronymus, führt den ersten bürgerlichen Salon in Wien.[3] In der eleganten Wohnung steht ihr berühmtes Kanapee, von dem aus sie abends Gäste empfängt und geistvolle Diskussionen anregt. Charlotte ist von Jugend an Maria Theresias Vorleserin und Kammerfrau. Der Hof ist ihr Zuhause, wo sie unter der Obhut der Kaiserin, von deren Obersthofmeisterin, der Gräfin Fuchs, und in der Gesellschaft von Erzherzoginnen und Erzherzogen aufwächst. Vor diesem Hintergrund ist es zu verstehen, dass sie den ersten Salon Wiens entwickelt und zur Blüte bringt.

Charlotte ist die Tochter des aus Hannover stammenden protestantischen Leutnants Augustus Siegfridus und seiner Frau Anna Elisabetha Hieronymus, sie wird am 14. April 1739 in Brod in Slawonien (heute *Slavonski Brod*, Kroatien) geboren. Der Vater hat das Privileg, Frau und Kind an seinen Dienstort mitzunehmen und durch das Regiment verpflegen zu lassen. Eine solche Eheschließung der „ersten Art" ist eher selten, nur wenigen wird dieses Recht erteilt. Bei allen anderen Eheschließungen von Militärangehörigen darf die Familie nicht mitkommen.

Zwei Tage nach ihrer Geburt wird Charlotte getauft. Es heißt, dass ihre Mutter in Ödenburg (heute *Sopron*, Ungarn) gestorben sei, bei der Geburt oder kurz danach. Im April 1744 kommt sie mit dem Regiment ihres Vaters aus Ungarn nach Wien, wo dieser kurz darauf an Lungenbrand, einer damals tödlich verlaufenden Krankheit, stirbt. Er lässt ein unmündiges Kind zurück. „Der Vater hatte das kleine, kaum fünfjährige Mädchen bei sich, zog mit ihm und

Führte in Wien den ersten bürgerlichen Salon: Charlotte von Greiner. Anonyme Bleistiftzeichnung nach einer Miniatur.

dem Regimente – mühsam genug, wie man [sich] denken kann – auf ungarischen Dörfern umher, und kam zuletzt … nach Wien. Hier erkrankte er schwer und starb nach kurzer Zeit, das unmündige Kind unter lauter fremden Menschen, fremden Glaubens (denn mein Großvater war protestantisch), im fremden Lande zurücklassend. ‚Du armes Kind, was wird aus dir werden!‘ waren seine letzten schmerzlichen Worte zu der kleinen Charlotte (so hieß meine Mutter) gewesen, die sich ihrem kindischen Gedächtnis unauslöschlich eingeprägt hatten."[4] So berichtet Karoline Pichler, die Tochter Charlottes, in ihren Memoiren.

Maria Theresias Mutter Elisabeth Christine entstammt der Familie Braunschweig-Wolfenbüttel. Charlottes Vater hat dem Regiment Wolfenbüttel angehört. Das mag das Mitgefühl der Kaiserin erweckt haben, als sie die Geschichte der kleinen Waisen von ihrer Kammerfrau erfährt. Nach einigen Tagen findet man das Mädchen, nimmt es auf und erzieht es im katholischen Glauben. Religiöse Erziehung ist Maria Theresia besonders wichtig.

Charlotte spielt oft mit den Kindern der Kaiserin und nimmt gelegentlich an deren Unterricht teil. Sie erhalten eine strenge, dennoch ausgesprochen moderne Erziehung, Naturereignisse wie Gewitter werden ihnen wissenschaftlich erklärt.

Charlotte lernt lesen, schreiben, rechnen. Bald kann sie Druck- und Handschriften gut entziffern. Schließlich beherrscht sie die ungarische Geschäftssprache Latein, Französisch, die Sprache der Gebildeten und der Diplomatie sowie der belgischen Provinzen, und Italienisch, die Sprache, die im Großherzogtum Toskana und in Mailand gesprochen wird.

Obersthofmeisterin Karolina Reichsgräfin von Fuchs kümmert sich um Charlotte und erzieht sie zur Vorleserin der Kaiserin, für die sie als Lieblingskammerdienerin und persönliche Sekretärin immer unentbehrlicher wird. Am kaiserlichen Hof lernt sie die vornehme Lebensart kennen. Sie ist schön und klug, ihre Interessen sind breit gestreut.

Am 22. Februar 1782 schreibt Charlotte an den Theologen, Philosophen und Schriftsteller Johann Caspar Lavater über ihr Leben am Hof: „Ich war bei Hof erzogen, oder besser zu sagen mir selbst überlassen. Von meinen zwölften Jahr an brauchte mich die Kayserin zum Vorlesen und dann zu allen Geschäften die nur immer bei einer Selbstregierenden Frau vorfallen können … Die vielen Kränkungen die ich in denen Jahren die bei anderen Mädchen die angenehmsten sind, erlitten, haben in Ermanglung einer vernünftigen Erziehung das meiste zu meiner Bildung beigetragen, ich lernte früh mir selbst alles zu sein."[5] Aus dieser Briefstelle klingen Einsamkeit und Bitterkeit. Charlotte erlebt die Realität des Lebens am Hof. Sie fühlt sich als Zuschauerin hinter der Bühne, lernt dabei früh, auf sich achtzugeben, und entwickelt ein starkes Selbstbewusstsein. „Und da ich auf diesen grossen Schauplaz keine Rolle spielen wolte, so stand ich hinter der Courtine, und sah alle die Räder, Federn und Seile, die die Machine in Bewegung brachten, sah alle die Schminke all das Flittergold, mit denen man den Zuschauer täuschte."[6] Später schreibt ihre Tochter Karoline: „Meiner Mutter ungewöhnlich lebhafter und durchdringender Geist fühlte bald die Schranken, welche die Beschränktheit ihrer Umgebungen demselben anlegte. Sie dürstete nach Kenntnissen, nach gründlichen Erklärungen der Dinge oder Begebenheiten, die sie um sich sah, und sie benutzte die Besuche einiger älterer, gebildeter Männer, welche in das Haus ihrer Erzieherin kamen, um von ihnen Antwort auf die Fragen zu erhalten, welche sich ihr während der Zeit aufgedrängt, und die sie sich deshalb aufzuschreiben pflegte. So strebte ihr Geist weit über ihre Lage, über ihre Gefährtinnen hinaus, und bildete sich meist aus sich selbst."[7]

Zu ihren Aufgaben gehört es, der Kaiserin Akten, Depeschen und diplomatische Berichte vorzulesen. Dadurch erhält sie Einblicke in Politik und Regierungsgeschäfte, erfährt wichtige Staatsgeheimnisse, ist aber absolut verschwiegen. Auch am Abend liest Charlotte vor: „Diese Lektüre dauerte fort, nachdem die Monarchin sich schon entkleiden lassen und zu Bette gelegt hatte, und selbst dann noch, bis der Schlaf sie überwältigte. Dann erst bekam meine Mutter die Erlaubnis, sich zu entfernen."[8]

Charlotte führt ihre im Alter schwindende Sehkraft auf stundenlanges Vorlesen bei Kerzenlicht zurück. Dabei muss sie eisige Kälte ertragen, denn Maria Theresia lässt auch im Winter nicht heizen und arbeitet bei offenem Fenster. Die zierliche Charlotte hat diese harte Schule bei Hof hingenommen. Später prägt sich ihr Wille zu dominieren und zu beherrschen stark aus, was sicher auch auf diese Erlebnisse zurückzuführen ist. Außerdem hat Charlotte gelernt, die Kaiserin auf das Schönste zu frisieren und den Kopfputz besser als alle anderen Kammerfrauen zu stecken. „Oft – sehr oft – mußte eine Haube vier- bis fünfmal anders gesteckt werden, bis sie nach dem Geschmacke der Gebieterin war, und wer diese Art von Arbeit zu beurteilen versteht, wird wissen, daß ein öfteres Auf- und Andersmachen der Sache gar nicht förderlich ist, ja meistens die Schönheit der Stoffe und des Zubehörs ganz zerstört."[9] Maria Theresia zerrt und zupft, bis die ganze Haarpracht in sich zusammenfällt und „die Haare ausgekämmt und nicht selten neu in Papilloten gewickelt und gekräuselt werden mußten. Daß die Gebieterin dabei übellaunig wurde, daß die Zofen das entgelten mußten, ist ebenso natürlich – und die Erinnerung an alle die trüben Stunden, welche Putz und Toilette ihr gemacht hatten, mag wohl schuld gewesen sein, daß meine Mutter selbst in den Jahren, wo sie noch wohl Freude daran hätte haben können, sich vorteilhaft und ihrer sehr niedlichen Figur gemäß anzuziehen, sich schon ganz matronenhaft, und, wie ich mich aus den Bildern meiner Kindheit wohl entsinne, beinahe altfränkisch kleidete."[10]

Die Kammerfräulein genossen Ansehen und Wohlstand, standen aber unter einer Art häuslicher, ja mütterlicher Aufsicht. Wollten sie ausgehen, mussten sie es melden, dann wurde eine Hofequipage angespannt, anders durften sie auf den Straßen nicht erscheinen. In Gesellschaften stand ihnen der Rang einer Hofrätin zu.

„Ihren Tisch hatten sie vom Hofe, ihre Besoldungen waren mäßig, aber die Freigebigkeit der Monarchin, die vielen Teilungen ihrer Garderobe ersetzte ihnen das reichlich, und sie fanden bei Ordnungsliebe und Sparsamkeit stets die Mittel, sehr geschmackvoll und glänzend angezogen zu sein und doch etwas zurückzulegen. An den Tagen, an welchen sie den Dienst nicht hatten, war es ihnen auch vergönnt, auf ihren Zimmern Bekannte, selbst Männer, nicht bloß vom Hofe, sondern auch aus der Stadt, zu sehen, nur mußte die Kaiserin davon benachrichtigt und diese Personen von unbescholtenem Rufe sein."[11]

Ihre Stellung bei der Kaiserin bringt Charlotte Vorteile wie Aussteuer, Erziehungsbeiträge für Kinder und weitere Unterstützung von der Monarchin, die sich gerne und erfolgreich als Ehestifterin betätigt. Charlotte hat viele Verehrer, doch ihre Liebe, den Ungarn Ignaz Sautersheim, einen Honorarkonzipisten der Hofkammer in Pressburg, darf sie nicht heiraten. Die Kaiserin versagt ihre Zustimmung. Er ist ein zu unruhiger Geist, reist oft nach Wien, verschuldet sich und flüchtet 1762 in die Schweiz, der Spionage verdächtigt. Zwei Jahre später stirbt er in Straßburg. „Bei den meisten, ja fast bei allen, war meiner Mutter Herz gleichgültig geblieben. Nur einer, ein geborner Ungar, dessen Porträt sie noch lange Jahre nachher besaß – und dessen in Rousseaus Konfessionen als eines höchst interessanten und liebenswürdigen jungen Mannes erwähnt wird –, hatte ihr Herz tiefer gerührt. Nicht bloß der Wille der Monarchin, auch ungünstige Verhältnisse in der Familie des jungen Ungars zerrissen das Bündnis. – Er starb bald darauf; meine Mutter gedachte seiner nie ohne Rührung."[12]

Charlottes späterer Ehemann, Franz Sales Greiner, geboren am 2. Februar 1730, entstammt einer kaisertreuen Beamtenfamilie. Sein Vater Franz Joseph besitzt eine beachtliche Kunstsammlung, seine Mutter Katharina, geb. Schwärzel, ist gebildet und beherrscht sogar Latein. Er studiert Rechtswissenschaften, seine Familie besitzt ein Haus am Tiefen Graben. In den fünfziger Jahren des 18. Jahrhunderts, als der dritte schlesische Krieg gegen Preußen tobt, lernt Charlotte Franz Sales kennen, der um sie wirbt. Er ist zunächst Konzipist beim Hofkriegsrat, vier Jahre später Hofkriegssekretär und ab 1769 Hofsekretär der böhmisch-österreichischen Hofkanzlei.

Bisher hat die Kaiserin jeden Bewerber um Charlottes Hand abgewiesen, zunächst mit den Worten: „Du bist zu jung." Sie will ihre persönliche Sekretärin noch nicht entbehren. Erst nach dem Tod ihres Gatten, um den sie tief trauert, gestattet sie, weicher geworden, noch in ihrem Trauerjahr Charlotte die Ehe. Auch Charlotte ist in Hoftrauer. Sie stellt ihren zukünftigen Mann der Kaiserinwitwe vor, er gefällt ihr, aber die Monarchin meint: „Ich glaubte immer du würdest dir so einen galanten Herrn, einen Chevalier aussuchen."[13] – Eine Anspielung auf Sautersheim.

Zwischen Charlotte und Franz wird ein Ehevertrag geschlossen, in dem die Ehepartner finanziell abgesichert werden. Auffallend ist in diesem Vertrag die mehrmalige Feststellung der Gleichwertigkeit der Ehepartner. Kurz nach Charlottes 27. Geburtstag heiraten die beiden.

Zur Hochzeit legt Maria Theresia Charlotte eine sehr wertvolle Perlenschnur aus dem habsburgischen Familienschmuck um den Hals, die sie nach den Trauungsfeierlichkeiten jedoch wieder zurückgeben muss. Für Charlottes hervorragende Stellung bei der Kaiserin spricht, dass Obersthofmeisterin Gräfin Maria Josepha Paar, Nachfolgerin der Gräfin Fuchs, die Braut in der Kammerkapelle der Kaiserin zum Altar führt. „Als der Geistliche … die Braut auffordert, das Ja auszusprechen, mußte diese (so gebot es die Etikette), ehe sie antwortete, sich mit einer Verneigung gegen die Obersthofmeisterin wenden, sie gleichsam um die Erlaubnis dazu ersuchen. – Die Obersthofmeisterin erhob sich, drehte sich gegen das Oratorium, in welchem sich die Monarchin befand, und wiederholte die Verbeugung und die stumme Anfrage. Hierauf nickte die Kaiserin bejahend, die Obersthofmeisterin überlieferte durch ein ebensolches Zeichen die Einwilligung der, Mutterstelle vertretenden, hohen Frau; die Braut verbeugte sich dankbar, wendete sich dann gegen den Priester und sprach ihr Ja aus."[14] Die Trauzeugen sind Kollegen des Bräutigams.

Mit der Eheschließung geht für Charlotte eine große Umstellung einher, sie verlässt den Glanz des Hofes, um sich in einer wohlhabenden Wiener Beamtenfamilie einzurichten. Doch das bereitet der jungen Ehefrau keine großen Schwierigkeiten, sie freut sich, dass sie nun freier leben kann. „Hier begann nun für meine Mutter eine ganz neue Lebensweise, ja, sie fand sich eigentlich in einer neuen Welt, nicht bloß durch den bedeutenden Unterschied, den die Verheiratung in das Leben jedes Mädchens bringt, sondern hauptsächlich dadurch, daß sie sich plötzlich aus den glänzenden, geräuschvollen Räumen eines der ersten Höfe Europas und aus der unmittelbaren Nähe einer regierenden Monarchin in die Stille und Dunkelheit einer wohlhabenden, aber im Vergleich mit ihren frühern Gewohnheiten doch sehr beschränkten Haushaltung versetzt sah. Dennoch scheint dies so sehr mit den geheimen und lange genährten Wünschen ihres Herzens übereingestimmt zu haben, daß ich sie nicht allein dieser Epoche nie mit Trauer oder düsterer Erinnerung erwähnen hörte, wie man sonst wohl später sich an trübverlebte Stunden erinnert, sondern sie vielmehr mit Freude von dem Zeitpunkte sprach, wo sie endlich einer glänzenden und von vielen beneideten Sklaverei los ward und sich selbst angehören durfte."[15]

Charlotte beginnt ihr Leben nach eigenen Vorstellungen aufzubauen, Selbstständigkeit und innere Unabhängigkeit zählen zu ihren herausragenden Eigenschaften. Eine Rente von 1000 bis 3000 fl. ist nach Beendigung des Dienstes für Hofdamen und Kammerfrauen üblich, Kammerdienerinnen erhalten bei der Heirat 1000 bis 2000 fl. Charlotte ist finanziell unabhängig. Ihr Mann profitiert ebenfalls von der Eheschließung. Maria Theresia wird auf ihn aufmerksam. Franz Greiner macht rasch Karriere und

Verstört die Damen des Salons durch seine derbe Art: Franz Sales von Greiner, der Ehemann Charlottes.

avanciert 1771 zum jüngsten Hofrat der österreichischen Monarchie.

Zahlreiche Schreiben Greiners tragen eigenhändige Bemerkungen der Kaiserin. Die beiden Eheleute verstehen sich, nach den Schilderungen der Tochter Karoline, nicht besonders, denn sie haben recht unterschiedliche Interessen. Charlotte, die Offizierstochter, ist ehrgeizig, intellektuell; Franz Sales stammt aus einer alten österreichischen Beamtenfamilie, ist voller Pflichtgefühl, künstlerisch interessiert, ein sympathischer „Dilettant". Er liebt die Musik und seine Kinder. Ein schöner Mann ist er nicht, ein Herr mit gewaltigem „Embonpoint", aber wenig Ausstrahlungskraft und einer derben Art sich auszudrücken, was gelegentlich die Damen des Salons entsetzt. Die Eheleute sind gegensätzliche Charaktere, die Männer aus ihrem geistigen Freundeskreis sind Charlotte näher als ihr eigener Gemahl.

Im Jahr 1767 erwartet Charlotte ihr erstes Kind. Sie steht im 29. Lebensjahr und ist für eine erste Schwangerschaft in dieser Zeit eine reife Frau. Am 19. Oktober kommt Joseph Franz Vinzenz zur Welt. Anton Faucherand, ein Hof-Kammerdiener, vertritt als Taufpate die Kaiserin. Der Junge gedeiht zunächst prächtig, stirbt aber früh an „Kopffraisen", eleptoiden Krämpfen. Am 7. September 1769 kommen die Zwillinge Karoline und Franz Salesius zur Welt. Charlotte hat ihr erstes Kind selbst gestillt, was in diesen Kreisen unüblich ist, und möchte dies auch bei den Zwillingen tun. Bei einem Besuch bei Hof erzählt sie Maria Theresia von ihrer Absicht, doch die Kaiserin verbietet ihr „ausdrücklich, mehr als ein Kind zugleich zu stillen, und so überließ meine Mutter die Wahl, welche ihr schwer gewesen sein würde, der Vorsicht, indem sie beschloß, das Erstgeborne selbst zu tränken. Das war nun zu meinem Glücke ich, und obwohl ich, wie man mir später erzählte, so klein und schwach auf die Welt kam, daß man an meinem Leben verzweifelnd, mir die Nottaufe gab, so gedieh ich doch an meiner Mutter Brust zu einer solchen Fülle von Kraft und Gesundheit.“[16] So Karoline in ihren Memoiren. Ihr Zwillingsbruder ist ein kräftiger, hübscher Bub, für den eine Amme engagiert wird. Als diese jedoch erkrankt, ihren Zustand verheimlicht und den Knaben weiterhin stillt, stirbt dieser noch vor dem vollendeten ersten Lebensjahr. Am 10. September 1772 wird Karolines Bruder Franz Xaver Nikolaus geboren. Die Kinder werden der Kaiserin vorgestellt. Ihr ganzes Leben hält Maria Theresia ihre schützende Hand über die Familie ihrer ehemaligen Vorleserin.

Fünf Jahre nach der Vermählung erhebt Maria Theresia Franz Sales Greiner mit seiner Familie in den Ritterstand, bereits zwei Jahre später ist er in der Hofkanzlei einer der engsten Berater der Kaiserin. Trotz seiner anspruchsvollen Tätigkeit findet er Zeit, um Lieder zu komponieren und zu malen, bevorzugt in Pastellfarben. Die Kunst ist sein Gebiet, während sich Charlotte den Naturwissenschaften zuwendet. Aufgrund der breit gestreuten Interessen des Paars und des engen Kontakts zum Kaiserhof entwickelt sich im Hause der Greiners ein reges gesellschaftliches Leben.

Am 31. Dezember 1777 kommt noch eine Tochter zur Welt und stirbt ein knappes Jahr später an Blattern. Hofrat Greiner berichtet der Kaiserin am 17. Dezember 1778 davon:

„Heute früh um acht Uhr“, schreibt er der Monarchin, „habe ich mein armes Mädel verloren, das die Blattern auf eine schmerzliche Weise erstickt haben. Dem Buben geht es bis itzt noch so ziemlich gut. Weil mein Weib vor Wehmuth dem Kinde nicht beystehen konnte, habe ich das arme Würmchen müssen sterben sehen, so weh mir auch dabey geschah. O Gott wie war es so finster in meiner Seele!" Die Kaiserin schreibt: „Ich empfinde beeder Eltern Schmertz; wie glücklich ist die Kleine, hat ihr Carriere bald gemacht in unschuld. Von dem muss man sich occupiren, nicht von dem Verlurst. Was haben wir mit unsern langen Leben vor Nutz und Freud, was vor Verantwortung! Da ist zu zittern. Gott erhalte ihm seinen Kleinen."[17]

Die Kinder Franz Xaver und Karoline nehmen schon früh an den Gesellschaften im Hause teil, wodurch ihre Bildung in Fragen der Ästhetik, der Philosophie und der Religion erweitert wird. Unterricht erhalten beide in den Sprachen Deutsch, Französisch, Italienisch und Latein, weiters in Mathematik, Religion und Naturgeschichte. Die Mathematik soll Karoline „gründliche[s] Denken"[18] lehren. Dazu erhält Karoline Zeichen- und Klavierstunden sowie hauswirtschaftliche Unterweisung. Charlotte lässt ihre Kinder von ausgesuchten Lehrern, teils bekannten Persönlichkeiten, im Hause unterrichten. Zu ihnen gehören Joseph Anton Gall, ein Priester aus Schwaben, der in Wien Felbigers Normalschule (Volksschule) bekannt macht. Joseph Anton Steffan aus Böhmen, ein berühmter Hofklaviermeister, unterrichtet die Erzherzoginnen Marie Antoinette, Maria Karoline und Elisabeth ebenso wie Karoline Greiner.

Charlotte beschäftigt sich intensiv mit ihren Kindern: Am 5. Februar 1783 schreibt sie an Lavater: „Von meinen Kindern kan ich – vielleicht mit Partheylichkeit – sagen das sie gutartig sind; das Mädchen ist im 14ten Jahr, hat viel Talente aber desto weniger Anwendung, doch hoffe das ihr hang zum Nachdenken, in reiferen Jahren gute Früchte bringen wird. Der Knab hat 10 Jahr, giebt sich mit wenigern Talenten mehr Muhe etwas zu lernen; bis izt aber will es noch nicht gelingen. Die unterhaltlichen Lehr stunden als Musik und Tanzen, haben den besern Fortgang. Ich will indessen hoffen das das wichtigere und also auch mühsamere mit den Jahren nachkomt."[19]

Für die Geschwister wird ein neuer Hofmeister eingestellt, der sie gemeinsam in Latein und Englisch unterrichtet. Noch mehr lernen sie im Salon. Sie hören zu und sind es gewohnt, mit Dichtern und Wissenschaftern umzugehen. Karoline berichtet: „Das Leben in meiner Eltern Hause gestaltete sich um diese Zeit sehr angenehm, wie denn überhaupt in ganz Wien damals ein fröhlicher, für jedes Schöne empfänglicher, für jeden Genuß offener Sinn herrschte. Der Geist durfte sich frei bewegen, es durfte geschrieben, gedruckt werden, was … nicht... wider Religion und Staat war. Auf gute Sitten ward nicht so sehr gesehen."[20] Es bahnen sich, verglichen mit früheren Zeiten, lockere Sitten an. Dieser legere Lebensstil soll Wien zur Zeit des Kongresses so beliebt machen.

Die Wohnung im Haus „Im Tiefen Graben" wird zu klein und so zieht die Familie im Jahr 1776 in das nahe gelegene Haus Nr. 429 im Salvatorgassl, wo sie bis 1777 lebt. Das einstöckige Gebäude gleicht außen wie innen einer alten Schlossruine, aber es gibt große stattliche Zimmer und noch stellt man bei einer Wohnung keine so hohen Ansprüche an die Bequemlichkeit. „Ich weiß, daß meine Eltern ganz zufrieden mit ihrer Wohnung waren. Die großen Zimmer, welche Sälen glichen, boten ihnen ein gewünschtes Lokal für die Bildersammlung meines Großvaters und für die zahlreichen Gesellschaften, welche sich in unserm Hause zu versammeln anfingen. Hier wurde ein Theater errichtet, worauf wir Kinder kleine französische Stücke: Zeneide ou la fée und L'isle déserte, nebst einer kleinen deutschen Idylle aufführten … In allen diesen Stücken wurden mir die muntern, mutwilligen Rollen zugeteilt."[21] Man gab große musikalische Aufführungen und „obwohl ich ein ganz winziges Geschöpf von etwa 7–8 Jahren war, ließ mein Vater mich doch kleine Konzerte, die mein Klaviermeister Steffann eigens für mich komponierte, mit vollem Orchester produzieren. Natürlich wurde das Kind, die Tochter vom Hause, beklatscht, belobt, bewundert, und ich hielt mich bald für eine bedeutende Künstlerin."[22]

Nach dem Tod von Charlottes Schwiegermutter im Herbst 1777 erhält die Familie in einem Haus „Am Graben" Nr. 1163, später 1201, eine schöne geräumige Wohnung, in der sie bis 1781 lebt. Später übersiedeln die Greiners in das Antonilettische Haus am Neuen Markt. Das Haus in der Alstergasse (heute Alser Straße) wird nach dem Tod Greiners Eigentum und Wohnsitz Charlottes und sollte später in den Besitz Karoline Pichlers übergehen, die bis zu ihrem Ableben dort wohnt. 1771 erwirbt Greiner aus ererbtem Vermögen und seinem Gehalt zusätzlich zur Stadtwohnung ein Landhaus in Hernals. Man hält sich Reitpferde, Equipagen und Dienerschaft.

Mit dem Tod Kaiserin Maria Theresias im Jahr 1780 kommt es zu weitreichenden Veränderungen, die sich unmittelbar auf das Leben der Greiners auswirken. Joseph II. schafft die Freiquartiere, also das Wohnen auf Kosten des Hofes, ab. So müssen auch die Greiners ihr kostenloses Quartier am Graben verlassen und ziehen auf den Neuen Markt in die Mehlgrube 1074. In diesem Haus entsteht bald wieder ein Salon; ihre Lebensart ändert sich auch unter dem Kaiser kaum.

Auch einige Jesuiten – der Jesuitenorden wird 1773 aufgehoben – verkehren im Hause Greiner, darunter der „Hausfreund" Charlottes, der Dichter Lorenz Leopold Haschka. Karoline erinnert sich, dass „ein Mann in meiner Eltern Hause eingeführt [wurde], der bedeutenden Einfluß auf die Ausbildung und Richtung meines Geistes nahm – Herr L. L. Haschka, ein damals sehr junger, und, so viel ich mich erinnere, liebenswürdiger Mann, der nun seit ein paar Jahren bei der Aufhebung des Jesuitenordens, dessen Mitglied er gewesen, wieder in die Welt getreten, und den geistlichen Stand, da er keine Profeß abgelegt, völlig verlassen hatte. Mit ihm zogen, möchte ich sagen, die Musen in unser Haus, und meines Vaters Liebe für die schönen Künste kam jener Richtung, welche

Haschka in sich trug, gern entgegen. Meine Mutter liebte zwar die Poesie durchaus nicht, aber sie hörte doch gern gute Gedichte lesen, und erfreute sich daran, wenn Haschka, und auch später andere Musensöhne Wiens, die nach und nach mit uns bekannt wurden, ihre Werke bei uns lasen."[23]

Charlotte Greiner befasst sich am liebsten mit exakten Wissenschaften. Besonders liebt sie die Astronomie. „Meine Mutter, im Gegensatze von ihm [dem Vater] oder um den Kreis der Bildung, der sich in unserm Hause fand, zu vervollständigen, hatte einen ausschließenden Hang zu ernsten Wissenschaften. Sie verachtete, möchte ich beinahe sagen, Dichtkunst und überhaupt schöne Künste, sie hielt blutwenig von der Geschichte, die ihr zu wenig ausgemachte und unzweifelhafte Wahrheit bot. Sie strebte nur nach dieser, wollte nur diese finden, hören und ihr folgen."[24] Trotz ihrer Skepsis sind Künstler, Dichter, Schauspieler, Maler und Komponisten, wohl auch Wolfgang Amadeus Mozart, ständige Gäste im Salon Greiner.

Im Jahr 1777 versucht der Mediziner Dr. Franz Anton Mesmer ein blindes Mädchen, Maria Theresia Paradis, eine Musikerin, mithilfe des Magnetismus wieder sehend zu machen. „Ich erinnere mich wohl der überaus lebhaften Debatten, welche jeden Abend im Zirkel meiner Eltern, wo sich viele geistreiche, gelehrte Männer und gebildete Frauen versammelten, über diesen Gegenstand gehalten wurden. Die Gesellschaft teilte sich in Gläubige und Ungläubige."[25] Es kommt vorübergehend zu Erfolgen, doch die Greiners gehören zu den Ungläubigen. „Vor allen erklärte sich meine Mutter, deren scharfsichtiger Geist so wie ihre Achtung vor der Wahrheit sie schon a priori jedem Unerklärlichen, Geheimnisvollen abgeneigt machten, stets laut dagegen, und wollte diese Heilung, welche die andere Partei als schon entschieden annahm, nicht eher als möglich zugeben, bis sie nicht selbst sich überzeugt hätte, daß das Fräulein sehe. Sie fuhr also mit einem Anhänger der glaubenden Partei selbst in die Gartenwohnung, in welcher

Franz Anton Mesmer, der Begründer der Lehre vom animalischen Magnetismus. Zeitgenössisches Porträt.

damals die Familie Paradis lebte … Mein Vater begab sich an einem andern Tage dahin … Beide konnten sich nicht überzeugen, daß Fräulein Paradis wirklich sehe."[26]

Unter Joseph II., dem Sohn und Nachfolger Maria Theresias, wird der alte Feudalstaat außer Kraft gesetzt. Er formt ihn in einen modernen Nationalstaat um. Die Beamten werden zu Staatsbeamten, sie dienen nun dem Staat und nicht mehr dem Hof. Dadurch gibt der Kaiser seine Macht an den Staat ab. Das Verhalten der Staatsdiener wird kontrolliert, sie erhalten gute Aus- und Weiterbildung, bei einwandfreiem Verhalten gibt es Provisionen. Dieses neue System begünstigt Bespitzelungen, Intrigen und Denunziationen. Joseph II. erlässt eine „Rang- und Charakterverordnung" mit Angaben über Taxen, Gebühren, Urlaub, Diäten, Geschäftsordnung, Verhalten und Bestrafung, Verbot von Geschenkannahmen, Vormundschaftsfragen und die Aufnahme in den Staatsdienst. Die Anzahl der Dienstjahre wird als Beförderungskriterium offiziell eingeführt. Diese Maßnahmen stärken das Bürgertum und schwächen den Adel.

Als Folge der Pressefreiheit überschwemmen zahlreiche Broschüren und Pamphlete, vielfach Eintagsfliegen, den Markt. Die bürgerliche Ordnung wird in Frage gestellt. Diese Zeit ist, so schreibt Karoline später, „eine Zeit frischen, schönen, regen Geisteslebens und vielleicht das goldene – nie wiederkehrende Zeitalter der deutschen Literatur, zumal im ästhetischen Fache. Überall zuckten die

Funken lebhafter Geistestätigkeit auf, leuchteten hier mit mildem Lichte, das sich segensreich weiter und weiter verbreitete, blendeten dort wie gewaltige Blitze, fuhren auch manchmal wie täuschende Irrwische hin und lockten den Nachfolgenden in Sümpfe. Wird es wohl nötig sein, hier auf Klopstock, Lessing, Goethe, Wieland, Schiller, Herder hinzuweisen? Wir in Österreich hatten unsern Denis, Sonnenfels, Jünger, Alxinger und viele andere, deren Leistungen leider jetzt vom Zeitenstrom weggespült sind, so wie man kaum mehr eines Gellert, Rabener, Hagedorn gedenkt und nur jene größern Namen stehen geblieben sind, die ich oben genannt. In allen Zweigen des Wissens regte sich eine lobenswerte Tätigkeit, man durfte frei denken und so dachte man wohl … Auch in die geselligen Kreise drang eine muntere Freudigkeit statt früherer Steifheit und veralteter Formen. Das Theater, welches Kaiser Joseph seines unmittelbaren Schutzes würdigte, trug sehr viel zu diesen geselligen Freuden bei … Das Publikum nahm auf eine Weise an dem Theater Teil, die von der jetzigen ganz verschieden ist. Es suchte geistigen Genuß, nicht bloßen Zeitvertreib, es wollte sein Gefühl anregen lassen, nicht bloß den Verstand im Tadeln üben. Es kam mit frischer Empfänglichkeit ins Theater, faßte jede Schönheit des Dramas sowohl als der Darstellung auf, verlangte nicht mit Übersättigung nur nach schnellem Dahineilen der Handlung und wurde durch eine tiefere psychologische Entfaltung der Motive nicht gelangweilt … So be-

Sollte von Mesmer geheilt werden: die blinde Komponistin Maria Theresia v. Paradis. Wachsbüste im ehem. k. k. Blindeninstitut, Linz.

wegte sich die gesellige Welt, geistig angeregt, aufs lebhafteste und genügendste in stetem Wechsel der Leistungen und Empfängnisse."[27]

Die meisten Männer im Salon Greiner sind Mitglieder einer Freimaurerloge. Hofrat Greiner und seine Frau Charlotte stehen dem Freimaurertum positiv gegenüber. In den Logen schließen sich Männer gleicher Gesinnung zusammen und streben im Zuge der Aufklärung danach, Begriffe wie Humanität, Toleranz und Wohltätigkeit praktisch umzusetzen. Bürger und Adelige werden in dieser Gemeinschaft vereint und Standesunterschiede überwunden, da in den Logen religiöse, nationale sowie ständische Unterscheidungen keine Rolle spielen.

Dazu Karoline Pichler: „Ein charakteristisches Merkmal jener Zeit unter Kaiser Josef waren die Bewegungen, welche durch die sogenannten geheimen Gesellschaften in der geselligen Welt hervorgebracht wurden. Der Orden der Freimaurer trieb sein Wesen mit einer fast lächerlichen Öffentlichkeit und Ostentation. Freimaurerlieder wurden gedruckt, komponiert und allgemein gesungen. Man trug Freimaurerzeichen als joujoux an den Uhren, die Damen empfingen weiße Handschuhe von Lehrlingen und Gesellen, und mehrere Modeartikel, wie die weißatlassenen Müffe mit dem blauumsäumten Überschlage, der den Maurerschurz vorstellte, hießen à la franc-maçon. Viele Männer ließen sich aus Neugier aufnehmen, traten dann, wenn der frère terrible nicht gar zu arg mit ihnen umsprang, in den Orden, und genossen wenigstens die Freuden der Tafellogen. Andere hatten andere Absichten. Es war damals nicht unnützlich, zu dieser Bruderschaft zu gehören, welche in allen Kollegien Mitglieder hatte und überall den Vorsteher, Präsidenten, Gouverneur in ihren Schoß zu ziehen verstanden hatte."[28]

Die österreichische Aufklarung stellt Autoritäten wie Klerus, Kirche, Orden in Frage, nicht aber den Glauben an sich. Mit Einverständnis des Kaisers blüht die Freimaurerei in Österreich, bis durch das Freimaurerpatent von 1785 ein Einschnitt erfolgt. Die Loge „Zur wahren Eintracht" akzeptiert die Logenreform. Zwischen 1780 und 1790 ändert sich die Zahl der Logenbrüder kaum. 1792 beginnt unter Kaiser Franz II. die Reaktion, ein Jahr später arbeiten die letzten Logen nicht mehr, und 1795 wird die Freimaurerei in Österreich verboten.

Karoline lernt, häusliche Pflichten zu übernehmen. „Meine Mutter war, trotz ihres hochgebildeten Geistes und dem glänzenden Fuße, auf dem unser Haus eingerichtet war, ihrer Wirtschaft bis ins kleinste Detail stets selbst vorgestanden … Ich mußte mich soviel als möglich überall selbst behelfen … meine Hauben und Hüte selbst stecken und ich lernte es endlich so gut, daß ich meinen Freundinnen hierin half … Bei diesen Ansichten war [meiner Mutter] die Liebe meines Vaters zur Musik und die Forderung, die er deswegen an mich stellte, oft ein Anstoß. Mit Klavierspielen, Üben, Produzieren, Singen, gingen viele Stunden des Tages und das billigte meine Mutter wohl nicht."[29] Immerhin wird Karoline 1796 im *Jahrbuch der Tonkunst* sehr gelobt: „Dieses vortreffliche Frauenzimmer … ist eine der ersten Klavierspielerinnen Wiens, meisterhaft im Anschlag, stark in der Ausführung und unerschrocken bei den größten Schwierigkeiten."[30] Da das Sehvermögen von Charlotte im Lauf der Jahre nachlässt, erledigt Karoline auch Schreibarbeiten und kümmert sich um die Vermögensangelegenheiten.

Am 2. Juni 1798 stirbt Hofrat Greiner 68-jährig an „Nervenfieber". Obwohl es immer wieder am Hof Intrigen gegen ihn und Konkurrenzkämpfe gibt, verkennt Maria Theresia seine Leistungen nie, er behält das Vertrauen der Kaiserin bis zu ihrem Tod.

Greiners Gehalt fällt nun weg. Charlotte muss das Haus in Hernals und die Stadtwohnung aufgeben und in die Vorstadt ziehen. Sie kauft das Haus auf der Alser Straße 25. Bis zum Ende ihres Lebens herrscht sie souverän über die Familie. Dort beginnt sich um 1800, nach Karolines Veröffentlichung ihrer „Gleichnisse", der Salon der Karoline Pichler, ein Treffpunkt von bürgerlichem und niederem Adel im Bereich von Kunst und Literatur, zu bilden. Offiziell steht zu dieser Zeit Charlotte Greiner noch dem Salon vor.

Auch nach ihrer Heirat mit dem Juristen Andreas Pichler lebt Karoline im selben Haus. Charlotte verlangt stets Gehorsam und die Übernahme von Pflichten von ihren Kindern. Auch nach deren Heirat benötigt sie ihre Tochter als Vorleserin. Karoline bleibt bis zum Tod ihrer Mutter bei ihr.

Charlotte leidet sehr unter den Schicksalsschlägen, Mann, Sohn und Schwiegertochter innerhalb von vier Jahren verloren zu haben, erholt sich aber wieder. Die letzten Jahre lebt sie zurückgezogen, sie stirbt zwei Tage nach einem Schlaganfall am 21. Jänner 1815 im Alter von 76 Jahren.

Im Jahr 1777, als Haschka den Salon Greiner erstmals betritt, schreibt er als Herausgeber der Zeitschrift *Litterarische Monate* in der Einleitung: „Ein großer Herr, oder auch ein Privatmann, der Platz in seinem Hause hat, solle einen Saal widmen, in welchem an bestimmten Tagen und zu bestimmten Stunden Gesellschaft wäre, wie sonst Spielgesellschaften, oder musikalische Akademien, oder so etwas ist. Die Gesellschaft versammelt sich, setzt sich in einen halben Circel; jetzt tritt ein Anagnost auf, und liest heute diesen, morgen jenen Dichter, zuweilen auch Prosaisten, mit der ganzen Kunststärke vor, mit welcher die Werke des Genie gelesen werden müßen. Man würde mit dem, was leicht ist, anfangen, und nach und nach zum Schweren empor steigen. Die großen Dichter, die Wien hat, ein Denis und Mastalier, sollten ihre Werke selbst lesen. Zuweilen dürften auch junge aufblühende Köpfe dadurch ermuntert werden, daß man ihnen erlaubte, hervor zu treten und ihre Productionen, nach vorheriger Prüfung und Billigung, öffentlich zu lesen. Ein solches Institut, welches weder dem Staate, noch sonst jemanden, den zwanzigsten Theil eines Pfennigs kostete, würde in wenigen Jahren den falschen Geschmack verbannen, den beßern allgemein machen, und endlich an die Stelle der leeren Unterhaltung treten, mit welchen man jetzt die Zeit tödtet. Im Sommer wäre der akademische Cirkel in einem Garten, oder in einem Lustwalde: die Schönheit der Natur würde sich vereinigen mit den Schönheiten der poethischen Kunst, und beyde würden in jeder empfindsamen Seele das reinste Vergnügen hervorbringen, dessen ein Sterblicher fähig ist."[31] Genau dieser Traum Haschkas wird in Greiners Salon Realität. Die Übersiedlung in das Haus im Salvatorgässl 1775 markiert dessen Beginn und Aufstieg zum führenden bürgerlichen Salon Wiens. Gelehrte und Künstler gehen dort ein und aus. Kennzeichnend für den aufgeklärten Lebensstil sind wissenschaftliche Gesellschaften und Akademieliteraturzirkel, welche die deutsche Sprache fördern. Die gebildeten Beamten sind Träger der Aufklärung, und Franz Sales von Greiner ist durch seine Ehe mit Charlotte in eine Spitzenposition bei Hof gelangt. Man kann davon ausgehen, dass auch karrieristische Absichten hinter der Errichtung eines Salons standen. Die Trennung nach sozialer Herkunft ist weniger ausgeprägt, es handelt sich bei den Salongästen um Mitglieder des „Zweiten Standes", des Bürgertums und des niederen Adels. Mitglieder des Hochadels sind nicht darunter. Kennzeichnend für den Kreis um die Hofrätin Greiner ist die geschickte Auswahl ihrer Gäste. Lorenz Leopold Haschka führt seinen Freund, den Dichter Johann Baptist Alxinger, im Salon ein, der bald täglicher Gast bei Greiner wird. Der Dichter Gottlieb Leon – späterer Kustos der k.k. Hofbibliothek – wird von Haschka als Hofmeister des Sohnes ins Haus gebracht. Haschka gewinnt beim Ehepaar Greiner an Ansehen und Einfluss und bringt „nach und nach die damaligen Schöngeister von Wien"[32] als Gäste. Die Damen gruppieren sich strickend um den runden Tisch, die Männer diskutieren lebhaft, während sie auf und ab gehen oder in kleinen Gruppen zusammenstehen. Man kann auch in einem der Nebenzimmer am Spiel teilnehmen. Um die Hausfrau sammelt sich die geistige Elite Wiens. Streitgespräche finden beispielsweise zwischen dem Chemiker und Mineralogen Ignaz Edler von Born und dem Botaniker Joseph Franz Freiherr von Jacquin statt. Von Leon und Haschka eingeführt, gehören zu den Gästen: Josef Franz von Ratschky, der es vom Hofkonzipienten zum Hof- und Staatsrat bringt; Johann Nepomuk Denis, zunächst Lehrer am Theresianum, später wirklicher Hofrat an der Hofbibliothek, ausgezeichnet als Gelehrter, Dichter, veröffentlicht meist unter dem Pseudonym „Sined der Barde" – Sined als Anagramm seines Nachnamens; Karl Mastalier, ehemaliger Jesuit, geht seiner Muse, der Dichtung, nach; Johann Alois Blumauer, ebenfalls ein ehemaliger Jesuit aus Oberösterreich, Freimaurer, Bücherzensor, Dichter und Buchhändler, schreibt seine *Aeneis*, die Hofrat Greiner und Charlotte subskribieren. Die Familie Greiner lernt Professor Johann Jacob Weil, den Botaniker und Naturforscher, kennen, der auch als Verfasser der Schrift *Kurzgefasste Gründe zur Pflanzenlehre* bekannt ist; weiters Nikolaus Joseph Freiherr von Jacquin, der viele Pflanzen zum ersten Mal beschrieben hat, wie auch den berühmten Numismatiker Abbé Joseph Hilarius Eckel. Ebenfalls häufig zu Gast sind Joseph Freiherr von Sonnenfels, ein Kollege Greiners, Hofrat beim Direktorium; ferner Joseph Freiherr von Sperges, ein ausgezeichneter Staatsmann, Dichter und Kunstmäzen, und Joseph Maffei, Direktor der chemischen Schule, ein mathematisches Genie, der interessante Vorträge hält. Durch sie werden „die ernstern Wissenschaften in unsern Kreis gezogen"[33], erzählt Karoline Pichler.

Charlotte von Greiner steht den Ideen der Aufklärung offen gegenüber. Was die Stellung der Frau in der Gesellschaft betrifft, geht sie weit über die Forderungen der meisten Zeitgenossen hinaus. Diese damals ungewöhnliche Denkungsart dürfte damit zusammenhängen, dass Charlotte im Umfeld Maria Theresias aufgewachsen ist. Zwar hat die Kaiserin nie ihre eigene Rolle als Frau in der Gesellschaft hinterfragt, aber ein wacher Geist wie Charlotte könnte da schon angefangen haben, im Sinne der Aufklärung weiterzudenken. In späteren Jahren studiert sie gewissenhaft das Buch von Mary Wollstonecraft *A vindication of the rights of a woman*. Die Autorin vertritt die Ansicht, dass ursprünglich die Frauen die Herrschaft übernehmen sollten, aber die Männer hätten sie durch ihre physische Kraft verdrängt. Charlotte will das weibliche Prinzip an die Stelle des kriegerisch-männlichen Selbstbewusstseins setzen.[34] Ihr geht es um das „mütterlich Liebende" anstelle des „väterlich Herrschenden"[35]. Sie denkt, dass Frauen zur Herrschaft bestimmt seien, nur durch die an Muskulatur kräftigeren Männer sei ihnen ihre Macht entrissen worden.[36] Sie befasst sich zu einer Zeit, als dieses Gebiet noch kaum von Wissenschaftern beleuchtet wird, mit der Frage des Matriarchats.

Besonders liebt Charlotte Gespräche über Mythologie, denn sie glaubt, dadurch zu tiefer Erkenntnis zu gelangen. Ihre Bibliothek ist gefüllt mit Büchern aus diesem Gebiet. Nach Maria Theresias Tod reduziert sich Hofrat Greiners Einfluss, doch sein Haus behält wegen Charlotte seine große Bedeutung. Sie ist in den siebziger, achtziger und neunziger Jahren des 18. Jahrhunderts der Mittelpunkt ihrer täglichen Abendgesellschaften. Es gibt viel Abwechslung. „Während sie selbst mit ihren Freunden eine Art gelehrter Akademie wöchentlich abhielt ..., veranstaltete ihr Gatte seiner Neigung gemäß, größere Gesellschaftskonzerte, an denen die Tochter des Hauses mitwirkte ... Als Sohn und Tochter erwachsen waren, da gab es für die Freunde des Sohnes gelehrte Kränzchen ... und für alle jungen Leute Tableaux und Theatervorstellungen ..., bei denen man sich die Liebe ins Herz mimte. Während die Frau des Hauses auf ihrem Ehrenplatz am Sopha thronte ... da flirteten die jungen Leute, aller Standesunterschiede vergessend, und aus ihren Herzen knospte die luftige Zukunft in die Gegenwart hinein."[37]

Karoline Pichler erinnert sich an ihre Jugendzeit: „Mein Geist war lebhaft, meine Phantasie beweglich. Die schönen Künste lebten und herrschten in unserm Hause, Dichter umgaben uns beständig,

Musiker, Maler von einiger Bedeutung, welche nach Wien kamen, ließen so wie Gelehrte anderer Art sich bei meinen Eltern einführen, deren Haus vor vielen der Hauptstadt sich auszeichnete. Alles, was von neuen Dichterwerken im In- und Auslande erschien, wurde sogleich bei uns bekannt, gelesen, besprochen. Herr v. Leon, unser Hofmeister, damals ein junger Mann von 23–24 Jahren, fand Vergnügen an der lebhaften Weise, womit mein Geist alles auffaßte, was Dichtung hieß, so z. B. die Bürgerschen Romanzen, die ich bald auswendig wußte. Wenn ich gut gelernt hatte, las er mir zur Belohnung eine Szene aus Götz von Berlichingen, ein Stück aus Werther, Woldemar oder einer andern Dichtung vor."[38] Weitere Gäste sind der Dichter Leopold Friedrich Günther Göckingk, der Schauspieler und Freimaurer Friedrich Ludwig Schröder, die Komponisten Giovanni Paisiello, Domenico Cimarosa, Antonio Salieri und der Maler Hoffinger.

Das Haustheater wird wichtiger Bestandteil des gesellschaftlichen Lebens. Beamte – oft Kollegen des Hausherrn und seines Sohnes – und Schriftsteller wie Alxinger übernehmen Rollen. Begabungen zeigen sich, Theaterspielen wird zum Freizeitvergnügen, zum Fieber. Anton Bernhard Eberl übernimmt im Salon Greiner begeistert Rollen gefeierter Wiener Schaupieler des Nationaltheaters nächst der Burg, dem späteren Burgtheater. Karoline mimt mit Eberl eine Szene voll Leidenschaft, sodass ihre Kräfte versagen, sie ist Eberl sehr zugetan. Neben dem Theater wird pantomimische Darstellung und „Geschichten spielen" gepflegt, wobei Szenen aus Theaterstücken, Mythologie und weltlicher wie geistlicher Geschichte aufgeführt werden. Man erzählt sich überall von den immer interessanter werdenden pantomimischen Bildern.

Eines Tages spielt Wolfgang Amadeus Mozart in einem Nebenzimmer des Salons am Piano. Charlotte kann mit Musik wenig anfangen, nicht einmal mit dieser, daher auch mit Mozart nicht. Sie führt eher oberflächliche Gespräche mit ihm. Johann Baptist Alxinger und Alois Blumauer versuchen ihre Meinung zu ändern.

Mozart unterrichtet Nikolaus Joseph von Jacquins Tochter Katharina und komponiert für sie sogar ein Trio mit Klarinette. Auch Karoline, die gerne Klavier spielt, ist von Mozarts Ratschlägen entzückt.

Die Greiners sammeln einen „Kreis vorzüglicher Menschen" um sich. Ihr Haus besuchen junge Leute aus besseren Familien, die nach höherer Bildung streben und diese im Greinerschen Salon finden, wo sie auch gutes Benehmen lernen. Die jungen Männer, oft Freunde von Charlottes Sohn, werden vielfach angesehene Staatsbeamte, einer von ihnen später Karolines Ehemann.

Als Joseph II. 1780 Alleinregent wird, spricht man noch offener und freier als zur Zeit Maria Theresias. Johann Baptist Alxinger, ein Stammgast im Salon, trägt frei sein Hohelied auf die Toleranz vor:

> *Nur dort, wo man in jedem Mann*
> *der Gottheit heilgen Abdruck ehret,*
> *von jenem, der nicht glauben kann,*
> *nie, daß er glauben soll, begehret,*
> *den züchtiget, der als Tyrann*
> *die Menschen mit der Geißel lehret,*
> *Unglauben nicht bestraft, und Glauben nicht belohnet,*
> *dort ist es, wo die Duldung wohnet.*[39]

Alois Blumauer vertritt ähnliche Ideen. Blumauer lässt beim Besuch von Papst Pius VI. in Wien seinen Hut auf, als der Papst vom Balkon der Kirche am Hof seinen Segen spricht: „Ist der Segen gut, so geht er durch den Hut." Die Zeiten haben sich geändert. Maria Theresia wäre entsetzt gewesen; unter Josephs Regentschaft ist das freie Wort zunächst erlaubt.

Während Charlotte, von der Jugend respektiert, das Haupt des Hauses bleibt und oft im Nebenzimmer Karten spielt, übernimmt die heranwachsende Jugend eine immer größere Rolle im Salon.

Charlotte zieht nicht nur bedeutende Persönlichkeiten Wiens an, sondern auch viele bekannte Reisende, die meist von Haschka bei ihr eingeführt werden. So ist der Reiseschriftsteller Georg Forster, der erste deutsche Weltumsegler und Kosmopolit, ein gern gesehener Gast. 1784, auf seiner Reise nach Wien, notiert er in sein Tagebuch: „Mittagessen bey H. Hofrat Greiner, daselbst Haschka, Denis, Mastalier und Münter. Greiner ein braver, guter, gerader Mann, von Einsicht und gesunden Urtheil, auch artige Bücherkenntnis …"[40] Später unterhält Karoline mit Forsters Frau Therese einen gelehrten Briefwechsel.

Aus Frankreich ist die Philosophie der Aufklärung eingedrungen. Kirche und Klerus werden abgelehnt, es ist die Zeit des „öffentlich getragenen Unglaubens". In heftigen Diskussionen und lauten Gesprächen kommt es teilweise zum Bruch mit der Religion. Auch Karoline, später strenge Katholikin, sagt sich von kirchlichen Ritualen los: „Ich glaubte nicht mehr, und ich wußte doch nichts"[41], schreibt sie später. Es versammeln sich im Haus ihrer Eltern zahlreiche Menschen, die an keine Religion mehr glauben oder zu Deisten, so nannte man die freidenkerische Geistesströmung in der Aufklärung, geworden sind. Diese Ideen verunsichern die junge Karoline: „Ich war religiös erzogen, und alle von der Kirche vorgeschriebenen Gebräuche waren bis zu jener Zeit im Hause sowohl als auch von mir beobachtet worden. Allmählich aber, drang die neue Gesinnung auch bei uns ein. Gar manche der Freunde, die unser Haus besuchten und übrigens achtungswerte Menschen waren, dachten über die Religion sehr frei. – Nicht allein, daß sie sich in ihrem Herzen von jeder positiven Satzung losmachten und eigentliche Deisten, oft nicht einmal dies, sondern Materialisten und Atheisten waren, gab es auch viele unter ihnen, die unbesonnen genug waren, diese Gesinnung ungescheut im Gespräche laut werden zu lassen, sich von allen äußerlichen Beobachtungen der Religion, allen Vorschriften der Kirche los zu machen und in philosophischer Ruhe bequem dahin zu leben."[42]

Die erste Strophe des Kaiserlieds von Lorenz Leopold Haschka in der handschriftlichen Klavierfassung von Joseph Haydn, 1797.

Auch eine unglückliche Liebe zu einem jungen Mann namens Fernando erschüttert Karolines Glauben. „Da erhoben sich mit feindlicher Kälte alle jene Zweifel und Unsicherheiten, welche durch die Lesung von irreligiösen Büchern und Anhörung solcher Gespräche sich nach und nach wie verfinsternde Nebel in mein Gemüt gelagert und mir den tröstlichen Ausblick in die Ewigkeit verdunkelt hatten. Ich glaubte nicht mehr.“[43]

Hat im höheren Bürgertum bisher tiefe Ehrfurcht vor Kirche und Klerus gegolten, beginnt man nun „antireligiöse Bonmots“ in den Diskurs einzubringen und sich lustig zu machen über das, was man früher hochgehalten hat. Modischer Spott ist für Hofrätin Greiner keineswegs toleranter Geist. Die Aufklärung lehnt „geistige Diktatur“ ab, ebenso „Mystizismus“ und Aberglauben, sie befreit den Geist aus der Enge. Das abendländische Denken erfährt eine Revolution. Das gebildete Bürgertum wird zum mächtigen Träger, die Salons zu Zellen der neuen Geisteshaltung, Kaiser Joseph II. ist Vorbild. Weder dem Bürgertum noch dem Kaiser ist bewusst, dass eine soziale Revolution der geistigen Vorbereitung

Ständiger Gast im Salon Greiner:
der Schriftsteller und Freimaurer
Johann Baptist von Alxinger.

folgen wird, in blutigen Straßenschlachten ausgetragen statt in Rededuellen.

Wien trägt nicht viel zur Kultur der Aufklärung bei, die Dichter aus dem Salon Greiner sind zu wenig bekannt.[44]

In Wien feiert man Feste, in Frankreich gärt es. Joseph II. erfährt bei einer Reise nach Paris von der Unruhe im französischen Volk. Nur Reformen können Frankreich vor einer Revolution bewahren, doch die werden nicht eingeleitet. Marie-Antoinette, Königin von Frankreich und Schwester Josephs II. und Leopolds II. wird in Paris hingerichtet. Es folgen die Koalitionskriege gegen Frankreich.

Auch unter Leopold II. herrscht Meinungsfreiheit, doch sein Nachfolger Franz II. zeigt rasch seine reaktionäre Gesinnung. Es kommt zu Anklagen, Denunziationen, Todesurteilen. Die Aufklärung wird durch ein skrupelloses Polizeiregime abgelöst und der Salon Greiner findet 1794 ein jähes Ende wegen der angeblichen Jakobinerverschwörung in Wien, die die Polizei zum Anlass nimmt, neben vielem anderen auch gesellige Zusammenkünfte zu überwachen. Einmal noch flackert das Salonleben danach auf, erlischt aber endgültig mit dem Tod des Hofrats Greiner.

Unter den vielen Gästen des Salons verdienen es einige, besonders hervorgehoben zu werden.

Lorenz Leopold Haschka wird zum engen Freund des Hauses und Charlotte lauscht seinen Versen andächtig, obwohl sie sonst der Lyrik skeptisch gegenübersteht. Haschka ist neun Jahre jünger,

Charlottes bevorzugter Dichter und Mitglied einer Loge, der auch Franz Sales Greiner angehört. 1783 verlässt er sie, was zum Bruch mit vielen Freunden führt.

1749 in Wien geboren, wird Haschka nach seiner Ausbildung Lehrer der Grammatik in Krems. Nach der Aufhebung des Jesuitenordens zieht er nach Wien und wird von Johann Baptist Alxinger finanziell unterstützt. Er widmet sich der Schriftstellerei und wird Kustos an der Wiener Universitätsbibliothek. Unter Maria Theresia ist Haschka frommer Jesuit, unter Joseph II. eifriger Kirchengegner und während der napoleonischen Kriege ein österreichischer Patriot.

Haschkas größter Stolz ist es, am selben Tag wie Goethe das Licht der Welt erblickt zu haben, er hält sich für den bedeutendsten Dichter Wiens. Durch Kleidung und Haartracht versucht er, dem Dichterfürsten möglichst ähnlich zu werden. Ein Brief von ihm an Goethe bleibt unbeantwortet.

Im Hause Greiner fällt ihm eine wichtige geschmacksbildende Funktion zu, da er dem Salon namhafte Gäste zuführt, Wissenschafter, Ärzte und Gelehrte wie Freiherrn von Jacquin, Maximilian Stoll, Johann Josef Eckhel, Musiker, Schauspieler und Maler wie Joseph Anton Steffan, Wolfgang Amadeus Mozart oder Joseph Haydn. Neben den Kunstschaffenden verkehren dank ihm auch Staatsmänner wie Joseph von Sonnenfels, Gottfried Freiherr van Swieten, Tobias Freiherr von Gebler und Theologen wie Joseph Anton Gall, Franz Stephan Rautenstrauch und Felix Franz Hofstätter im Salon. Dazu kommen Dichterkollegen wie Alois Blumauer, Michael Denis (der Haschka als dichterisches Vorbild dient), Gottlieb von Leon, Joseph Franz von Ratschky und Johann Baptist Alxinger als ständige Gäste, Habitués genannt.

Haschka wird von seinen Zeitgenossen kritisch, aber auch positiv beurteilt. Am bekanntesten ist sein Werk *Gott! Erhalte Franz den Kaiser*. Haschka und Johann Caspar Lavater führen einen von Charlotte initiierten Briefwechsel.

Der Umstand, dass er im Hause der Greiners lebt, gibt Anlass zu Spekulationen über das Verhältnis zwischen Charlotte und ihm. In einem Gedicht drückt er seine tiefe Verehrung für seine Gastgeberin aus. Die beiden verbringen viel Zeit miteinander, die Beziehung ist innig. Gerne spazieren sie in den Sommermonaten durch den Garten im Landhaus in Hernals.

Ein Zeitgenosse schreibt über das ungleiche Paar: „Noch einen jungen Dichter hab ich hier in dem Haus einer gewissen Frau von G** kennen gelernt, die eine Beschützerin der schönen Literatur ist, und bey der sich viele junge Schöngeister versammeln; er heißt Haschka, ein Model von teutschem Engelländer, nicht ohne Genie, das versichre ich, aber so voll Eigenliebe, daß er nicht den geringsten Widerspruch ertragen kann. Er ist der Freund des Hauses der Frau von G** und wohnt sogar des Sommers bey ihr in ihrem Landhause vor der Stadt. Ich muß aber auch gestehen, daß ich selbst am Platze der Frau von G. mir einen Hausfreund gewählt haben würde: denn ihr trauter Hr. Gemahl … hat unter allen nichts weniger, als eine einnehmende Aussenseite."[45]

Und weiter: „… durch Unterstützung des Herrn Hofrathes von Gr. bey dem er Tisch und Wohnung frey hat, lebt Haschka ohne weiteren Charakter ganz bequem. Höchstens macht er einen gelehrten Sekretaire. Denn bey der Frau Hofräthinn von Gr. gilt er alles. Und da diese deutsche Sappho wöchentlich etlichemal gelehrte Versammlungen giebt, bey welchen sie präsidiert, so macht dabey Haschka einen akademischen Sekretaire. Diese Akademie besteht aus Frauenzimmer und Süssen Herrchen von Genie. Das übrige mag man sich hinzu denken."[46]

Charlotte erfährt von den Gerüchten, ist tief verletzt und fühlt sich missverstanden. Haschka schreibt an Alxinger am 2. August 1792: „Meine Wirthin ist die beste edelmüthigste Frau von der Welt, die dadurch, daß ich nun beynahe drey Wochen mit ihr wohne und bin, nicht nur allein nichts verloren, sondern wahrlich gewonnen hat, und bey jedem billigen Kenner und Schätzer der

Menschen hätte gewinnen müssen. Wenn ich sie nun so ansehe, voll Ruhe eines guten Gewissens, aufgeheitert von dem Bewusstseyn redlich erfüllter Pflichten, freundlich und gefällig und dienstfertig gegen jede Creatur und bedenke, daß JEDERMANN, wie, die Fr. H. Gr. sich in ihrem letzten Briefe auszudrücken beliebte, JEDERMANN diese Frau verachtete, Du hast schon recht gelesen, – verachtete! O! Dann zieht sich mein Herz krampfhaft zusammen und ich möcht' ein Menschenfeind, ein Swift, ein Hobbes werden."[47]

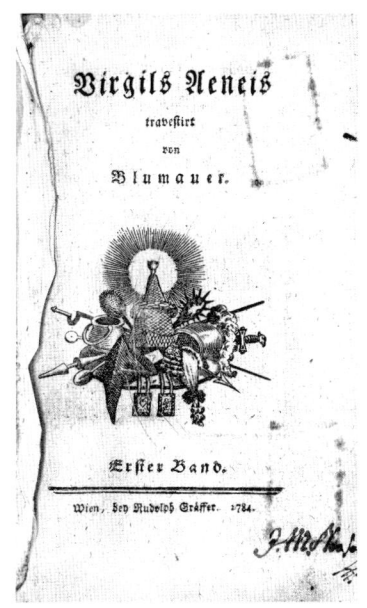

„Geist mit Witz" vereint: Alois Blumauers „Aeneis" wurde zum großen Erfolg.

Karoline schreibt in ihren „Denkwürdigkeiten" nur, dass Haschka aufgrund kleiner Missverständnisse das Haus verlassen habe. Doch die Freundschaft bleibt bestehen. Auch nach Charlottes Tod verkehrt er als alter Freund der Familie im Haus ihrer Tochter.

Zu seiner Zeit ist Johann Baptist von Alxinger der bekannteste Wiener Dichter und auch der temperamentvollste, der bei der Arbeit gerne ein Glas Champagner genießt. Es heißt, dass er seine schöne, treulose Frau in ein Kloster geschickt hat. Mit vielen deutschen Dichtergrößen steht er in Verbindung, so mit Christoph Martin Wieland, Salomon Geßner, Johann Wilhelm Ludwig Gleim und Friedrich Nicolai. Um ihn, den Freund und Schüler Haschkas, und Alois Blumauer sammeln sich die österreichischen Literaten. Im Hause Greiner – und später im Haus von Karoline Pichler – wirkt er bei Theateraufführungen mit.

Alxinger wird 1755 in Wien geboren und studiert wie sein Vater Rechtswissenschaften. Später wird er Hofagent und übernimmt 1794 die Stelle eines Sekretärs des k.k. Hoftheaters. Aufgrund seines geerbten Vermögens verfügt er über ein sicheres Einkommen, mit dem er ärmere Dichter fördert und Mittellose in Prozessen unterstützt.

Stilistisch erlangt die mariatheresianisch-josephinische Epoche mit den Werken Alxingers einen Höhepunkt. Die deutsche Kritik hingegen ignoriert ihn. Alxinger bekommt Schwierigkeiten mit der Zensurbehörde, als sich seine Gedichte gegen Kirche und Zölibat richten. Ab 1793 gibt er die selbstfinanzierten *Österreichischen Monatsschriften* heraus. Zentral in Alxingers Dichtung sind Themen aus dem Mittelalter, doch es finden sich auch literarische und politische Bezüge zur Zeit, Grundsätze der Erziehung und der Staatsführung in seinen Werken. 1797 stirbt er in Wien.

Mit folgenden Worten besingt eine junge Dichterin Alois Blumauer:

> *Als Vater Zeus bei guter Laune war,*
> *Sich schmeichelnd einen guten Rat,*
> *Der Geist mit Witz vereint, erbat –*
> *Blumauer, da wurdest du geboren …*[48]

Blumauer gehört trotz oder wegen seiner sarkastischen Äußerungen in Gesellschaften zu den beliebtesten Gästen Charlottes. „Mit seinem kaustischen Witz würzte Alois Blumauer die Tafel bei Greiner"[49], steht in einem Bericht über den jungen Schriftsteller. Er ist zunächst Redakteur der *Österreichischen Realzeitung* und des *Musenalmanachs*. Blumauer liebt Spaziergänge, Besuche, Reiten, Kaffeehäuser und besonders das Theater. Sein erstes Stück, *Erwine von Steinheim*, ein Ritterdrama, wird 1780 im Nationaltheater nächst der Burg aufgeführt und macht Blumauer bekannt. Seine *Äneis* wird zu einem der meistgelesenen Bücher. Es ist eine Parodie auf das Vergil'sche Werk. Wieland gefällt es sehr, Schiller und Goethe gar nicht, Grillparzer schützt es vor der Zensur. Alois Blumauer ist ein Vertreter der josephinischen Aufklärungsliteratur. In Steyr im Jahr 1755 geboren, besucht er das Jesuitengymnasium und tritt 1772 in den Orden ein, der 1773 aufgelöst wird. Ein Jahr später ist Blumauer Civis der Philosophischen Fakultät in Wien, wo er lehrt und schreibt. Er besucht den Salon Greiner und begegnet dort seinem künftigen Förderer Joseph Freiherr von Sonnenfels. Die geistigen Auseinandersetzungen nimmt er ernst und kämpft einen schweren inneren Kampf vor seiner Entscheidung für die Aufklärung. In seinem Werk nimmt er Stellung zu Fragen der Zeit und unterstützt die Kirchenreform Josephs II.

Zahlreiche kleine Broschüren überschwemmen 1782 als Folge der Pressefreiheit den Markt. Auch Blumauer verfasst einige von ihnen. Unter Sonnenfels wird Blumauer 1782 zum k.k. Bücherzensor der neu geschaffenen Zensur- und Studienhofkommission. Die Zensur soll aus den Händen der ehemaligen Jesuiten genommen werden. Das Direktorium will Sachlichkeit und Effektivität. Gelehrte Zensoren werden eingesetzt, sie sollen entscheiden, welches Wissen weitergegeben wird.

Dazu Alois Blumauer: „Allerdings geht es mit der Zurechtweisung des menschlichen Geistes sehr langsam und eine durchaus aufgeklärtere Denkungsart lässt sich höchstens erst von der zweiten Generation, wenn unsere itzigen Kinder Väter sein werden, erwarten."[50]

Als Blumauer Zensor wird, tritt er auch der Freimaurerloge „Zur wahren Eintracht" bei. Er lebt im Haus des Ignaz von Born und ist kurze Zeit mit dessen Tochter Maria verlobt, welche die Verbindung jedoch wieder löst.

Mit Joseph Franz von Ratschky gibt Blumauer zehn Jahre lang den *Wienerischen Musenalmanach* heraus, der sich als Organ sieht, das „tatsächlich ein Spiegelbild der Wiener Dichtung jener Zeit bot".[51]

Im Jahr 1794 verlässt Blumauer seine Stelle bei der Zensurbehörde und wird Kompagnon des Buchhändlers August Gräffer.

Zwischen Blumauer und Alxinger herrscht eine Art Konkurrenzkampf, denn beide verkehren in den gleichen Kreisen und in derselben Freimaurerloge. Alxinger ist wohlhabend, Blumauer arm, doch beide sind von den Ideen der Aufklärung und des Freimaurertums durchdrungen. 1798 stirbt Alois Blumauer und hinterlässt einen Schuldenberg.

Der älteste Dichter im Kreis ist der „Barde" Johann Michael Denis, Jesuit, Freimaurer, Professor am Theresianum. Sein Kirchenlied „Tauet, Himmel, dem Gerechten" ist noch heute bekannt. Geboren 1729, ist er eine besondere Autorität im Salon Greiner, er wird als „Vater der heimischen Dichtkunst" bezeichnet. Der sprachgewandte studierte Theologe und geweihte Priester übersiedelt 1759 nach Wien und wird Präfekt an der Theresianischen Ritterakademie. Nach der Auflösung seines Ordens 1773 wird ihm die Garellische Bibliothek am Theresianum anvertraut. Sein Hauptgebiet sind Biografien und Literaturgeschichte. Er hält öffentliche Vorlesungen und übernimmt später die dritte Kustosstelle an der Hofbibliothek.

Denis ist Mitglied der „Deutschen Gesellschaft", einer Sprachgesellschaft der Aufklärung in Leipzig, deren Ziel es ist, die deutsche Sprache gegenüber dem Lateinischen und dem Französischen aufzuwerten. Deutsch soll Vortragssprache in den Schulen und Akademien werden. Denis steht auch mit Friedrich Gottlieb Klopstock und Friedrich Nicolai im Briefwechsel.

Joseph von Sonnenfels, ein Amtskollege des Hausherrn, gehört wohl zu den bedeutendsten Freunden des Hauses, er steht in enger Beziehung zur Aufklärung und ist regelmäßiger Gast. Für Karoline wird er zum väterlichen Freund und bei ihrer Hochzeit fungiert er als Trauzeuge. Sonnenfels entstammt einer Rabbiner- und Gelehrtenfamilie und kommt 1733 als Sohn des Hebräischlehrers Lipmann Perlin in Nikolsburg (Mähren) zur Welt. Perlin konvertiert 1735 mit seinen drei Söhnen zum Katholizismus, worauf Joseph das Piaristengymnasium in Nikolsburg besucht.

Väterlicher Freund der Familie Greiner: der bedeutende Aufklärer und Reformer Joseph von Sonnenfels. Zeitgenössischer Stich.

Mit seinem Vater übersiedelt er nach Wien, nimmt den Namen Alois Wienner an und erhält 1746 das Prädikat „Edler von Sonnenfels". Er studiert Staatswissenschaften, schreibt Lehrbücher und erstellt in seinen „Grundsätzen" einen Staatsplan. Ganz im Sinne der Aufklärung fordert er die Abschaffung der Folter und arbeitet bei der Justizreform des Kaisers mit. Seine Leidenschaft gilt dem Theater, das er zu professionellen Spielstätten mit professionellen Schauspielern umstrukturieren möchte. Dennoch gelingt es ihm nicht, den derben Hanswurst von Wiens Bühnen zu vertreiben. Als seinen größten Triumph empfindet er, dass das Hoftheater zum Nationaltheater erhoben und damit eine „deutsche Bühne" geschaffen wird. 1770 wird Sonnenfels oberster Theaterzensor, Mitglied der Bücherzensurkommission und Sekretär der k.k. Zeichen- und Kupferstecherakademie. 1776 wird er Illuminationsdirektor, Wien erhält die erste ständige Straßenbeleuchtung in Europa. 1779 wird er zum Hofrat ernannt.

Sonnenfels entwickelt eine Art Wissenschaft der Verwaltung, basierend auf dem Bevölkerungszuwachs, und strebt wirtschaftliche und politische Ausgewogenheit an. Weiters wirkt er am Strafgesetzbuch von 1787 mit. Bei der Strafe und dem Strafausmaß soll der Nutzen für den Staat ausschlaggebend sein. Von 1793 bis 1796 steht er der Universität Wien als Rektor vor. 1811 wird Sonnenfels zum Präsidenten der k.k. Akademie der Bildenden Künste ernannt.

Der aus Siebenbürgen stammende Ignaz von Born studiert in Prag Jura und tritt anschließend eine Europareise an. Danach studiert er in Prag Mineralogie, Naturlehre und Bergwerkskunde.

Born ist ein überzeugter Aufklärer und Meister vom Stuhl der Loge „Zur wahren Eintracht". Unter seiner Führung wird die Loge zur Gesellschaft der Wissenschaften, einer Art „Deutsche Akademie der Wissenschaften und Künste im Geiste der Aufklärung".

Franz Xaver, Charlottes Sohn, ist ebenfalls im Sinne der Aufklärung literarisch tätig. Er studiert Jura, wird 1796 Hofkonzipist und stirbt bereits mit 27 Jahren. 1791 gründet er im Sinne der Gedanken der französischen Revolution einen literarischen Verein. Man trifft sich im Haus Greiner, bis die anti-jakobinische Wende in der Politik einsetzt: Männer aus der Umgebung des Salons, wie etwa Alois Blumauer, werden von der Polizei beobachtet und verhört.

Mit der Aufdeckung einer angeblichen Jakobinerverschwörung in Wien und ihrer Niederschlagung entsteht ein Klima des Misstrauens. „Wie ein kalter Wasserstrahl wirkte das nunmehr auftretende Polizeiregiment auf die Gesellschaften und man zog sich scheu vor den Menschen zurück."[52] Die jungen Leute stellen ihren literarischen Zirkel ein. Im Landhaus in Hernals treffen sie sich nun zu harmlosen Zusammenkünften und Gartenfesten. Karoline hat inzwischen geheiratet, die Familie Greiner-Pichler reduziert den Hausstand und zieht in das Haus in der Alser Vorstadt Nr. 109, heute im 9. Wiener Bezirk. Es ist schwierig, über die Glacis, die ungepflastert und schlecht beleuchtet sind, von Wien in die Vorstadt zu gelangen. Es gibt selten Besuche und man unterhält sich im engsten Familienkreis. Mit der Veröffentlichung ihrer *Gleichnisse* 1800 wird Karoline Pichler bekannt. Zwei Jahre später entsteht ihr Salon, noch immer mit Charlotte Greiner als zentraler Figur.

Ihr geht es um geistig-moralische Bildung der gesamten Persönlichkeit mit dem klaren Ziel, den Geschmack zu verbessern. Dasselbe gilt für die literarischen und musikalischen Zirkel des Hausherrn, das Treiben der Kinder und das Theaterspiel.

Im Gegensatz dazu kennzeichnet den Salon der Fanny von Arnstein, einer Wiener Salonière aus Berlin, kulturelle Internationalität und die Freude am Repräsentieren. Zwischen den beiden Salons gibt es wenig Berührungspunkte – Ausnahmen sind Gäste wie Mozart und Sonnenfels –, sie sind zu unterschiedlich in ihrer Ausrichtung.

FANNY VON ARNSTEIN
(1758–1818)

„Wohltätig, reizend, klug und ohne jede Mängel", beginnt ein Huldigungsgedicht Johann Baptist Alxingers an die junge Fanny von Arnstein[1], geborene Franziska Itzig, die nach dem Tod ihrer Schwiegereltern 1787 die Leitung des Wiener Hauses Arnstein übernimmt und einen Salon führt. Sie ist Mitbegründerin der Gesellschaft der Musikfreunde in Wien, wird in den folgenden Jahrzehnten eine bedeutende Rolle als Salonière spielen und auch den Boden für diplomatische Verhandlungen zur Neuaufteilung Europas zur Zeit des Wiener Kongresses bereiten.

Fanny ist von großer Gestalt, wie der Chronist, Schriftsteller, Diplomat und spätere Ehemann der berühmten Berliner Salonière Rahel Levin, Karl August Varnhagen von Ense, sie beschreibt. Er unterstreicht ihre Schönheit und Anmut, ihr strahlendes, vornehmes Wesen. Ihre Augen sind feurig, ihr Verstand scharf, sie hat Witz und kann Fröhlichkeit verbreiten, jedoch auch reizbar oder wild aufbrausend sein, wenn ihr etwas gegen den Strich geht, doch sie beruhigt sich rasch und beschenkt alle, die sie mit ihren Launen gekränkt hat. In Wien gilt sie als eine höchst auffällige Erscheinung, sie ist belesen, beherrscht mehrere Fremdsprachen und beeinflusst mit ihrer Bildung und ihrer freien Art zu denken die Wiener Gesellschaft im Geist der Berliner Aufklärung. Die Schriftstellerin Hilde Spiel schreibt in ihrer Biografie über Fanny Arnstein: „Hochgewachsen und schlank, mit langer gerader Nase und schönen, etwas vorquellenden hellblauen Augen, wirkte sie, wenn auch keineswegs norddeutsch, doch berlinisch neben den kleinen, fülligen, feingliedrigen Wienerinnen, rührten auch ihre Frische,

„Ihre Augen sind feurig, ihr Verstand scharf": Fanny von Arnstein.
Schabblatt von Vincenz Georg Kininger nach einem Gemälde von Guerin.

„ihr rascher Witz, ihre rastlose Beweglichkeit unverkennbar von der scharfen reinen Luft der Stadt, aus der sie stammte."[2]

Fanny ist in den literarischen Salons Berlins groß geworden. Künstlerische und intellektuelle Interessen bilden von früh an einen Teil ihres Lebens. Dieser Hintergrund, dieses Gespür für Kultur und Literatur prägen ihren überaus prächtigen Salon, die Gäste, die Gespräche, die Atmosphäre.

Später wird Fanny auch so beschrieben: „Fahrig, vergesslich, sprunghaft, stets zum Lachen wie zum Weinen bereit, unberechenbar und dennoch überaus liebenswert muss man sie sich denken."[3] Sie besitzt „die Allüren großer Damen", die das Schicksal verwöhnt. „Doch sie war … ebenso der munteren und klagenden Vertraulichkeit mit Dienern, Zofen und ihren übrigen ‚Leuten' fähig wie des Umgangs mit Prinzen, Prälaten und Diplomaten. Mag sie gegen Ende ihres Lebens entkräftet, mißgestimmt und unstet gewesen sein, ihre tiefinnere Heiterkeit, ihr echter Humor hatten sie nicht verlassen."[4]

Fanny ist in Wohlstand und mit Bildung aufgewachsen. Das prädestiniert sie, auch in Wien zu glänzen. Karl August Varnhagen von Ense schreibt später: „Allein die frühe Gewohnheit, sich in Fülle und Glanz zu bewegen, und der Nachdruck, welchen äußere Hilfsmittel jedem persönlichen Dastehn und Benehmen ertheilen, gaben ihrem Eintritt in den neuen Lebenskreis unstreitig gleich den größten Vortheil. Sie bedurfte dieses Vortheils, um größere geltend zu machen … die Eigenschaften, welche nur wenigen Frauen der höchsten Stände anzugehören pflegen, sah man staunend in einer Jüdin glänzen, deren unter den segensreichen Einflüssen der Regierung Friedrichs des Großen gediehene Geistesfreiheit und Bildung nur um so stärker in einer Stadt wirken mußte, wo man diese letzteren Vorzüge wenig verbreitet fand, aber zu schätzen und begehren schon begonnen hatte."[5]

Hilde Spiel schreibt in ihrer Biografie, dass „die Frau, deren Leben hier berichtet wird", sich weder „hemmend" noch „fördernd" in den Fortgang der Dinge einbringt. „Doch sie war sich bewusst, aus welchem Volk, in welche Zeit und an welchen Ort sie geboren war, und sie füllte ihren Platz in der Geschichte mit Anmut, Geist und Würde. Ihr Ort war ein Europa, zerrissen von den Kämpfen der Könige, vom Aufstand der Völker, von Krieg und Revolution. Ihre Zeit spannte den Bogen vom mittelalterlichen Dunkel des Denkens über die Aufklärung bis zum neuerlichen Zwielicht der Reaktion." Mendelssohns Mutter nennt Fanny die „interessanteste Frau in Europa". Sie ist „kein intellektuelles Phänomen wie die Rahel, kein romantisch-schwärmerisches wie Dorothea Schlegel, kein erotisch-sentimentales wie die arme Henriette Herz", meint Spiel. Sie ist ein „soziales Phänomen, das allein durch seine Ausstrahlung"[6] wirkt.

Franziska, die in der Wiener Gesellschaft nur noch Fanny genannt wird, ist eine der zehn Töchter von insgesamt sechzehn Kindern des Berliner Hofbankiers Friedrichs II., Daniel Itzig, eines sehr geschickten Finanzmannes, und seiner Frau Mariana (Mirjam), geborene Wulff. Sie kommt am 29. November 1758 in Berlin zur Welt. Obwohl nicht viel über ihre Kindheit und Jugend bekannt ist, weiß man doch, dass Fanny und ihre Geschwister eine sorgfältige Erziehung und vielfältige Bildung genossen haben. Zeitgenossen erwähnen die Anmut der Töchter und deren Talente genauso wie ihren hoch entwickelten Geist und ihre Musikalität. Die geradezu hervorragende Ausbildung der Kinder in Berlins jüdischen Familien fällt auch der Schwester Friedrichs des Großen, Königinmutter Ulrike von Schweden, auf, als sie im April 1772 an einer jüdischen Hochzeit teilnimmt. Sie ist tief beeindruckt von der berauschenden Pracht des Festes und den feinen Sitten: „Was mich am meisten überrascht hat, ist die Erziehung, die das auserwählte Volk Gottes seinen Kindern gibt. Ich glaubte wahrhaftig, mich unter Personen von Rang und Geburt zu befinden."[7] Dass die jüdische Elite auf eine ausgezeichnete Erziehung und Ausbildung ihrer Kinder größten Wert legt und ihnen Sitten und Gebräuche des Bürgertums vorlebt, hängt auch mit dem Bestreben zusammen, in die christlich dominierte Gesellschaft Eingang zu finden, um in weiterer Folge sozial aufsteigen zu können. Dies ist von der Haskala, der jüdischen Aufklärung, geprägt, deren Vertreter die Anpassung an die christliche Gesellschaft fordern.

So werden Franziska Itzig und ihre Geschwister ganz im Geiste Gotthold Ephraim Lessings und Friedrich Nicolais erzogen, besonders aber nach den Vorstellungen des Philosophen und Aufklärers Moses Mendelssohn, dem Lessing als Nathan ein Denkmal setzte. So wie Nathan tiefgläubiger Jude ist, wird auch Fanny ihren Glauben bis zu ihrem Tod behalten. Moses Mendelssohn bleibt lebenslang ihr großes Vorbild.

Seit ihrer frühesten Jugend kommt Fanny mit Haustheater, musikalischen Darbietungen und Diskussionen im Haus ihrer Eltern in Berührung. Dort verkehren Lessing, die Familie um Moses Mendelssohn, Rahel Varnhagen, geborene Levin, die Familie Herz und viele andere Intellektuelle der Stadt.

Ihre Leidenschaft für das Schauspiel führt Fanny schon früh auf die Bühne des hauseigenen Theaters. So wirkt sie unter anderem gemeinsam mit ihren Schwestern an einer Inszenierung mit, von der Henriette Herz, die berühmte Berliner Salonière, berichtet wird. Das Schauspiel wird wahrscheinlich im Gartenhaus der Itzigs in ihrem Park in der Kölnischen oder Köpenicker Vorstadt aufgeführt: „Schon etwa in meinem neunten Jahre, also ungefähr 1773", erfährt Julius Fürst, ihr Biograf, von Henriette Herz, „wohnte ich in dem Hause eines jüdischen Banquiers der Darstellung eines Trauerspiels bei. Es war dies ‚Richard der Dritte' – von welchem Verfasser weiß ich nicht mehr – und die Töchter des Hauses hatten in demselben die weiblichen Hauptrollen übernommen. Der Eindruck dieser ersten dramatischen Vorstellung, welche ich überhaupt sah, wurde ein unauslöschlicher."[8] Später bildet Fanny mit viel Liebe den Park am Braunhirschengrund in Wien ihren Kindheitserinnerungen an den Park vor dem Schlesischen Tor nach.

In Wien wird sich Fanny auch der sozialen Wohlfahrt widmen. Als Jüdin konzentrieren sich ihre Wohltätigkeiten vor allem darauf, den Angehörigen der untersten Klassen zu helfen. So fordert sie in ihrem Testament ihre Erben dazu auf, sich besonders um die armen Juden zu kümmern.

Franziska heiratet mit siebzehn den Wiener Bankier Nathan Adam Arnsteiner und zieht in das Haus ihrer Schwiegereltern. Sie verlässt das väterliche Palais in der Berliner Burgstraße, einen Hort der Schönen Künste, und das Landgut der Familie vor dem Schlesischen Tor, um am Graben, „Numero 1175 in der Stadt", zu leben – im Wien der damaligen Zeit waren die Häuser durchnummeriert. Von ihrem Vater erhält sie 70.000 Taler Mitgift.

Der Graben bildet das Herz der Stadt, er ist die Straße der Modehändler, es gibt Kaffeehäuser und am Abend lustwandeln Spaziergänger und leichte Mädchen, gleichzeitig gilt er als der Wohnort der besten Gesellschaft.

Ihr Schwiegervater, der Hoffaktor Adam Isaak Arnsteiner, hat bereits von Maria Theresia das Recht erkämpft, frei seinen Wohnsitz

Das Herz der Stadt: Ansicht vom Graben gegen den Kohlmarkt. Kolorierter Kupferstich von Carl Schütz, 1781.

Musik verbindet: ein Hauskonzert. Kupferstich von Johann Ernst Mansfeld in Joseph Richters Buch „Bildergalerie weltlicher Mißbräuche", 1785.

zu wählen. Als Hoffaktor ist es Arnsteiner und seiner Familie mittels kaiserlichen Briefes gestattet, sein Quartier „aller Orten, wo er solches am sichersten zu sein erachtet, um billige Bezahlung"⁹ aufzuschlagen. Die Jahresmiete beträgt 2690 Gulden, der Eigentümer ist der Bürger Johann Baptist Contrini. Noch dürfen Juden keine Immobilien besitzen. Auf drei Stockwerke und auf Gebäude im Hof verteilt, verfügt er über 19 Zimmer, zehn Kammern und drei Küchen sowie weitere Nebenräume. Den Eckfirst des prächtigen Bauwerks ziert ein Zähne fletschender herabspringender Löwe.

Eng drängen sich in Wien die Häuser um den Stephansdom, schmale Gassen bieten keinerlei Aussicht auf Innenhöfe oder Brunnen. Die Gassen sind krumm und ungleich angelegt, ganz anders als in Berlin mit seinen breiten Alleen und Plätzen. Wie mag wohl Fannys erster Eindruck von Wien gewesen sein? Berlin und seiner Gesellschaft bleibt sie immer verbunden, ihre Tochter Henriette wird dort geboren, und doch wird Fanny zu einem Symbol des Wiener Salonlebens.

Fannys Mann, Nathan Adam Arnsteiner, wird am 30. März 1748 geboren. Ihr Ehemann, zehn Jahre älter als sie, hat ein gutmütiges, ausdrucksloses Gesicht mit weichem Kinn. Neben zwei älteren Schwestern hat Nathan zwei jüngere Brüder. Fanny und er lernen einander wahrscheinlich 1773 in Berlin kennen, die Ehe wird von den Eltern arrangiert, die Hochzeit findet 1776 statt.

Fanny hat einige Mühe, sich in ihrer neuen Umgebung einzuleben, der Familie Arnsteiner ist sie seit achtzig Jahren vertraut. Um 1700 ist der Vater des Hoffaktors aus Arnstein bei Würzburg nach Wien gereist, hat gleich beim großen Samson Wertheimer den Dienst angetreten und so an dessen Schutzprivilegium teilgenommen.

Fanny führt ein nicht immer einfaches Leben im Hause ihrer Schwiegereltern, wovon ein hebräischer Chronist berichtet. Einmal lässt sie zwei männliche Gäste hinauskomplimentieren: Ein Gelehrter reist mit seinem Schüler nach Frankfurt und logiert auf der Durchreise bei Adam Arnsteiner, um dort das Passahfest zu feiern. Der Schüler verläuft sich einmal im Haus und sieht, wie Fanny in ihrem Zimmer ihr langes Haar kämmt. Seiner Meinung nach sollen jüdische Frauen kurze Haare und eine Perücke tragen. Fanny droht daraufhin, nach Berlin zurückzukehren, wenn die beiden Gäste nicht sofort das Haus verlassen. Die selbstbewusste junge Frau duldet keine herrischen Besucher und setzt sich auch über religiöse Vorschriften zur Haartracht hinweg. Ihr freigeistiger Mann vermittelt zwischen ihr und seinem strenggläubigen Vater.

Es ist vor allem die Musik, die Menschen verschiedener Stände in den Salons zusammenbringt. Auf einer Soirée der Gattin des Ministers Hochstedten spielt Frau von Arnstein entzückend Klavier, und Mozarts Schwägerin, Aloysia Weber, bezaubert mit ihrem Gesang die versammelten Gäste.[10] Das schreibt der Kölner Jurist Johann Baptist Fuchs von seiner Reise nach Wien. Nicht lange nach ihrer Ankunft gelingt es Fanny, erste Kontakte zur Wiener Gesellschaft zu knüpfen. Wohl in den letzten Regierungsjahren Maria Theresias muss sich Fanny einmal ein Wiener Haus geöffnet haben, über dessen Schwelle sie leichtfüßig tritt, so Hilde Spiel. Sie freundet sich mit anderen jungen Damen an und fordert sie und deren Ehemänner auf, nach dem Theater zum Souper zu ihr zu kommen. Allmählich beginnen solche Empfänge regelmäßig stattzufinden. Die Berliner Jüdin wird in die Wiener Gesellschaft aufgenommen.

Man schreibt das Jahr 1776. Kathl Obermayer ist die zweite Frau des Rates in der Hof- und Staatskanzlei Johann Georg Obermayer und wird eine Freundin Fanny von Arnsteins. Kathl und ihr Mann sprechen – wie viele Adelige und vornehme Bürger – miteinander Spanisch. Kathls „Sitzzimmer" ist ihr Salon.

Wir wissen einiges davon aus Emilie Weckbeckers Erinnerungen, die über ihre Mutter und deren Salon schreibt: „Mein Vater, der gerne Leute sah, lud nun Herren seiner Bekanntschaft, meist Diplomaten, Gelehrte, nach dem Theater zu sich. So empfing meine Mutter abends fast täglich. Fanny von Arnstein tat dasselbe. Die beiden Frauen trafen sich häufig in Gesellschaft und wurden bald intime Freundinnen, doch konnten sie sich im Winter an drei Abenden nicht sehen, weil da auch die Arnstein nach dem Theater Leute bei sich empfing. Bei ihr, die reich war, fand allabendlich

Souper statt, bei meinen Eltern nicht; da gab's nur Wasser mit ge-
stoßenem Zucker und – o Wunder – Tee … Tee zu jener Zeit, wo
dieses Getränk bei uns fast noch unbekannt war."[11] Tee entwickelt
sich nach und nach zu einem beliebten Getränk in den verschiedenen Salons.

Im Hause Obermayer kommt es zu einer einschneidenden Verän-
derung, als Joseph II. nach Maria Theresias Tod den kaiserlichen
Beamten verbot, Umgang mit Diplomaten ausländischer Mächte
zu pflegen. „Für die Gewohnheiten meiner Eltern bedeutete das
eine Umwälzung. Sie behielten wohl ihre Soireen nach dem Theater bei, aber ihr Hauptreiz, die Fremden, war daraus verbannt.

*Fannys Mann: der Bankier Nathan Adam von Arnstein. Ob seiner
Leistungen für Hof und Staat erhält er den Adelstitel verliehen.*

Nach und nach wurden sie durch Militärs ersetzt, die durch Bienenfeld (welcher stets Verbindungen mit der Armee hatte) ins Haus kamen."[12]

Große Gesellschaften gibt es an den Geburts- und Namenstagen des Ehepaares Obermayer und am Neujahrstag.

Jahre nach ihrem Eintreffen in Wien wird Nathan Adam Arnsteiner ob seiner Leistungen für den Hof und den Staat der Adelstitel verliehen. Er nennt sich nun Nathan Freiherr von Arnstein. Die Erhebung des Bankiers zum Baron erfolgt aus rein praktischen Gründen, denn der Staat braucht das Vermögen der jüdischen Bankiers, um das Heer für die napoleonischen Kriege aufzurüsten. Fanny von Arnstein wird zur Gegnerin Napoleons werden, empfängt aber dennoch Franzosen.

1785 stirbt Fannys Schwiegervater Adam Isaak Arnsteiner, zwei Jahre später folgt ihm seine Frau nach. Von da an übernimmt Fanny das Haus. Ihren schon seit Jahren bestehenden Salon erweitert Fanny nun um die Räume der Schwiegereltern und modernisiert das Mobiliar. Anschließend vergrößert sie ihren Kreis und lädt Damen und Herren des gehobenen Adelsstandes zu sich. Die Einladungen werden gerne angenommen, denn der Empfang ist liebenswürdig, die Konversation anregend und die Bewirtung glänzend. Hilde Spiel schreibt, dass eine „Entwicklung" vor sich gehe, „die der bisherigen Hierarchie der gesellschaftsfähigen Schichten" entgegenwirkt, und dass „ein gelösteres, gemischteres Zusammentreffen", wie das bisher nur bei „öffentlichen Konzerten und auf musikalischen Soireen"[13] der Fall war, in die Privatgemächer Eingang findet.

Wirklichkeit und Scheinwelt berühren einander im josephinischen Jahrzehnt und gehen ineinander über. Lebenslust kommt aus den verschiedensten Bereichen. Selbst die Natur wird zum Kunstwerk. Als Kulissen für Gespräche dienen Gärten, Laubenstatuen, Springbrunnen und Parks, ja sogar die traumhafte Umgebung Wiens wird eingebunden.

Die schärfste Kritik über die Sinnenlust der Bewohner Wiens kommt von norddeutschen Besuchern. Bereits im Jahr 1784 schreibt ein Berliner seinem Freund über den Adel folgendes: „Die Jungen spielen, fahren, reiten, jagen, treiben die Liebe in warmen Ländern, bis sie ganz kalt werden, schlagen ihre Bediente lahm, ruiniren ihre Pächter, pressen Geld aus ihren Verwaltern, schwängern ihre Mägde oft, ihre Weiber wenig, kennen kein anderes Verdienst an ihnen, als daß sie Geld haben."[14] Die Alten seien „zornig, eigensinnig, stolz, führen beständig Prozesse, und halten sich eigene Partheygänger, weil sie in ihrem Alter die Leute zu necken nicht vergessen haben, welches ihnen noch von ihrer Jugend anklebt; sie zanken mit ihren Weibern, sind dem Fraß und Trunk ergeben, und lassen ihre Kinder Schafköpfe seyn".[15]

Besser gefällt ihm das Volk, von dem er sagt, es sei „bieder, gastfrey, gütig, wohlmeinend", lebe aber gern „in Glanz und Ueberfluß".[16] „Bester, ich beleidige keineswegs die Schranken der Wahrheit, wenn ich vielleicht Wien, als den einzigen Ort Dir schildere, wo am meisten gefressen wird."[17]

Auch der Schriftsteller und wichtige Vertreter der Berliner Aufklärung, Friedrich Nicolai, spottet der österreichischen Esslust: „Ein wohlhabender Bürger in Wien isset beynahe den ganzen Tag. Schon in der Frühe schlürft er im Sommer ein paar Seidl Obers oder Milchrahm in sich und genießt eine gehörige Anzahl Kipfl oder Milchbrödchen dazu. Im Winter aber tunkt er seine Eierkipfl in Milchkaffee, und ehe er in die Messe geht, stopft er eine gute Portion Gebetwürstel in sich. Noch Vormittags ist er im Sommer im Kirschweinkeller oder im Winter im Methkeller anzutreffen und dabei wird wieder etwas Kaltes genossen. Zu Mittag ißt er gewöhnlich vier Gerichte und von jedem nicht wenig. Gegen vier ein tüchtiges Jausen oder Vesperbrod; um fünf geht er kegeln und nimmt dann geselchtes Kaiserfleisch oder Hendl zu sich, auch gebackene Schnecken, eingerührte Eier und Lungenbratl. Dehmohngeachtet kann er zu Hause gegen Acht Uhr wieder drei

Kritiker der Wiener Lebenslust: der Berliner Aufklärer Friedrich Nicolai. Stich von Christian Gottlieb Geyser.

Gerichte verzehren, oder begibt sich in ein Gewürzgewölb, speist ein hundert Austern und trinkt süßen Wein dazu. Alle anderen nennen sie Hungerleider."[18]

In Wien leben gegen Ende der Regierungszeit Josephs II. ca. 250.000 Menschen in 6000 Häusern. Die Vororte sind ausgebaut, reichen bis zum Glacis und den zehn Bastionen, auf denen man promenieren kann. Diese werden von Alleen gesäumt und bilden einen Halbkreis um den Stadtkern. Während des Tages strömt das Volk in beide Richtungen durch die vier Tore und spaziert abends bis Mitternacht am Graben, am Kohlmarkt und am Hof. In den einhundert Kaffeehäusern genießen die Wiener – Kaffee. Durch die Fenster sieht man kristallene Kronleuchter glitzern, Vögel zwitschern in Vogelbauern an den Fenstern.

Fanny hat die Freiheiten, die sie braucht. Sie kann reisen. Am Todestag Maria Theresias, dem 29. November 1780, bringt Fanny in Berlin ihr erstes Kind, Henriette, zur Welt.

Auch später wird Fanny immer wieder, wenn sie dazu Lust verspürt, nach Berlin fahren, wo sie den frischen Wind im Kreise ihrer gebildeten Schwestern genießt. Zwei von ihnen, Cäcilie und Rebecca, holt sie später nach Wien. Hof und Gesellschaft in Berlin sind unter Friedrich dem Großen französisch geworden.

Als Fanny mit ihrer Tochter aus Berlin nach Wien zurückkehrt, macht sich Zuversicht breit. Die Zensur ist gemildert, Dichter und

Denker wagen sich hervor. Es gibt Autoren wie den boshaften Polemiker Blumauer, den Poeten Ratschky und den Dramatiker Ayrenhoff, der im französischen Stil schreibt. Haschka ermuntert den jungen Adeligen Johann Baptist von Alxinger zu schreiben. Dazu kommen Sonnenfels, Jacquin und Born, Aufklärer in ihren Fächern, und Schöngeister wie Gerard van Swietens Sohn Gottfried, Baron Spielmann und Graf Pergen. Viele der Dichter im josephinischen Wien fallen später der Vergessenheit anheim. Dazu Hilde Spiel: „Hielten sich Literatur und Wissenschaft in Wien auch nicht auf der Höhe seiner Musik, hatten sie bisher keine Erscheinung von europäischem Rang hervorgebracht, so bestand in ihnen genug Feinsinn, Geschmack und echte Bewunderung für die Größe der gleichzeitigen deutschen Dichtung, daß aus ihren Kreisen, vermochte man diesen nur einen gemeinsamen Mittelpunkt zu geben, ein Salon nach französischem Muster sehr wohl zu bilden war."[19]

Fanny geht in ihren ersten Ehejahren viel in Gesellschaft. Der bekannte Buchhändler, Anekdotenschreiber und Journalist Franz Gräffer schildert sie in einer Begebenheit zu Beginn der achtziger Jahre des 18. Jahrhunderts, die zeigt, für wie bedeutend er ihre Meinung hält.

Die feine Gesellschaft strömte in den Augarten, das Wetter war herrlich, Nachtigallen sangen, der Lustfeuerwerker Girandolini versprach eine „außerordentlich imposante Production" zu geben. Manche Familie speiste beim „Hoftraiteur" zu Mittag, die Menschen flanierten in den sich langsam füllenden Alleen, Bläser spielten liebliche Musik. „In dem Baumgange, dicht neben dem kleinen, noch bestehenden Hause, welches der Kaiser während der schönen Jahreszeit häufig bewohnte, wandelte die in Jugendreiz, Anmuth, Bildung und Geist prangende Frau von Arnstein mit ihrem Gemahl. In ihrer Gesellschaft befand sich der merkwürdige königliche Neger Angelo Soliman in seinem durchaus weißen türkischen Kostüm, und der General Ayrenhoff." Man sprach über das am Tag zuvor gegebene Ayrenhoff'sche Stück *Die große Batterie* und Angelo lobt den Verfasser in einem langen Wortschwall, in dem er dessen Arbeit eines Voltaire würdig erachte. Auch seinem Freund, dem regierenden Fürsten von Liechtenstein, gefiel das Werk besser als *Der Postzug*. Das Stück habe „wirksame Scenen und die Charaktere sind vortrefflich gezeichnet". Ayrenhoff genießt die Schmeicheleien. „Der kluge Arnstein sagte mit gentiler Geberde: was wird Herr Hofrath Wieland dazu sagen?" Bestimmt nur Worte der Anerkennung! „Obschon; aber ich muß gestehen, unter vielen Dingen, die ich nicht begreife, ist auch dieses, daß Sie Herr General und Wieland nicht die besten Freunde sind. Frau von Arnstein lächelte und kühlte ihr Grazienantlitz mit dem kostbaren Fächer. Sie enthielt sich des Wortes. Auf den Ausspruch dieser hochgebildeten Dame, deren Urtheil mit Recht eben so viel galt und noch mehr, als das einer ganzen Akademie, auf dieses Urtheil war Ayrenhoff gespannt. Als eine negative Aufforderung oder höfliche Einladung sich zu äußern, nahm Ayrenhoff, zur Dame gewendet, neuerdings den Hut ab. Sie aber fuhr fort, mild und süß zu lächeln. Der gefolterte Poet studierte dieses Lächeln; er fand aber nicht den entferntesten Ausdruck critischer Natur, weder des Beyfalls noch der Mißbilligung. Dieser Umstand brachte ihn bald zur Verzweiflung. Von den Worten der Frau von Arnstein hing das Schicksal der ‚großen Batterie'"[20] ab. Herr von Arnstein und Angelo Soliman erfassten die Situation und fühlten sich ein wenig beklommen. Schließlich besaß Fanny den Großmut, der peinlichen Situation ein Ende zu bereiten.

Früh schon hat Fanny Zugang zum Kaiser. Es gibt eine Anekdote aus der Zeit kurz vor dem Erlass des Toleranzpatentes, die der preußische Staatsrat Stägemann erst viele Jahre später an seinen Freund Benzenberg schreibt. Stägemann wird während des Wiener Kongresses im Arnstein'schen Haus ein- und ausgehen. Er hat diese Anekdote vermutlich von der Gastgeberin selbst:

„Als Frau von Arnstein in Wien zu jener Zeit, wie Esther den Ahasverus, den Kaiser Joseph um Wohlwollen für ihr Volk bat, antwortete er ihr: ‚ich thue ja Alles für sie, was ich kann; aber leiden mag ich sie nicht; sehen Sie einmal, wie sie aussehen! Können Sie sie leiden?'"[21] Die Antwort, die Fanny dem Kaiser gibt, ist nicht überliefert. Vielleicht ist sie erstaunt über seine offenen Worte. Verbindungen zwischen der Familie und dem Hof gibt es einige. So besteht ein Band der Neigung zwischen dem kaiserlichen Kabinettsekretär Günther und der Jüdin Eleonore Eskeles, einer Schwester des Kompagnons ihres Mannes.

Fannys Witz, ihr Charme und wacher Geist ziehen in den 1780er Jahren zunehmend Gesellschaft an. Mühelos schließt sie ihre Bildung in „funkelnde Fiolen", gibt ihren Beobachtungen geschliffene Form, entzieht sich der Plattitüden und wird ob ihrer Talente von ihren Zeitgenossen bewundert. „Des Kleingelds der üblen Nachrede, der gehässigen Pfeile und Spitzen, mit denen man in den Wiener Salons um sich warf, bediente sie sich selten oder nie. Wenn sie ablehnte, gar haßte, war sie maßlos in ihrer Rede, blieb hierin ganz die Preußin, die sich weigert, gleich dem Wolf in der Fabel Kreide zu schlucken, um ihrer Stimme eine vorgetäuschte Milde zu verleihen."[22]

Fanny fährt wiederholt nach Berlin und wird vom dort herrschenden preußischen Patriotismus in den jüdischen Salons und der Abkehr von Frankreich sowie der romantischen Verherrlichung des Deutschtums in alten Märchen beeinflusst. Im Mai 1791 wird als erster Berliner jüdischen Glaubens Fannys Vater Daniel Itzig aufgrund seiner geleisteten Dienste als Bankier von König Friedrich Wilhelm eingebürgert und erhält die gleichen Rechte wie christliche Bürger in Preußen. Dieses Privileg gilt auch für Fanny und ihre Familie.

Die Aufklärer in Wien, besonders der Kreis um Fanny von Arnstein, hängen treu dem neuen Kaiser Franz II. an, was ihre Berliner Verwandten nicht verstehen können. Doch in Österreich stellen sich die neu geadelten Barone aus Dankbarkeit für die Aufnahme in den Adelsstand als Patrioten bedingungslos hinter den Kaiser. Sie wissen nicht, dass sie an einer Zeitwende stehen, und glauben die Revolution überwunden.

Den Wiener Juden ist Grundbesitz noch verboten. Das Appartement, das Fanny und ihr Mann in der Inneren Stadt bewohnen, ist gemietet. Doch 1794 beziehen sie ein ehemaliges Sommerpalais der Erzherzogin Marie Christine am Braunhirschengrund, dessen Garten sich von der Mariahilfer Straße bis zum Wienfluss erstreckt. Fanny gestaltet den Garten prächtig aus und empfängt im Sommer ihre Freunde, um die Jahrhundertwende auch Lady Hamilton und Lord Nelson. Dieses Anwesen trägt dazu bei, dass Fannys Salon immer bedeutender wird.

Als Franz II. von seinem Vater Leopold II. die Macht übernimmt, schränkt er die Pressefreiheit ein und verschärft die Zensur. Während seiner Regierungszeit kommt es zum Krieg gegen Napoleon. Der Kaiser, äußerlich väterlich, innerlich jedoch verängstigt, bricht jeden Widerstand frei denkender Intellektueller und Schöngeister sowie der von Joseph II. geförderten Freimaurer und macht sie mundtot. 1794 setzt der Stadthauptmann von Wien, Graf Saurau, als wichtigster Unterstützer der Geheimpolizei das Blutgericht gegen die „Wiener Jakobiner" ein, oft völlig harmlose Menschen. Die Bevölkerung gerät darüber in Zorn. Aus dieser Zeit stammt das berühmte Eipeldauerlied, durchaus ein Revolutionslied, des Demokraten Franz Hebenstreit. Danach folgt jahrzehntelanges Schweigen durch verstärkte Zensur und Polizeidiktatur. Zu Fannys Leidwesen kündigt Preußen die Koalition mit Österreich auf und schließt am 5. April 1795 den Frieden von Basel.

Nach der Trennung von ihrem Mann zieht Fannys Schwester Cäcilie nach Wien. Sie heiratet, durch Fannys Vermittlung, 1799 Bernhard Freiherr von Eskeles, den Kompagnon Nathan von Arnsteins, der als Wiens geschicktester Finanzmann gilt. Cäcilie führt ebenfalls einen berühmten Salon, in dem sie besonders die Musik pflegt. Bernhard Eskeles wird 1797 in den österreichischen Adelsstand erhoben, zunächst in den Ritterstand, 1822 dann in den Freiherrenstand.[23] Nathan Adam Freiherr von Arnstein wird 1798 in den österreichischen erbländischen Freiherrenstand erhoben.[24] 1805 besetzt Napoleon Wien und französische Soldaten werden bei den Arnsteins einquartiert. Schwer trifft Fanny die Niederlage Preußens bei Jena und Auerstädt. Sie empfängt vor allem patriotische Landsleute wie Varnhagen von Ense. Immer bedrohlicher wird die finanzielle Lage in Österreich. In Preußen leitet der Staatsmann Heinrich Friedrich Karl Freiherr vom und zum Stein soziale Reformen ein, und unter seinem Nachfolger Hardenberg kommt es zur Gleichstellung der Juden mit allen anderen Staatsbürgern Preußens. Der Kaiser ist in einer notwendigen Freundschaft mit Reichen wie Arnstein verbunden, doch das bedeutet keinesfalls auch eine Gleichberechtigung für die breite Masse der Armen. Fanny unterstützt jene, die sich der napoleonischen Herrschaft widersetzen. So ist auch der Tiroler Josef Speckbacher, der 1809 den Aufstand anführt, Gast und Freund in ihrem Salon, wo er politisch agiert und die Gesellschaft als lustiger Patron unterhält. Mit großen Summen unterstützt Fanny sein politisches Anliegen in Tirol.

1809 steht Napoleon zum zweiten Mal vor den Toren Wiens. Eine halbe Nacht wird gekämpft. Auf beiden Seiten gibt es Tote und Verwundete. Neugierige Wienerinnen und Wiener stehen am Glacis und beobachten das Kanonenfeuer. Im Mai 1809 kommt es zu Napoleons erster Niederlage, er wird von Erzherzog Karl bei Aspern geschlagen. Allerdings wird das österreichische Heer wenige Wochen später bei Wagram besiegt und erleidet große Verluste. Napoleon hält Hof in Schönbrunn. Offiziere quartieren sich in den vornehmen Häusern ein, aber auch Verwundete bringt man dort unter.

Fanny von Arnstein muss französische Offiziere in ihrem Salon empfangen, viele von ihnen sind Söhne alter französischer Adelsfamilien. Sie unterhält sich mit ihnen, dennoch bleibt sie ihrer Gesinnung treu.

Zu dieser Zeit entwickeln die Menschen ein wahres Reisefieber, sie fahren durch ganz Europa, wollen Neues und Fremdes erleben. Trotz widersprüchlicher Urteile – über die Genusssucht und Völlerei der Wiener sind sich viele Reisende einig: „Außer dem Fressen ist ihr größtes Vergnügen, ihr Kasperl und ihre Hetze", schreibt ein ungenannter Engländer in seiner Schrift *Reise durch Mannheim, Baiern und Österreich nach Wien.*[25] Wilhelm Ludwig Werkhlin, ein Schwabe ist der Ansicht, beide Geschlechter liebten Pracht, Aufwand und Vergnügen bis zum Laster, Fehler, die bei ihnen „nicht im Herzen, sondern im Blute stecken". Er habe vollendet schöne Frauen gesehen, es gebe fesche Mannsbilder, doch rügt er die unerträgliche Selbstliebe und Eitelkeit beider Geschlechter. Die Wienerinnen besäßen „das Gefühl einer Neapolitanerin, den Buhlgeist einer Französin und das Herz einer Deutschin", doch sie zeigten auch eine Schwäche für Müßiggang und ein bequemes Leben, was alles wieder ausbalanciert werde. Österreicher gebe es keine mehr: „In Wien wimmelt es von Franzosen, Welschen, Hungarn, Raizen, Juden und Reichsgliedern. Die ursprünglichen Österreicher sind verschwunden. Von dem Hause Starhemberg an, sagte mir gestern eine Magistratsperson, bis auf den Kerl, der mit der Klapper in den Straßen herumgeht, ist kaum eine Familie unter uns übrig, die ihr österreichisches Herkommen in einer unvermischten Geschlechtsfolge vom Urgroßvater herleiten kann."[26] Trotz der von 1792 bis 1815 andauernden Kriegsgefahr versinken die Wiener nicht in Angst und Schrecken, sondern verdrängen die lauernde Bedrohung und erfreuen sich ihres Lebens. Der deutsche Schriftsteller Ernst Moritz Arndt, er wird später Abgeordneter der Frankfurter Nationalversammlung, besucht 1798 Wien. In Wien „genießt jeder reichlich, was sein Vermögen und Magen vermag", schreibt er, und „kümmert sich nicht um seinen Nachbarn, noch um die ganze Welt, und drückt kaum das Ohr von seinem Seidel

Wein, gebackenen Hendel oder Kapaunkerl auf, wenn ein ungewohntes Tosen erschallt".[27] Ernst Moritz Arndt verkennt allerdings wie viele seiner Landsleute, dass in derselben Stadt trotz ständig lauernder Gefahr auch die Freude an Kunst und Philosophie wieder zunimmt.

Johann Friedrich Reichardt, ein anerkannter Komponist und Dirigent, schreibt über seine Wiener Reise 1808 und 1809 „vertraute Briefe", in denen seine Liebe zur Stadt zum Ausdruck kommt. Ihn

Fannys Schwager, der Bankier Bernhard Freiherr von Eskeles, Mitbegründer der Österreichischen Nationalbank.

zieht ihr musikalischer Ruf an und ebenso die Literatur, das Gesellschaftsleben, das lebendiger ist als in den meisten deutschen Großstädten.

„Wenn ich dir nun noch sage, daß ich zwischen diesen Morgen-, Tags- und Abendmusiken noch die Freude hatte, der Fürstin von Lobkowitz, die eben ein leichtes, glückliches Wochenbett verläßt, und ihren liebenswürdigen Töchtern einige Akte aus Schillers ‚Wilhelm Tell' vorzulesen, und abends an einer witzigen feinen Szene teilzunehmen, die beim Diner der Frau von Arnsteiner zur Geburtstagsfeier ihrer von allen geliebten Schwester verabredet wurde; so hast du einen Tag, wie man ihn wohl nur in Wien erlebt."[28]

Der Staatsmann Friedrich von Gentz, einer der großen politischen Gegner Napoleons, verkehrt vor allem in hochadeligen Kreisen. „Es ist im Grunde ein Schlaraffenleben, welches man hier führt", schreibt er an Goethe, „aber doch kann es dem Beobachter nicht entgehen, daß weit mehr Geist als sonst in diese sinnliche Masse gedrungen ist. Unter den vielen Beweisen davon wähle ich nur den, daß, als ich im Jahre 1802 und 3 mit Wien genauer bekannt wurde, es noch unter die großen Seltenheiten gehörte, in der ersten Gesellschaft auf Personen zu stoßen, die den Faust oder die Iphigenie gelesen hatten; dagegen jetzt ein Mädchen von 17 oder 18 Jahren sich schämen würde, nicht mit allen Ihren Werken mehr oder weniger vertraut zu sein und gewiß kann in Dresden oder Berlin nicht öfter, nicht mit größerer Bewunderung und Liebe von Ihnen gesprochen werden, als hier geschieht."[29]

Von Paris aus ist es im 18. Jahrhundert zu einem ständigen Gedankenaustausch und der Pflege gelehrter Konversation gekommen. Die Zusammenkünfte in den Häusern der Marquise d'Epinay, der Madame Geoffrin und der Mademoiselle de Lespinasse regen Wiener und preußische Anhänger zur Nachahmung an. Doch der Hochadel zögert noch, seine formellen Empfänge aufzugeben. Das deutsche Bürgertum ohne höhere Bildung hält an der Einfachheit des Haushalts fest. So sind es zunächst jüdische Kreise, die nach Pariser Vorbild Kunst und Gesellschaft miteinander vereinen. Sie schließen sich rascher als ihre Landsleute der französischen Kultur an, versprühen Geist, Witz und Geschmack, wissen Dinge fein auszudrücken. Ihr spöttischer Ton erregt Aufmerksamkeit für das Lächerliche, außerdem besitzen sie Instinkt für praktischen Rationalismus in ihrer Lebensführung.

Ein unbekannter junger Mann aus Bayern liefert in seinen Briefen aus Wien an eine „Frau von Stande" eine lebendige Schilderung über Fanny. „Die Baroninn von Arnsteiner, oder wie man sie hier im allgemeinen nennt, die Fanny, ist eine Frau von einigen und 30 Jahren und von Geburt eine Berlinerinn. Sie ist die Tochter des, wegen seines Reichthums, seiner Wohlthätigkeit und redlichen Gesinnungen bekannten jüdischen Handelsmannes Itzig; er war ein aufgeklärter Mann, im guten Sinne des Wortes, Beweisthümer seiner hellen Denkart, die ihn über die großen Vorurtheile seines Volks und der damaligen noch geringen Kultur desselben erhoben, sind die Erziehung und Bildung die er seinen Kindern gab, jede der Itzig'schen Töchter ward mit so vieler Sorgfalt erzogen, genoß in allen Fächern der Sprachen und Wissenschaften einen so reichlichen Unterricht, daß sie, wenn es Wille des Schicksals gewesen wäre, den Stand der Fürstinnen nicht verunzieret haben würden."[30]

Den Musiker Johann Friedrich Reichardt kennt Fanny schon aus Berlin, wo er in den musischen Salons der Stadt ein und aus geht. Er nennt sie seine vieljährige Freundin und Beschützerin, die edle prächtige Frau des Hauses, und fühlt sich besonders wohl in ihrem Salon, denn er kann sie am kleinen runden Familientisch treffen und muss sie nur mit wenigen Freunden teilen. Ungewohnt für ihn, den Norddeutschen, ist die einfache Kleidung, die man trägt. Selbst bei einer Abendassemblée kann man im Haus Arnstein in Stiefeln und Reisekleidung erscheinen. Es gibt keine Kleidervorschriften und man spricht überall in den Salons Deutsch (außer beim Fürsten de Ligne). Reichardt trifft Sonnenfels bei größeren Abendgesellschaften und als Musiker erfreut er sich am Spiel der Klaviervirtuosin Fräulein von Kurzböck. Er besucht Friedrich Schlegel und seine Frau und kennt auch Karoline Pichler, Charlotte von Greiners Tochter. Er berichtet, wie die verschiedensten Zirkel und die Cliquen der Wiener Gesellschaft immer weiter zusammenwachsen und die Grenzen zwischen den verschiedenen Schichten und Kreisen allmählich verschwimmen.

Im Haus Nummer 1188 am Graben stehen die Türen weit offen und immer mehr bedeutende Gäste besuchen Fannys Salon. In Wien entsteht die „Zweite Gesellschaft", die Johann Pezzl, Schriftsteller, Bibliothekar, radikaler antiklerikaler Aufklärer, der auch der Loge „Zur wahren Eintracht" angehört, für die Zeit Josephs II. folgendermaßen charakterisiert: „Dieser Stand besitzt einen Kern von Geschäftsmännern, die den Staatssternen der ersten Größe in die Hände arbeiten, und den Gang der grossen Maschine befördern helfen. Patriotismus, Rechtschaffenheit, Fleiß, Sachen-kenntniß, Einsichten und Arbeitsamkeit, machen sie ehrwürdig und beliebt. Diese Klasse fängt an, sich unter allen Ständen am meisten aufzuhellen, welches eine treffliche Wirkung thut. Da die Gesellschaften derselben für andere ehrliche, aber ungeadelte Erdensöhne nicht sogar sorgfältig verpallisadirt sind, wie jene der ersten Noblesse: so verbreitet sich durch sie die lichtere Denkart auf mehrere Köpfe, und durch diese wieder auf mehrere Stände des Publikums."[31]

Diese Gesellschaft ist offen gegenüber neuen Einflüssen, Zeitströmungen, insbesondere den Ideen der Aufklärung, während der Hochadel, die Erste Gesellschaft, in geistiger Starre, ausgedrückt in alten Konventionen eines geschlossenen Kreises ohne Erneuerungswillen, verharrt.

Besonders wirke, schreibt Johann Pezzl, dass einige „Damen aus diesen Häusern, die männliche Denkart mit weiblicher Grazie verbinden, und dadurch doppelt liebenswürdig sind. Ich würde sie nennen, wenn es ihre Bescheidenheit erlaubte, die sie nur um so schätzbarer macht. Sie sind Schülerinnen Musarions: ihr Umgang ist so belehrend und geschmackvoll, als reizend; in ihren Häusern vergähnt man die Abende nicht mit elendem Kartengeblätter. Kleine Musiken, vertrauliches Freundschaftsgeplauder, litterarische Neuheiten, Räsonements über Bücher, Reisen, Kunstwerke, Theater; die Vorfälle des Tages, und interessante Neuigkeiten mit Salz erzählt, beurtheilt, beleuchtet, machen die Unterhaltung aus, und kürzen dem vertrauten Zirkel die langen Winterabende. Man lernt dort die meisten einheimischen, und die fremden, gelegenheitlich durch Wien reisenden Gelehrten kennen."[32]

Die Veränderungen im Denken und in der Kultur spiegeln sich auch in der Einrichtung im Hause Arnstein wider. Nach und nach verschwinden das Rokoko und alles, was aus der ersten Hälfte des alten Jahrhunderts vorhanden ist, wie Damasttapeten, überdimensionale Gobelins, niedliche Engel und Putten, Chinoiserien und

Porzellanfiguren. Alles soll neu sein, der Antike nachempfunden, einer römischen Villa gleich. Mildes Licht entströmt etrurischen Vasen und erhellt den Raum. Die Zimmerecken leuchten flammende Kerzen auf antiken Kandelabern aus. Kostbare Draperien zwischen den Säulen vollenden die Szenerie.

Von höchster Wichtigkeit ist auch die Verteilung des Mobiliars im Raum. Es gibt, anders als beim Hochadel, keine Rangordnung bei den Arnsteins. Das Kanapee, einst der „Thronsitz" der Hausfrau im Salon, steht nicht mehr im Mittelpunkt. Stühle und Tische sind frei über den Raum verstreut, die Gesellschaft verteilt sich im Salon und in den Nebenräumen, um besonders interessanten Gesprächen zu lauschen oder daran teilzunehmen. Vor allem wenn Besuch von außen vorgestellt wird, drängen sich die Damen und Herren gleichermaßen um die Berühmtheit, um mit dem Besucher bekannt zu werden.

Fanny fühlt sich als stolze Preußin. Die geschliffenen Gespräche in ihrem Salon, elegante, schöngeistigen Unterhaltungen, schaffen eine lebendige und angeregte Atmosphäre. Es bildet sich nun

Fannys Wiener Welt ab 1804: der Hohe Markt.
Kupferstich von Georg Daniel Heumann nach Salomon Kleiner.

Mitte der neunziger Jahre des 18. Jahrhunderts auch ein Zweck heraus. Fanny sucht in Berlin die Herz, die Eybenberg und Rahel Levin auf und trifft auf Männer der neuen Zeit. Bei ihrer Schwester Sara Levy, die den Grafen Mirabeau häufig als Gast begrüßt, lernt Fanny die ersten französischen Emigranten kennen und kehrt enthusiastisch in ihr Haus am Graben zurück. Sie kann nun preußische und österreichische Gefühle in ihrer Brust vereinen, denn kurz vor Kaiser Leopolds II. Tod schließen die beiden Länder ein Bündnis und stehen vereint gegen Frankreich, das einen Krieg beginnt.

Ihr Salon wird Treffpunkt einer völlig neuen Gesellschaft, die eine Besonderheit Wiens darstellt. „Weder in London, noch in Paris", schreibt die englische Schriftstellerin Francis Milton Trollope in ihrem Werk *Briefe aus der Kaiserstadt* über die geadelten Wiener Kaufleute und Bankiers, „gibt es irgend etwas, was der Stellung, welche die Wiener Bankiers in der Gesellschaft einnehmen, auch nur im geringsten ähnlich wäre. Ihr Reichtum als Körperschaft ist unermeßlich, und als solche haben sie, und müssen auch beträchtlichen Einfluß und Wichtigkeit im Staate haben. Auch individuell genommen ist in manchen Fällen ihr Reichtum so groß, daß ihr Aufwand den ersten Großen der Monarchie sehr nahe kommt."[33]

Fannys erste große Zeit als Salonière ist im Josephinischen Jahrzehnt anzusetzen, sie ist knapp über dreißig Jahre alt und auf der Höhe ihrer Anziehungskraft. Die Ecken und Kanten ihrer Jugend sind von der weichen Luft Wiens gedämpft, von ihrer Umgebung abgeschliffen, die Künste der Wiener Marchants de Modes verhüllen sie. Fanny gilt als eine schöne Frau, die alle bezaubert.

In ihrem Haus gehen, wie Varnhagen schreibt, die vornehmsten Fremden, die regierenden Herren und Prinzen, Gesandte, hohe Militärpersonen, Geistliche, Kaufleute, Künstler, Gelehrte und alle gesellschaftlich akzeptierten Klassen ein und aus: „Ein angenehmes, jeden Tag zahlreichen Gästen aus allen Klassen offenes Haus, die geschmackvollste Umgebung, die reichste Bewirthung, der

Zusammenfluß ausgezeichneter Fremden, die Verbindung adlicher Ansprüche und Sitte mit … ja nicht einmal bürgerlicher, sondern ganz ausnahmsartiger Stellung, die unbedingte Herrschaft einer liebenswürdigen, thätigen Frau, die alles um sich her belebt und entzündet: dies alles in einer üppigen Hauptstadt, dem Mittelpunkte viele Staaten und Völker, wo die höchste Üppigkeit, das behaglichste Wohlleben, mit stolzer Vornehmheit und rohen Vorurtheilen, aber auch mit lebensfrischer Einfalt und Gutmüthigkeit vereint im Schwange gingen."[34]

Täglich treffen verschiedene kulturelle Elemente in ständiger Wechselwirkung im Haus Arnstein aufeinander. Sie als Salonière ist die Vermittlerin. Auch wenn später zahlreiche andere Salons nach diesem Vorbild entstehen, so ist es ihr Verdienst, diese Möglichkeit geschaffen zu haben. Darüber hinaus ebnet Fanny damit den Weg für ihre Glaubensgenossen zur Besserstellung und freieren Lebensgestaltung.

Im August 1794 schreibt Rahel Varnhagen aus Breslau, sie habe den aus Wien angereisten Geheimrat Leveaux getroffen, der Wunderbares von Frau von Arnstein erzählt, deren Haus Prinzen, Grafen, Minister, Gesandte und verschiedenste bekannte Wiener Persönlichkeiten frequentieren. Empfänge, Gesellschaften, wie die des Herzogs von Württemberg im Haus des Bankiers Bienenfeld, von der Emilie Weckbecker in ihren Erinnerungen berichtet, enden in einer späten Abendsoiree bei Fanny.

Viele Reisende suchen den Salon auf, wenn sie nach Wien kommen. Bunt schillernd ist auch jene umstrittene Lady Hamilton, die mit Lord Nelson, ihrem Geliebten, dem Besieger Napoleons, zu Fannys berühmtesten Gästen zählt. Die Weimarer Sängerin Henriette Karoline Jagemann von Heygendorff, Mätresse des Herzogs August Wilhelm, berichtet im Zuge einer Einladung zu einem Gastspiel in Wien von einem Besuch bei Fanny am Braunhirschengrund in ihren Memoiren: „Zu meinen angenehmsten Wiener Bekanntschaften gehörte das Arnsteinsche Haus und der Arzt

Führte von 1790 bis 1806 in Berlin selbst einen Salon: Rahel Varnhagen von Ense.

Frank mit seiner jungen Frau … Die Familie Arnstein bewohnte eine Gartenwohnung in der Nähe der Stadt, nahm mich mit großer Artigkeit auf und verdoppelte dieselbe nach meinen glücklichen Debüts … In ihrer sehr hübschen Behausung sah man täglich Fremde aus allen Ländern, auch Lord Nelson mit der durch ihre Attitüden bekannten Lady Hamilton wurden erwartet. Nach vielen Stunden der Ungewißheit, ob die Herrschaften der Einladung Folge leisten würden, erschienen sie endlich; Nelson, ein kleiner, magerer Mann mit einem Auge und einem Arm, dem man den Helden nicht ansah, Lady Hamilton, eine hohe, stattliche Gestalt mit dem Kopfe einer Pallas, hinter ihm drein, seinen Hut unter dem Arme tragend. Sie blieben den ganzen Abend und ließen ihre Wirte in der größten Satisfaktion über die ihnen gewordene Ehre zurück."[35]

Man präsentiert literarische Gustostückerln im Salon: So deklamieren Schauspieler des Hoftheaters Gedichte und Verse von Schiller, das Publikum applaudiert und diskutiert nach dem Vortrag über den Dichter und den vortragenden Schauspieler oder die Schauspielerin. Die noch wenigen Literaturkritiken in den Gazetten dominieren die allgemeine Meinung noch nicht. Es ist das persönliche, unmittelbare Empfinden der Zuhörer, welches angeregte Diskussionen auslöst.

Später drängt die Gesellschaft in den Tableau-Saal, wo sich an einem besonderen Abend nach einigen Takten Musik der Vorhang hebt und man ein Szenenbild aus „Wallenstein" frei gibt: Max Piccolomini nimmt Abschied von seiner Geliebten. Freunde des Hauses spielen die verschiedenen Rollen, Fanny selbst die Thekla, wovon die Zuschauer begeistert sind. Einige im Halbdunkel stehende Herren flüstern einander Bemerkungen zu, die nicht für die Ohren der Dame des Hauses bestimmt sind. Sobald der Vorhang fällt, mischt sich die Hausfrau wieder unter ihre Gäste und ein schöner Kavalier küsst ihr galant die Hand. Mit einem Lächeln dankt sie, Triumph liegt in ihren Augen, denn der Kavalier ist ein Fürst von Liechtenstein, Träger eines der höchsten Adelstitel des Reiches. Er hat ihr, einer Angehörigen des jüdischen Volkes, die Hand geküsst. Viele der geladenen Gäste, neu ernannte Barone, empfinden Triumph wie sie, nur einige Damen des alten Adels wenden sich pikiert ab. Links und rechts wird geflüstert.

In Fanny von Arnsteins Salon, anders als in denen der Charlotte von Greiner und ihrer Tochter Karoline Pichler, verkehrt auch der Hochadel, darunter die Brüder Carl und Wenzel Liechtenstein. Zwischen Fanny und Carl Liechtenstein entspinnt sich eine Liebesbeziehung, die gesellschaftlich akzeptiert wird. Als es zu Differenzen zwischen Carl Liechtenstein und einem Domherrn kommt, tragen die beiden Kontrahenten, wie damals üblich, ein Duell aus, an dessen Folgen Liechtenstein am 24. Dezember 1795 stirbt. Varnhagen notiert: „Der Vorgang brachte ganz Wien in Aufregung; die vornehmsten und mächtigsten Familien waren dabei betheiligt. Doch die tieferschütterte Frau, die

Ist vom „angenehmen, exoterischen Umgang" in Fannys Salon angetan: Karl August Varnhagen von Ense.

ganz ohne ihre Schuld der Anlaß dieses Unglücks geworden war, erfuhr von allen Seiten die stärkendste Teilnahme und Tröstung, der Hof und die Stadt wetteiferten, ihr zu huldigen; es fanden sich die unzweideutigsten Zeugnisse der Großmuth, des Edelsinns und der Selbstverleugnung, mit der sie das ganze Verhältnis behandelt hatte. Daher konnte sie auch getrost mit ganzem Herzen sich dem tragischen Eindruck hingeben, den sie ihr ganzes folgendes Leben hindurch, sagt man, nie wieder ganz verwunden habe. Jedermann fand ihre Trauer gerecht und schön, und sie durfte ohne Scham den Mann beweinen, der als ihr Ritter das Leben geopfert hatte."[36] Im Handelsalmanach von 1799 wird als Adresse Nathans und Fannys bereits das Palais Wilczek in der Herrengasse 34 angegeben. Im November 1798 berichtet ein Reisender, dass es bei den Arnsteins alle zwei Wochen einen Ball gebe und die Gesellschaft zu groß für den Platz sei.

Doch es gibt auch kritische Aussagen von Zeitzeugen: „Bei aller Sympathie, die man Fanny von Arnstein entgegenbrachte, bei allem Ansehen, das sie und ihr Haus genossen, zu dem geistigen Zentrum, wie es ihre Verwandten und Freunde in Berlin begründet hatten, wurde ihr Haus in Wien nicht. Dazu kam, daß gerade das erste Jahrzehnt des neuen Jahrhunderts für Fanny ein bedrückendes war. Sie war nicht die leichtsinnige Wienerin, die böse politische Ereignisse rasch vergessen und sich wieder den Freuden des Lebens zuwenden konnte, sie war die Preußin, der Gesinnung heilig und unwandelbar war, der es nicht gegönnt war, sich mit Humor, und sei es auch nur mit schwarzem Humor, aus einem seelischen Tief zu befreien. Auch die Heirat ihrer Tochter Henriette mit Heinrich Pereira, einem reichen Holländer aus altem, jüdisch-portugiesischem Geschlecht, bereitete ihr mehr Sorge als Freude. Zwar von ihr gebilligt, erkannte sie früher als ihre Tochter die Problematik dieser Ehe, die keine glückliche wurde. Als Frau an die fünfzig, empfindlich und launenhaft, fiel es ihr schwer, diese Sorgen zu verdrängen. Der Siegeszug Napoleons, der die Revolution verraten hatte, die Idee eines Weltreichs seinem eigenen Ruhm opferte und ihr Preußen, ja ganz Deutschland unterdrückte, erfüllte sie mit leidenschaftlichem Hass."[37]

Carl Gottlob Küttner schildert in seiner *Reise durch Deutschland, Dänemark, Schweden, Norwegen und einem Theil von Italien in den Jahren 1797, 1798, 1799* Bälle, Maskeraden, Redouten und Tanzveranstaltungen in den Sälen „Zur Mehlgrube" und „Zur Neuen Welt". Schlittenfahrten, Empfänge in den feinen Häusern bilden die Vergnügungen während der Koalitionskriege mit Frankreich. Der Hochadel scheue keine Ausgaben und gebe fast täglich Gesellschaften. Wenn ein Fremder nach Wien komme, schicke sein Gesandter in dessen und dem eigenen Namen einige -zig Visitenkarten in die vornehmen Häuser und führe ihn in die öffentlichen Abende ein, die der Fürst Colloredo und die Grafen Kollowrat, Lazansky, Trautmannsdorf und andere Adelige gäben. Er erhalte Einladungen zu Bällen, Konzerten, großen Diners, dafür mache er zu bestimmten Zeiten seine Aufwartung an Journéen. Es sei nicht schwer, als Fremder auch in die Häuser Arnstein, Eichelburg, Button (Puthon), Henikstein und andere eingeführt zu werden, wo sich der Hochadel von Wien und die Zweite Gesellschaft träfen. Eine Wiener Gesellschaft sei der Hochadel nicht, viele Fremde von Rang und Namen finde man dort. In den engeren Kreis gelange man nicht, dieser sei ihren engen Bekannten und Verwandten vorbehalten. In den Häusern des Zweiten Standes und des niederen Adels könne man heimisch werden. Aber auch dort sehe er an den öffentlichen Abenden Fremde oder Reisende aller Länder und Menschen aus allen österreichischen Staaten mehr als echte Wiener.

Politisch und finanziell unter Druck geraten, verkaufen reichsständische Familien ihre Stadtpaläste und Häuser, in die reich gewordene Kaufleute, Nutznießer der Kontinentalsperre und des Papiergeldes, einziehen. Das Zeitalter der Fabriken beginnt, Fabrikanten heiraten Töchter der Beamtenaristokratie und werden in den Adelsstand erhoben. Die Klassenunterschiede verlieren nach außen ein wenig ihre Bedeutung. Sogar Diener tragen keine Standesabzeichen mehr.

Im Jahr 1804 beziehen Nathan und Fanny von Arnstein die Beletage des Hauses Hoher Markt 582. Hier gründet Fanny ihren zweiten Salon, einen Konversationssalon im engern Sinn. Äußerst ambivalent findet der damals noch junge Philosoph Arthur Schopenhauer, Gast im Hause Arnstein, die Beziehung zu Frankreich, insbesondere zur französischen Sprache. Es wird heftig auf die Franzosen geschimpft – auf Französisch! Schopenhauer schreibt, dass Französisch als Konversationssprache die anderen völlig übertreffe und das Wiener Deutsch so schlecht sei.

Der bereits zitierte junge Reisende aus Bayern schwärmt von Fannys Gastfreundschaft. „Gegen jeden Fremden", schreibt er, „ist sie fast gleich artig und weiß ihn augenblicklich in ein angenehmes Verhältniß zu versetzen. Ihr elegantes Haus ist jedem, ihr empfohlnen Reisenden offen. Von des Mittags um 12 Uhr bis spät nach Mitternacht trifft man hier die ausgesuchteste Gesellschaft an, zu der man, ohne besondere Einladung, täglich den Zutritt hat. Um unausgesetzt die Honneurs ihres Hauses machen zu können, geht sie nie oder selten aus, wahrlich kein geringes Opfer, dessen Gewicht der Fremde nicht dankbar genug anerkennen kann. Man kommt ohne große Ceremonie und geht ohne sich zu beurlauben; verbannt ist jede lästige Etikette der höhern Zirkel; der Geist, entfesselt vom Zwange der Convenienz, athmet hier freyer. Aus diesen Gründen ist dann auch die Conversation nie schmachtend, triviell, sondern jederzeit belebt und interessant und reichlich gewürzt mit attischem Salze."[38]

Im Jahr 1801 berichtet der Deutsche J. W. Fischer, ein Kantianer, dass Karoline Pichler eine Dichtung mit dem Titel *Gleichnisse* veröffentlicht habe. Das Bürgertum liest Lafontaine und Cramer. Haydn hat die „Schöpfung" und die „Jahreszeiten" komponiert und man beginnt Mozarts Genialität, zehn Jahre nach seinem Tod, zu würdigen. In Klavierkompositionen seien jetzt Beethoven und Anton Eberl am stärksten vertreten, voll von Feuer und Kraft; beide verströmten Ideen in Fülle, beider Werke zeichneten sich durch viel Künstlertum aus. Man diskutiert, ob Eberl oder Beethoven der größere Künstler sei. In einem Brief an Rahel Varnhagen schreibt Henriette Mendelssohn, die mehrere Jahre in Wien verbringt, über Fannys Salon: „Ihr Haus ist einzig in seiner Art, so wie sie selbst es ist; es ist beinahe der einzige Standpunkt, von dem man Wien recht würdigen und genießen kann; man ist bei ihr in guter Gesellschaft, ganz ohne Zwang, so confortable, wie nur immer in seinem eigenen Hause, und man sieht von da aus das Treiben der Wiener und ihren Ernst und Spaß, wie in einem täuschend gemahlten Guckkasten, ohne gedrängt und gestoßen, oder von der unerhörten Geschmacklosigkeit und plumpen Frivolität in jedem Punkt des Gefühls beleidigt zu werden.“[39]

Etwa zur gleichen Zeit besucht eine englische Dame, Mrs. St. George, die Witwe des Obersten St. George, ausgestattet mit erstklassigen Empfehlungen, Wiener Adelsfamilien. Mrs. St. George gelingt es, über den britischen Botschafter Lord Minto in die Häuser Esterházy, Schwarzenberg, Colloredo, Starhemberg und Cobenzl Zugang zu bekommen, und sie verschafft sich Zutritt zum Hof. Einmal begibt sie sich mit der Witwe des Prinzen Reuss auch in das Haus der Fanny von Arnstein, was ihrerseits wohl einen Bruch der Etikette darstellt, da die Gastgeberin die Frau eines Bankiers ist. „However, I found there a pleasant society, and an easier *ton* than in most houses at Vienna. She keeps open house every evening to a few women, and all the best company in Vienna as to men. She is a pretty woman with an excellent address.“[40]

Carl Bertuch verkehrt in den Salons und notiert in seinem *Tagebuch vom Wiener Kongreß* Folgendes: „Mit Cotta zu Arnsteiners, durch Bartholdy eingeführt. Eine angenehme Frau von großem Welttone. In ihrem Hause wechseln des Abends oft 100 Personen. Ein Graf Degenfeld, Jordan, Stegmann, da.“[41]

In einem Brief an seinen Vater schreibt Bertuch 1814: „Soeben komme ich mit Cotta vom Diner von Arnsteiners, wo es mir zu gefallen anfängt. Die Baronin Arnsteiner ist in der That eine Frau vom besten Weltton, voll Geist, und Attention für ihre Gesellschaft. Ihre Tochter Frau v. Pereira, ist ohne hübsch zu seyn, recht liebenswürdig … Ich werde das Haus mehr besuchen, es ist in Hinsicht der feinen ungezwungenen Geselligkeit mit das Erste in Wien." Die Gesellschaft besteht aus 22 illustren Gästen.[42]

Bertuch liebt die Hauskonzerte in Fannys Palais. Beim ersten, an dem er teilnimmt, spielt Ignaz (Isaak) Moscheles, ein böhmisch-österreichischer Komponist, Pianist und Musikpädagoge, die Ouvertüre zu „Fidelio", weiters werden Duette und Kammerquartette vorgetragen. Das zweite Konzert bestreitet der junge Berliner Musiker Giacomo Meyerbeer. „Er zeigte als Klavierspieler in einem variierten Thema ein vorzügliches Talent und große Fertigkeit in beyden Händen."[43] Die junge Welt tanzt bis Mitternacht. „Es wird bei diesen Cercles Thee, dann Limonade, Mandelmilch, Eis und leichtes Backwerk presentiert. – Von bedeutenden Fremden bemerkte ich heute den Grafen Pozzo di Gorge … ferner den Capo d'Istria, russ. Gesandten in der Schweiz. Außerdem viele Generäle, Fürsten und Grafen."[44] Auch Fürst Franz Georg Karl von Metternich (1746–1818), der Vater des Staatskanzlers, besucht den Salon.

Im Jahr 1814 bringt Fanny den ersten Christbaum aus dem protestantischen Norddeutschland ins katholische Wien und feiert den Weihnachtsabend auf Berliner Art. Mit der Zeit übernehmen der Adel, das Bürgertum und sogar das Kaiserhaus diesen Brauch. In Fannys Haus bekommt jeder ein Weihnachtsgeschenk. Auch darüber gibt es einen Bericht der Geheimpolizei. Zu Neujahr wird Punsch getrunken und man stellt lebende Bilder. Mit ihren *Tableaux vivants* übertrifft Fanny sogar den Hof.

Im Jänner 1815 gibt es bei Arnsteins für 200 Personen, auch Prinzen und ausländische Gesandte sind unter den Gästen, ein

„Wachsfigurencabinet mit lebenden Figuren", das auf Bertuch großen Eindruck macht. Es ist so beliebt, dass es einen Monat später, etwas verändert, vor 200 Personen nochmals aufgeführt wird, unter ihnen auch Arthur Wellesley, 1. Duke of Wellington.

Zum Wiener Kongress treffen etwa 100.000 Gäste und Bedienstete in der Stadt ein. Könige, Fürsten und Gesandte tagen und genießen. Die Salons des Hochadels und der Zweiten Gesellschaft spielen

Spielt in Fannys Salon die Ouvertüre zu „Fidelio": der Pianist und Komponist Ignaz Moscheles.

politisch und diplomatisch eine bedeutende Rolle im Kongressgeschehen. „Nicht allein bei Hof, auch in den großen Particuliershäusern gab es wahre ‚Völkerfeste', bunt gemischte Assembléen, bei denen jedes Land Europas vertreten war. Diese Gelegenheit zur Salondiplomatie war um so angebrachter, als der Kongreß selten und auch dann nur in kleinen Ausschüssen tagte, sonst ganz aus Schriftenwechsel, Separatkonferenzen und Geheimbesprechungen bestand, ja im Grunde nie ordentlich begonnen hatte und erst durch seinen Schlußakt rechtskräftig werden sollte. Obleich bei feierlichem Anlaß alle Souveräne und wichtigsten Diplomaten einander beim Souper oder im Ballsaal trafen, bildeten sich schon in den ersten Wochen gewisse Zirkel heraus. In den meisten Fällen scharten sie sich um schöne und einflussreiche Damen."[45]

Fanny von Arnstein steht nun auf dem Gipfel des Ruhms, ihres gesellschaftlichen Ansehens und Wirkens. Das liegt wohl auch daran, dass sich Fannys Landsleute besonders wohl bei ihr fühlen,

Preußens Salondiplomatie findet bei den Arnsteins am Hohen Markt statt. Man trifft sich regelmäßig dienstags, dazu auch an anderen Tagen. „Frauen und Herren, Fremde und Einheimische fanden sich in ihren Sälen ein. Man konnte an demselben Abend den Herzog von Wellington, den Kardinal Consalvi, den Fürsten von Hardenberg, die Grafen Kapodistras (Capo d'Istria) und Pozzo di Borgo, den Freiherrn von Humboldt, die Prinzen von Hessen-Homburg, die Grafen von Bernstorff, von Münster und von Neipperg und viele andere solchen Ansehens, aus der gedrängten Menge auslesen. Besonders hatten die Preußen insgesammt hier die angenehmste Stätte, wo sie mit den Reizen der Fremde alle Behaglichkeit der Heimath genießen konnten."[46] Der Neffe Fannys, Jacob Ludwig Salomon Bartholdy, später preußischer Generalkonsul und Geheimer Legationsrat, kommt mit den Staatsbeamten im Gefolge des Staatskanzlers Karl August Fürst von Hardenberg nach Wien.

Hardenbergs Vertrauter, Staatsrat Stägemann, ist häufig bei Fanny oder deren Schwester Cäcilie zu Gast. Nachdem er beide Damen

Die Verhandlungen zum Wiener Kongress. Kupferstich von Jean Godefroy. Fannys Salon erlebt in diesen Tagen seine Blütezeit.

bewundert und ihm das Restaurantessen missfällt, speist er oft in diesen Häusern. Er trifft Karoline Pichler, die er zu anspruchslos und wenig hübsch findet. Cäcilie Eskeles, Fanny und die Damen in ihrem Salon sind mehr nach seinem Geschmack. Fanny, in den Fünfzigern, ist für Stägemann eine interessante, gescheite, äußerst lebendige, doch auch ernsthafte Frau. Der Schriftsteller und Diplomat Karl August Varnhagen trifft am 11. Oktober 1814 in Wien ein, zeigt sich in den Salons und schreibt am darauffolgenden Tag seiner Frau: „Arnstein's scheinen mehr als sonst en vogue, ich sehe es daran, daß Bentheim alle Abend dort seine Parthie macht, ich hoffe ihn heute Abend dort zu sehen. Alle diese Leute werden uns äußerst freundlich und gewogen sein. Sie werden uns ein angenehmer, exoterischer Umgang sein."[47]

Zu Aristokratie und Diplomatie kommt während des Wiener Kongresses auch die hohe katholische Geistlichkeit, sogar der Wiener Nuntius Severoli tritt über die Schwelle des Hauses Arnstein. Stägemann berichtet nach Berlin: „Um acht Uhr abends fuhr ich zu Arnsteins, wohin zu unser aller Verwunderung der Kardinal Consalvi und der Nuntius kamen. Sie unterhielten sich mit den Damen sehr artig einige Stunden lang. Ihre Erscheinung gab besonders der Madame Ephraim zu manchem Bonmot Anlaß, und die Grafin Engel mußte viel leiden. Ich vermute doch, daß sie das Haus für getauft halten."[48] Die hohe Geistlichkeit erscheint wiederholt im Arnsteinschen Palais zum Souper oder zu einem Konzert mit Limonade, Mandelmilch und Eis.

Fanny und Nathan von Arnstein geben ein äußerst prunkvolles Fest im öffentlichen Ballsaal „auf der Mehlgrube", das Nathan als Wiens erster Finanzmann dem Kongress seiner Meinung nach schuldig ist – sein Palais ist für diese pompöse Einladung nicht groß genug. Graf Auguste de la Garde berichtet in seinen Memoiren darüber Folgendes:

„Der Baron Arnstein hatte sozusagen sich selbst übertroffen. Die seltensten Blumen aus allen Klimaten schmückten die Treppen,

Zu Gast bei den Arnsteins: Preußens Staatskanzler Karl August von Hardenberg. Gemälde von Friedrich Georg Weitsch.

die Salons und die Tanzsäle mit reichstem Farbenglanze und herrlichem Dufte. Tausende von Kerzen und Spiegeln, Gold und Seide prangten überall. Eine ausgezeichnete Musik, wie man sie damals nur in Wien hören konnte, bezauberte das Ohr. Die vornehmste Gesellschaft von Wien drängte sich in den Salon, alle einflußreichen Personen des Kongresses, alle Fremde von Rang, alle Häupter der fürstlichen Häuser waren anwesend. Es fehlten eigentlich nur noch die Souveräne. Das Auge fand entzückt alle die reizenden Frauen wieder, in deren Besitz Wien seinen Stolz setzte, und die die Seele und der schönste Schmuck dieser ausgezeichneten Feste waren. Mitten unter diesen aristokratischen Schönheiten glänzte, ohne die Konkurrenz zu fürchten, die Baronin Fanny Arnstein, mit Unermüdlichkeit den Fremden entgegenkommend, und Madame Geymüller mit dem ätherischen Wuchse, dem zu Ehren man sie die ‚Tochter der Luft‘ nannte.

Die Soiree begann mit einem Konzert. Man braucht darüber nur zu sagen, daß es von den ersten Künstlern Wiens ausgeführt wurde. Auf das Konzert folgte ein Ball und dem Balle ein Souper, bei dem der Baron sich ein Vergnügen daraus gemacht zu haben schien, alle Jahreszeiten und alle Entfernungen als nicht vorhanden darzustellen. Er hatte die Erzeugnisse aller Länder und aller Breitengrade vereinigt. Die Säle waren mit Bäumen geschmückt, die mit reichen Früchten beladen hingen. Es nahm sich merkwürdig aus, mitten im Winter, wie in einem Garten der Provence, Kirschen, Pfirsiche und Aprikosen pflücken zu sehen.

Endlich zogen wir uns zurück, weniger erstaunt über die unerschöpfliche Abwechslung der Wunder, als über die unersättliche Begierde nach Vergnügungen."[49]

In Fannys Salon wird Politik gemacht. Polizeiagenten und Spitzel aus den höchsten Kreisen berichten über Fanny und ihre Gäste. Geheimberichte geben Auskunft über ihre Aktivitäten, besonders im Hinblick auf Preußen.

Tief enttäuscht ist man im Salon, als Napoleon aus der Verbannung nach Paris zurückkehrt. Trotz mancher kolportierter scharfer Worte bleibt Fanny auch in dieser Zeit „die unermüdliche, lebenssprühende Gastgeberin".

Doch dann ist die „große Schlacht" geschlagen und der Wiener Kongress zu Ende. Am Tage darauf setzt allmählich in Österreich die Restauration ein und kulturgeschichtlich die bedeutsame Epoche des Biedermeier.

Die letzten Jahre ihres glanzvollen Lebens verbringt Fanny auf Reisen und an ihrem Wohnsitz in Baden bei Wien. „Das kleine Baden war der rechte Ort, um den Übergang in das biedermeierliche Wohlbehagen zu finden."[50] Rahel Varnhagen zieht zwei Monate nach Baden, Fannys Tochter „Jettchen Pereira" ist ihr sehr ans Herz gewachsen. Ein Kreis teils Adeliger findet sich im Haus der Arnsteins ein und es werden auch Partien unternommen zum Landhaus des Grafen

Der Schriftsteller und Philosoph Friedrich Schlegel. Porträt von Franz Gareis, 1801.

In der Familie „Jettchen" genannt: Henriette von Arnstein-Pereira. Lithografie von Joseph Kriehuber, 1841.

Fries in Vöslau und zum Schloss Schönau zu dem alten Baron Braun.[51]

Elegant ist die Gesellschaft in Baden. Napoleons Gattin wohnt dort, ihre Leidenschaft für Graf Neipperg ist ein gehütetes Geheimnis, sie heiratet ihn später.

Baden hat ein „reizendes Schauspielhaus", das beste Theater der Kurbäder, vornehmes Publikum und ein Casino, in dem am Sonntag Bälle stattfinden. Langweilt man sich, fährt man zur Abwechslung nach Wien auf den Braunhirschengrund und besucht Freunde. Am Abend kehrt man zu später Stunde zurück nach Baden. Rahel schreibt an ihren Mann: „Den Abend verlebten wir dann vor der Arnstein ihrem Bette. Ich bin immer lustig."[52]

Am Tag muss man sich einmal umkleiden, weiß Rahel Varnhagen zu berichten: „Zum Thee hat unsere Wirthin ganz Baden, sie nennt es Assemblée in Krähwinkel; dazu muß eine besondere Toilette."[53]

Rahel ist bei den Arnsteinschen Damen beliebt, die mit ihr in Richtung Paris reisen wollen. Fanny ist rastlos, Varnhagen berichtet darüber später spöttisch aus Rahels Erzählungen: „Frau von Arnstein war in Frankfurt kaum angekommen, als sie schon ganz verzweifelte, wie und wo sie ihren Tag zubringen sollte. Sie überschüttete Rahel mit ihren liebkosenden Klagen und als sie Doren sah, fiel sie der weinend um den Hals, und rief immer: ‚Dore, liebe Dore! Können Sie mir nicht sagen, warum ich gereist bin! Ach, sagen Sie mir doch, warum reise ich! Kinder, wisst ihr's denn nicht? Ich weiß gar keine Ursache mehr!' Welches sich alles unendlich komisch und doch nebenher wahrhaft traurig anhörte."[54]

Dieser Bericht sei erbarmungslos, meint Hilde Spiel, doch „vermittelt er Fannys besonderen Reiz, ihre sprunghafte, übersprudelnde Laune, ihre kindhafte, dennoch nicht ganz unbewußte, ja leicht gestellte Zerfahrenheit, den jähen Wechsel zwischen Lachen und Weinen, die Aura der vielbeschäftigten, geistesabwesenden, zugleich überschwenglich herzlichen Frau – eine Ausstrahlung, die sie mit vielen großen Damen und Künstlerinnen teilte. Man vermeint, sie vor sich zu sehen: schlank und agil, die vorquellenden blauen Augen immer noch schön im gealterten Gesicht, mit wehendem Reisekleid, Rahel liebkosend, deren Jungfer umarmend, Anteilnahme heischend von aller Welt, verwirrt, zerrüttet von allzu viel Geselligkeit, von ihrem eigenen rastlosen Gemüt, dann wieder begeistert über Rahels trockenen Witz, unter Tränen sich ausschüttend über deren Bonmots, nach Stille, Einsamkeit, Ruhe dürstend und dennoch unaufhaltsam getrieben, die Runde der Frankfurter Häuser zu machen, zu Otterstedts und Hügels, zu Joseph Mendellsohns Frau zu laufen, die sich unerträglich altdeutsch trug, zur Familie Hertz, den von Hamburg hierher verpflanzten jüdischen Patriziern."[55]

Sie stirbt am 8. Juni 1818 an einer Lungenentzündung und wird am Jüdischen Friedhof in Wien-Währing bestattet. Ihr Wirken ist in das Selbstverständnis des Bürgertums eingegangen und lebt fort.

KAROLINE PICHLER
(1769–1843)

„Zusammenkünfte des vernünftigen Teils der Stadt" nennt der Aufklärer Joseph von Sonnenfels die kleine Zahl der Salons Intellektueller. Karoline Pichlers Haus gehört dazu. Ab 1802 führt sie nicht nur den Salon ihrer Mutter weiter, sondern wird später auch zur gefeierten Dichterin. Ihrem Vater, Hofrat Franz Sales von Greiner, einem hohen Hofbeamten mit Zivilcourage und kompromisslosem Einsatz, verdankt Karoline ihre Liebe zur Kunst.

Bereits im Alter von acht Jahren spielt Karoline Klavier und rezitiert Gedichte vor Publikum. Sie und ihr Bruder Karl verbringen eine unbeschwerte Kindheit und Jugend in einem wohlhabenden Bürgerhaus. Für Karoline ist der Salon ihrer Mutter von klein auf Lebenszentrum. Die Kinder dürfen an der Unterhaltung der Erwachsenen teilnehmen und Theaterstücke aufführen. Dazwischen vergnügen sie sich im Nebenzimmer mit Freunden, die regelmäßig kommen. Die jungen Leute lieben Pfänderspiele, besonders dann, wenn das Pfand mit Küssen ausgelöst wird.

Offiziell besucht Charlotte die Kaiserin am Neujahrstag, als Frau eines höheren Staatsbeamten gekleidet in schweren weißen Seidenstoff. Aber sie fährt auch nach Schönbrunn oder Laxenburg, um, häufig von ihren Kindern begleitet, der Kaiserin aufzuwarten. Tochter Karoline erinnert sich: „So sah ich denn den glänzenden Hof der regierenden Frau, sie und viele ihrer schönen Kinder, die damaligen Erzherzoge Max und Ferdinand, die Erzherzoginnen Marianne, Christine, Elisabeth usw. oft. Lebhaft steht die Gestalt der großen Frau vor mir, die, trotz ihres vorgerückten Alters und ihrer durch die Blattern damals ganz zerstörten Schönheit, eine

Zeit ihres Lebens fröhlich und tolerant: Karoline Pichler.
Pastellbildnis von Gabriele Beyer, 1786.

Majestät mit Huld und Freundlichkeit verbunden, besaß, welche unwiderstehlich anzog. Wie manches Mal redete sie freundlich zu mir, ließ sich herab, mir Spielzeug zu schenken und dessen Gebrauch zu zeigen.“[1]

Die gesellschaftlichen Ereignisse im Hause Greiner sind über das ganze Jahr verteilt. „Die theatralischen Vorstellungen begannen, so wie wir vom Lande zurückgekehrt waren; dann kamen die wöchentlichen Quartetten während des Advents an die Reihe. Im Karneval lösten ebenso wöchentliche Picknicks unter unserer näheren Bekanntschaft die Quartetten ab, die mit der Fastenzeit wieder eintraten, und nach Ostern wurde das Theater abermals aufgerichtet und fortgespielt, bis es Zeit war, aufs Land zu ziehen.“[2]

„Unsere Gesellschaft teilte sich nämlich in zwei ziemlich gleiche Hälften“, schreibt Karoline weiter, „und jede Partie stellte abwechselnd irgendeine Szene aus einem bekannten Theaterstück, aus der Profan- oder heiligen Geschichte oder der Mythologie pantomimisch dar. Die zur Verständigung nötigen Kostüme und Requisiten wurden, so gut sich es tun ließ, aus den nächsten Umgebungen herbeigeschafft; denn eine Hauptsache war, daß die Zubereitungen nicht zu viel Zeit hinwegnahmen und möglichst viele Geschichten in einem Abend aufgeführt werden konnten. Wir nannten es auch Geschichten spielen. Aus dem Bornschen Hause, welches bald darauf durch den Tod des ausgezeichneten Mannes und durch den zerrütteten Zustand, in dem er sein Vermögen hinterließ, sich aufgelöst hatte, verpflanzte sich jenes Spiel in unser Haus. Jeden Montag kam eine zahlreiche Gesellschaft junger Leute bei uns zusammen. Ihre Eltern und auch andere Personen fanden sich mit ihnen ein, und unterhielten sich recht gut, indem sie unserm Spiele zusahen. Verschiedene freundlich gesinnte Zuseher spendeten uns allerlei Gerätschaften, Maskenanzüge, Waffen, Helme, Lanzen, Mäntel usw., und es bildete sich eine hübsche Theatergarderobe, in der sich denn die auftretenden Personen ganz leidlich und kenntlich ausnahmen. Ein großer Schritt zur Vervollkommnung dieser Spiele wurde dadurch gemacht, dass die Geschichten nicht mehr pantomimisch und sukzessive wie früher, sondern auf einmal in einem glücklich oder unglücklich gewählten Moment als Tableau dargestellt wurden, wodurch mancher Ungeschicklichkeit, und manchem lächerlichen Mißgriff der darstellenden Personen vorgebeugt wurde. Nach und nach wurde auch auf Gruppierung, Beleuchtung, Effekt geachtet, und diese Darstellungen bekamen dadurch ein immer lebhafteres Interesse für die Spielenden sowohl als für die Zuseher, welche sich stets in größerer Menge einfanden."[3]

Die Jugend im Salon spielt also ausgesprochen gerne Theater. Karoline und ihr Bruder planen, Hauskomödien, eine sehr beliebte Unterhaltung, aufzuführen, und bald sammeln sich interessierte Laienschauspieler um sie. Anton Bernhard Eberl, ein kleiner Beamter, übernimmt in der Truppe die Rolle des ersten Liebhabers. Johann Baptist von Alxinger führt Regie und verkörpert Rollen wie junge Ehemänner, launische Charaktere, komische oder Charakterrollen. Karolines Bruder begeistert als komischer Bedienter, als zweiter Liebhaber. Karolines Fach ist das der munteren Jugendlichen, des schnippischen, koketten Mädchens oder der Soubrette. Joseph II. ist gegen die Sucht des Theaterspiels. Hofrat Greiner setzt sich mit Zivilcourage für die Privattheater ein. Ende des 18. Jahrhunderts gibt es in Wien 84 davon. Die Schauspielerei ist den Bürgern oft wichtiger als der Brotberuf. Im Jahr 1801 erlässt man ein Verbot der Haustheater. Doch wie vieles in Wien wird das Gebot nicht befolgt, auch nicht im Hause Greiner. Dort hat man bald ein fixes Theater eingerichtet, und der Salon gehört den Musikabenden des Hausherrn oder kleinen Picknicks im Fasching. Um Karolines Bruder Franz entsteht ein Zirkel junger Leute. Dazu Karoline: „Mein Bruder hatte um diese Zeit mit seinen Gefährten im Bureau, mit Herrn Eberl und noch ein paar jungen Männern den Plan zu einer Art von literarischem Verein entworfen, in welchem Aufsätze über mancherlei Gegenstände geschrieben, diese gegenseitig vorgelesen, beurteilt und auch bei Gelegenheit Reden aus dem Stegreife gehalten werden sollten; denn die französische Revolution, das Repräsentativsystem und die öffentlichen Reden beschäftigten die Geister der meisten und gerade der bessern jungen Leute."[4]

Ziel und Zweck der Vereinigung ist die „gegenseitige Ausbildung und Vervollkommnung zu ihrer künftigen Laufbahn"[5]. Für die Zusammenkünfte eignen sich am besten die Räumlichkeiten im Hause Greiner. Man trifft sich dort an Samstagen nach Büroschluss. Auch Karoline muss einige Aufsätze gelesen haben, denn sie kennt die Themenkreise, die behandelt werden: „Allmählich stieg in mir der Gedanke auf, mich ebenfalls auf dieser Bahn zu versuchen und ohne, wie es sich versteht, persönlich zu erscheinen, ja auch ohne meinen Namen zu nennen, über einige der Aufgaben, die meiner Fassungskraft sowie meinem Geschlecht zusagten, ebenfalls kleine Aufsätze zu schreiben. Diese übergab ich meinem Bruder, der sie nebst den seinigen vorlas, wenn die jungen Herren sich bei ihm versammelten, und ein paarmal ließ sich sogar meine Mutter herbei, ungenannterweise an dieser Geistesübung teilzunehmen."[6]

Der Geist der heranwachsenden Karoline wird durch die Gespräche der gebildeten Persönlichkeiten im Salon ihrer Mutter geformt. Durch die Ideen der Aufklärung werden auch Zweifel am Glauben ausgelöst, später wird sie jedoch wieder tief religiös. Dennoch erhält sie sich ihr fröhliches und tolerantes Wesen zeitlebens. Im Jahr 1796 heiratet Karoline, mittlerweile 27 Jahre alt, einen Kollegen ihres Bruders, den Beamten Andreas Pichler: „Unter den Mitarbeitern befand sich nämlich jener junge Mann, der in meines Vaters Bureau arbeitete, längst von mir mit Auszeichnung war bemerkt worden und mich zum Gegenstande einer stillen, ehrfurchtsvollen, aber innigen und edlen Zuneigung erwählt hatte. Sonderbar genug fand es sich, daß, wenn die sechs bis sieben Mitglieder jenes Vereins ihre Meinungen über denselben Gegenstand meist sehr verschieden, ja oft entgegengesetzt äußerten, Pichlers (dies war der Name jenes jungen Mannes) Aufsätze mit denen des Unbekannten (unter welcher Bezeichnung ich schrieb) in Ansicht und Beurteilung meist vollkommen zusammen trafen. Daß vorher darüber zwischen uns nicht gesprochen wurde, versteht sich von selbst; denn ich sollte ja mein Incognito behalten; es war also wirklich Übereinstimmung der Seelen, die sich durch dieses Mittel wahrhaft und offen zeigte."[7]

Andreas Pichler und Karoline kommen einander näher. „Pichler wurde mir immer werter, und ich fühlte wohl, wie sehr mit seiner vermehrten Achtung für meinen Geist, auch seine Empfindung für mich lebendiger wurde. So entwickelte, vermehrte und stärkte sich unsere wechselseitige Neigung und ward zuletzt zum unauflöslichen Seelenbande."[8]

Andreas Eugen Pichler kommt am 3. März 1764 als Sohn des Hausbesitzers und Gastwirts Ulrich Josef Pichler und seiner Frau Maria Theresia, geborene Bodenreiter, am Spittelberg – er wird später ein Teil des 7. Wiener Bezirks – zur Welt. Andreas geht bei den Piaristen in die Schule und studiert danach an der Universität Wien Jus. Daneben praktiziert er bei Joseph von Sonnenfels, der ihn sehr schätzt und den Pichler seinerseits sehr verehrt. Sonnenfels wird bei seiner Hochzeit mit Karoline Beistand.

Pichler schließt seine Studien ab, wird zunächst „Konzeptpraktikant", dann „Accessist", „Hofkonzipist", bis er 1796 schließlich zum „Regierungssekretär" ernannt wird.[9] Seine Karriere bei der „Niederösterreichischen Regierung" verläuft äußerst erfolgreich. 1802 wird er zum Regierungsrat ernannt und der „Wohlfeilheitshofkommission" zugezogen, später wird er als Referent für das „Wohlfahrtwesen" – die Versorgung Wiens mit Lebensmitteln und Holz – zuständig. Weitere Aufgaben folgen.[10]

Andreas Pichler wird für seine Frau zum „wohlwollenden Beurteiler" ihrer Werke. Er unterstützt Karoline dabei, ihre *Gleichnisse* zu veröffentlichen, und hilft ihr damit, den Grundstein für ihren Weg als Schriftstellerin zu legen. Seiner Schwiegermutter Charlotte gegenüber verhält sich Pichler tolerant und vermeidet Streit, was ihm Karoline sehr dankt. Im Jahr 1797 kommt Andreas' und Karolines einzige Tochter Lotte zur Welt. Im Alter von 73 Jahren stirbt Andreas Pichler, der in Baden bei Wien beigesetzt wird.

Die Hochzeit Karoline Greiners mit Andreas Pichler wird auf den 25. Mai 1796 festgelegt, Kranzljungfern und Trauzeugen werden gewählt. Das Wetter ist frühlingshaft und strahlend, im Haus der Braut herrschen Unruhe, Spannung und geschäftiges Treiben bei den letzten Vorbereitungen.

Am Abend erscheinen die Hochzeitsgäste. Karoline weint vor Aufregung und Freude, weniger aus Rührung bei der Trauungszeremonie, die ihr Schwager, der Priester ist, vollzieht. Eine Überraschung wartet auf das Brautpaar im Garten. Musizierend nähert sich der Zug mit Karolines Schauspiel- und Opernkollegen aus dem Haus der Familie Paradis. Die ländlich gekleideten Männer und Frauen übergeben dem Brautpaar Körbchen mit Miniaturen der Hauseinrichtung und singen im Chor. So ist aus dem stillen Fest ein rauschendes geworden.

Zunächst lebt das Paar mit den Eltern Karolines im gemeinsamen Haushalt. Das Landhaus der Greiners in Hernals, Nummer 88, später Nummer 151, verfügt über rund zwanzig Zimmer und einen großen Garten. Viele Kindheits- und Jugenderinnerungen verbindet Karoline mit diesem Haus, das nach dem Tod des Vaters verkauft werden muss, da das Einkommen der jungen Familie für die Erhaltung nicht ausreicht.

Die Familie zieht 1799 in das neue Haus in der Alser Vorstadt ein. „Wir bezogen es im Frühling und versprachen uns viel von der reinen Luft, von dem Leben im Garten für unsere Kranke. Dieser Garten war aber in einem Zustande völliger Verwilderung, obgleich reich mit schönen exotischen Bäumen und Sträuchern und mitunter auch edlem Obst besetzt."[11] Der vorige Besitzer, ein Arzt, hat ihn modern gestaltet, ist aber plötzlich verstorben und der Garten ist verwildert.

Im selben Jahr, am 12. Dezember 1799, stirbt die oben zitierte Kranke, Karolines Schwägerin Marie. Franz ist untröstlich. Nur wenige Jahre später, am 17. März 1804, stirbt auch er.

In Karolines Salon verkehrten viele Persönlichkeiten, die noch

Anno 1799 zieht die Familie Pichler vom Landhaus in Hernals in das neue Haus in der Alser Vorstadt, Alser Straße 25.

heute weltbekannt sind: die Brüder August Wilhelm und Friedrich Schlegel, Anna Louise Germaine de Staël-Holstein, genannt Madame de Staël, die Geschwister Brentano, Ludwig Tieck, Franz Grillparzer, Ferdinand Raimund – um einige Namen zu nennen. Interessanterweise vertritt sie die Meinung, dass ein Künstler nicht von seiner Kunst leben, sondern einen Brotberuf haben soll. Das ist verständlich, denn im Salon ihrer Mutter wie auch in ihrem eigenen verkehren viele Literaten und „Musensöhne", die einer Erwerbstätigkeit nachgehen und ihre Künste in der Freizeit ausüben. So ist ein Vorbild entstanden.

Der künstlerische Ausdruck der Klassik ist Karolines Stil, die Romantik jedoch bleibt ihr fremd, obwohl sie sich deren Einfluss nicht entziehen kann. Von Jugend an ist sie geprägt von Klopstock, Herder, Seneca, dem Goethe-Kult der Zeit hängt sie wie selbstverständlich an. Anders als ihre Mutter urteilt Karoline nach dem Gefühl, nicht nach dem Verstand. So bezeichnet sie sich als „das einfachste, fröhlichste Wesen, dem nichts fremd erscheint, als Erhabenheit und Ernst". Ihrer Freundin Therese Huber gesteht sie: „Ich habe gar nichts pikantes, interessantes, grandioses, romantisches und wie alle die Phrasen heißen, mit denen man jetzt einen bedeutenden Charakter schildern will, an mir. Ich erscheine in Gesellschaft wie jede andere Hausfrau, ja ich will nicht anders erscheinen."[12]

Karoline ist misstrauisch intellektuellen Frauen gegenüber, die nicht hinter ihren Pflichten als Gattin, Mutter und Hausfrau stehen. Allerdings bewundert sie die Frau des berühmten Naturforschers Johann Christian Mikan, die ihren Mann bei seinen Forschungsreisen in die Wildnis Südamerikas begleitet. Karoline versteht zwar Frauen nicht, die sich von ihren Männern trennen, dennoch verfestigt sich ihre Ansicht, sie sollen sich von ihren Männern nicht mehr unterdrücken lassen. Sie möchte alle ihre Schwestern fragen, „ob sie sich in dem natürlichen Verhältnisse von Abhängigkeit und Unterordnung (nicht Erniedrigung und sklavischem Gehorsam) gegen ihre Männer nicht glücklich fühlen und an keine Emanzipation denken würden, wenn die Männer es verstünden, recht eigentlich Männer zu sein".[13]

Karoline sieht ihre eigenen Dichtungen als Erfüllung, aber nicht als Beruf. Es ist ihr Erfolg als Dichterin, der sie einen eigenen Salon gründen lässt, jedoch im Schatten der Mutter, welche sie, bis zu ihrem Tod, an sich zu binden weiß.

Der Beginn von Karolines eigenem Salon ist etwa im Jahr 1800 anzusetzen. Man wohnt bereits in der Alser Vorstadt. Familien von Stand aus der näheren Umgebung und Mieter aus dem ersten Stock treffen einander regelmäßig bei Karoline: „Im Herbst bezog eine sehr würdige Familie, die Witwe eines ungarischen Hofrates, Frau von Wlassics mit ihren Söhnen und einer, bereits an einen Cousin, der sich ebenfalls Wlassics nannte, verheirateten Stieftochter, die Wohnung im obern Stocke unsers Hauses, und ganz in unserer Nähe mietete sich ihre Schwester ein, die an den nachmals durch verschiedene seltsame Schicksale bekannt gewordenen Baron von Geramb verheiratet war. Jetzt bildete sich für uns ein recht angenehmes, geselliges Leben. So wie es Abend wurde, kamen die beiden Frauen, welche bei uns wohnten, mit ihrer Arbeit zu uns herab, etwas später kehrten Herr von Wlassics und mein Mann aus ihren Bureaus nach Hause, und nun lasen uns die Herren, oder vielmehr meistens Pichler, die neuesten Erscheinungen der damaligen Literatur vor, Lafontaines Romane, eine zu jener Zeit sehr geschätzte Lektüre, oder wenn etwas noch Höherstrahlendes aus Schillers oder Goethes Feder geflossen, vor ganz Deutschland neu erglänzte. Die Knaben der Witwe, ihre Neffen, die Kinder eben jenes Barons Geramb und meine kleine Lotte spielten neben uns, und so vergingen uns die Abende still und genußreich."[14] Diese Geselligkeiten finden ein Ende, als die Familie Wlassics fortzieht.

Noch scheuen die meisten früheren Bekannten den Weg in das neue Haus der Greiners und Pichlers: „Wir brachten den Winter fast ohne allen Umgang zu; denn wenn jetzt noch die meisten Bewohner der innern Stadt den Weg in die Vorstädte scheuen, und das Glacis für viele ein nicht zu überschreitender Ozean ist, dessen Stürmen und Fährlichkeiten sie sich im Winter kaum auszusetzen wagen, wenn nicht eine sehr lockende Unterhaltung sie dazu reizt und für die Beschwerlichkeiten einer solchen Fahrt entschädigt, so kann man sich vorstellen, wie das vor mehr als vierzig Jahren war."[15]

Bisweilen fahren die Eheleute in die Stadt, um den Abend bei Freunden zu verbringen oder ins Theater zu gehen. Häufig sind sie aber allein, wobei der Hausherr vorliest, während Charlotte strickt und Karoline am Spinnrad sitzt, ihre Tochter schläft und ihr Bruder ausgeht. „Dennoch hatte auch dies sehr stille Leben, so auffallend es gegen das gesellige Geräusch in meines Vaters Hause abstach, und vielleicht eben des Kontrastes wegen, einen großen Reiz für mich … Kam dann manchmal ein unvermuteter Besuch aus der Stadt, so wurde er mit großer Freude empfangen, nach Neuigkeiten befragt, wenn es ein Freund war, mit Pichler politisiert, und so verstrichen die stürmischen Abende wie auf dem Lande still und behaglich, bis endlich der Winter, in jenem Jahre etwas spät, dem Frühlinge wich und nun die Arbeiten im Garten, um ihn neu anzulegen, beginnen konnten."[16]

Durch die Veröffentlichung der *Gleichnisse* wird Karoline als Schriftstellerin berühmt. Daneben verfasst sie historische Romane, Erzählungen und Essays zu aktuellen Themen. Ihre umfangreiche Biografie *Denkwürdigkeiten aus meinem Leben* umfasst vier Bände und gibt einen tiefen Einblick in das Leben dieser Epoche. Andreas Pichler nimmt regen Anteil an den literarischen Arbeiten Karolines. Er ist ihr erster Leser. Auch ermutigt er sie, Dramatisches für das Theater zu schreiben. Dazu verwendet sie einen Stoff aus der römischen Antike, den sie zu einer Tragödie gestaltet. Das Stück wird anonym aufgeführt und erlebt einige Vorstellungen. Freunde und Bekannte der Mutter finden sich in den wachsenden

Im Hof des Hauses Alser Straße 25: Der Garten war in einem „Zustand völliger Verwilderung".

Kreis von Kunst- und Literaturinteressierten ein. Nach und nach lernen sie weitere Familien, so auch eine aus Heidelberg, kennen und sammeln einen Kreis Gleichgesinnter um sich. „Unser Haus wurde bald der allgemeine Vereinigungspunkt dieses ganzen Kreises, da die andern Familien teils durch die Beschaffenheit ihrer kleinern Wohnungen, teils durch Kränklichkeiten eines oder des andern Mitgliedes, teils endlich durch eigenen Geschmack sich nicht dazu geneigt fanden, jeden Abend zu Hause zu bleiben und Gesellschaft bei sich zu empfangen."[17]

Diese Lebensweise war durch die Übersiedlung in die Vorstadt einige Jahre unterbrochen worden, jetzt bot sich die Möglichkeit wieder. Selbstverständlich hat Charlotte Greiner offiziell den Vorsitz des Salons, aber Karoline ist sein geistiges Zentrum.

Im Winter 1801/02 führt Lorenz Leopold Haschka den Verfasser der *Geschichte der gefürsteten Grafschaft Tirol*, Joseph Freiherr von Hormayr, bei Karoline ein und sammelt patriotisch-traditionell denkende Kräfte um sich. Unter dem Einfluss Hormayrs nimmt sich Karoline Themen der „vaterländischen Geschichte" an. Auch andere Gäste wirken auf sie ein wie die Brüder Heinrich Joseph und Matthäus von Collin, der Geschichtsschreiber Julius Schneller, Karl Streckfuß, Joseph von Hammer-Purgstall, später der Dichter Theodor Körner (durch ihn ergab sich eine immer stärker werdende Verbindung zu anderen bedeutenden Salons wie jenen von Flies oder Pereira-Arnstein), die Brüder August Wilhelm und Friedrich Schlegel, Joseph Schreyvogel und in späterer Zeit auch Franz Grillparzer.

Zu den neuen Gästen zur Zeit des Wiener Kongresses zählen Frau von Wolzogen, die Schwägerin Schillers, und zwei Verleger, Johann Friedrich Cotta und Friedrich Fleischer. Im Jahr 1808 übersiedeln Dorothea Schlegel und ihr Mann Friedrich von Köln nach Wien. Dorothea wird eine der engsten Freundinnen Karolines und zieht später in eine leer gewordene Wohnung in deren Haus.

Karoline Pichler besitzt Humor, ihre „moralische" Lebensanschauung wirkt entwaffnend und von ihren Gästen wird sie geschätzt und geliebt. Ohne Vorbehalt nimmt sie jeden empfohlenen Gast in ihrem Salon auf. Ihre mütterliche Art unterscheidet sie von der kühlen Charlotte. Im Wesen schlägt Karoline mehr nach der Familie ihres Vaters.

Die Abendgesellschaften finden zunächst jeden Mittwoch im Pichlerschen Salon, später zweimal pro Woche am Dienstag und am Donnerstag um sieben Uhr abends statt. Wie schon bei Karolines Eltern üblich müssen Gäste durch Freunde des Hauses persönlich eingeführt werden oder von ihnen ein Empfehlungsschreiben vorweisen können. Pünktlichkeit ist wichtig. Kurz vor dem Schließen der Haustore um zehn Uhr verabschieden sich die Gäste.[18]

„Damals bildete sich gar ein schönes geistiges Leben um uns. Collin, Hormayr, Haschka, Köderl, Schneller und noch einige andere schriftstellernde Herren besuchten fleißig unser Haus, in welchem sich jeden Abend auch jene gebildeten Frauen mit ihren Familien einfanden, deren ich früher erwähnt. Gemeinschaftliche Lektüre der besten, eben damals erscheinenden Stücke von Goethe, Schiller, Werner usw. mit ausgeteilten Rollen, Musik, gesellschaftliche

Spiele, im Fasching auch wohl zuweilen ein Tänzchen, das bei uns oder einer unserer Freundinnen statthatte, füllten unsere Abende aufs angenehmste aus."[19] Hormayr will begeistert „Geschichte aus der Stube der Gelehrten in das Leben und die Herzen der Staatsbürger bringen"[20]. Karoline beabsichtigt, für ihre Werke ab nun „heimatliche Stoffe" zu verwenden.

Im Salon ist als sehr angesehener Gast Joseph Köderl häufig anzutreffen. Seit 1803 ist er zweiter Bücherrevisor, zuvor studierte er Philosophie und Jus an der Universität Wien. Köderl steht mit vielen Literaten Wiens in Kontakt und führt 1804 Julius Schneller, Professor für Geschichte am Linzer Lyzeum und „Geschichtenschreiber", in den Salon Pichler ein. Schneller, damals 27 Jahre alt und noch wenig bekannt, ist beliebt und integriert sich rasch.

Im selben Jahr tritt an einem schönen Sommerabend der junge Dichter Karl Streckfuß in den Kreis ein. Der 26-jährige, schlanke, hoch gewachsene junge Mann mit blonden Locken und blauen Augen ist Hofmeister in einem Bankierhaus, Übersetzer von Dante und Ariost, noch unbekannt als Dichter – und Karoline sofort mehr als sympathisch. Sie ist von ihm begeistert wie auch von dem Tiroler Joseph Hormayr, den Lorenz Leopold Haschka drei Jahre zuvor in ihren Salon eingeführt hat. Er ist bereits über die Grenzen Österreichs hinaus bekannt.

Diese Männer beeinflussen Karolines dichterisches Schaffen. „Ich hatte früher bereits einige Idyllen geschrieben. Haschka, dem ich so vieles verdanke, was meine literarische Ausbildung vervollkommnete, und bei dem ich mir über meine Arbeiten gern Rats holte, hatte mir, mit sehr triftigen Gründen, vorgeschlagen, den Stoff zu einigen Idyllen aus der Bibel, das heißt aus der Zeit der Patriarchen zu nehmen."[21] So vergeht die Zeit äußerst angenehm. Oft verbringt man die Abende musizierend. Frau von Kempelen spielt meisterhaft Klavier, Streckfuß singt mit angenehmer Stimme.[22] Karoline weiter: „Ich besaß ein seltenes, aber sehr vorzügliches Instrument, organisiertes Fortepiano genannt, das zu-

Dorothea Schlegel, die Lebensgefähr-
tin und spätere Ehefrau von Friedrich
Schlegel. Porträt von Anton Graff,
um 1790.

gleich Klavier und Positiv war, und das man auf jede dieser Arten einzeln oder auch zusammen benützen konnte, was denn einen sehr angenehmen Effekt machte, wenn der melodische Hauch der Orgelpfeifen sich mit den Saitenklängen des Fortepiano verband."[23]

Wie ein Paukenschlag wirkt am 2. Dezember 1804 die Selbstkrönung Napoleons zum Kaiser der Franzosen. Der Krieg lässt nicht lange auf sich warten, auch Wien wird nicht verschont. Die Franzosen besetzen am 14. Dezember 1805 die Stadt. Schon am darauffolgenden Tag werden im Pichler'schen Hause französische Offiziere einquartiert. Es kommt bei Tisch zu Gesprächen zwischen den französischen Besatzern und den unfreiwilligen Gastgebern. Nach einigen Tagen lösen holländische Offiziere die französischen ab. Nach der Schlacht bei Austerlitz, später „Dreikaiserschlacht" genannt, müssen die Pichlers Verwundete in ihrem Haus einquartieren. Der französische Stabsoffizier Guy erhält Zutritt zu Pichlers Abendkreis. Guy, ein Musikliebhaber, und Antonie von Kempelen, die Gemahlin eines Jugendfreundes von Karoline und ihrem Bruder, verlieben sich. Auch Streckfuß verehrt Kempelen, die hervorragend auf Karolines Klavier zu spielen weiß.

Mit dem Frieden von Preßburg zieht die französische Besatzung ab, Kaiser Franz I. kehrt 1808 nach Wien zurück. Antonie von Kempelen verlässt ihren Mann und wird die Geliebte von Carl Kurländer, Pichlers Schwager, der ihretwegen wiederum seine Braut verlässt. Diese Geschichte verarbeitet Karoline Pichler 1817 in ihrem Roman *Frauenwürde*. Mag also die Gesellschaft nach außen hin sittsam und leidenschaftslos erscheinen, bestehend aus strickenden biederen Frauen, so ist Karolines Salon doch kein Club von Klosterschülerinnen.

Im Jahr 1807 sorgen zwei Gäste im Pichler'schen Salon für Aufsehen: Zacharias Werner und Madame de Staël. Karoline ist stolz auf ihren Kontakt zu Zacharias Werner, einen der wichtigsten Dramatiker der Zeit und Vertreter der Romantik. Sein eigenwilliges Konglomerat aus Religiosität und Sinnlichkeit lehnt sie jedoch ab. Die Religiosität der Romantik sieht Karoline als krampfhaftes Glauben an Wunder in Verbindung mit starker Sinnlichkeit. Werner ist romantischer Fundamentalist, als er in den Salon Pichler tritt. Er bleibt nur kurz in Wien und verteidigt überall seine Liebesmystik. Die wahre Liebe sei das Werk eines Augenblicks, meint Zacharias, ein Blitz. Gleichzeitig schlage er in zwei Herzen ein, entzünde und reinige sie.[24] Diese Worte flüstert er in einer lauen Julinacht Karoline zu. Sie meint, dass Liebe auf Achtung begründet sein solle. Doch der hagere Dichter beharrt darauf, dass Liebe nur von Dauer sei, wenn sie plötzlich entstehe. Leicht ironisch schreibt Karoline später, er selbst habe während seines Lebens eine ganze Reihe solcher Ewigkeiten durchlebt, und sicher sei keine die rechte gewesen. Später wird er römisch-katholischer Priester. Religiöse Themen, die er mit ihr disputieren will, lehnt sie als Diskussion in der Gesellschaft ab.

Der Romantiker Johann Ludwig Tieck. Bleistiftzeichnung von C. Vogel.

Misstrauisch ist die Salonière zunächst gegenüber den Gebrüdern Schlegel, doch Friedrich wird wenige Jahre später enger Freund des Hauses. Sie steht Menschen ablehnend gegenüber, die stets auf der Suche nach dem Neuen sind. Sie empört sich über jene, die Klopstock, Herder und Schiller nicht mehr ehren und nur mehr Goethe gelten lassen. „Im nächsten Winter wurden unsere gewöhnlichen Abendunterhaltungen fortgesetzt, und es fiel uns ein, uns doch einmal wieder im Komödienspielen zu versuchen. Zuerst wählten wir kleinere Stücke, Kotzebuesche, ein- oder zweiaktige Lustspiele: Den Mann von 40 Jahren, die Brandschatzung usw. Endlich schlug uns Hormayr vor, uns an ein bedeutendes Stück zu wagen. Der Mann von Wort, von Iffland, wurde gewählt, und auf eine Weise besetzt und gespielt, wie man es auf Haustheatern selten finden wird."[25] Das Stück wird zu Charlottes Namenstag unter allgemeinem Beifall aufgeführt.

Der Winter und der Sommer darauf verstreichen, viele Freunde besuchen den Salon. Ein Angestellter der Staatskanzlei, Baron von Merian-Falkach, wird von Hormayr eingeführt und bleibt bis 1810 ständiger Gast: „Dieser Mann war ganz klassische Literatur, scharfsinnig, gelehrt, wahrhaft freundschaftlich, aber auch höchst eigen."[26] Hormayr ist der Ansicht, dass eine Frau ungelehrt bleiben und nur für den Mann leben solle. Obwohl er daher gegen „weibliche Schriftstellerei" ist, liebt er den Umgang mit Karoline Pichler und nennt ihre Mutter „eine der geistreichsten und selbständigsten Frauen …, die nur je vorgekommen"[27]. Später wird er eine recht herrische Lebenspartnerin wählen, die ihn „unter ihrem Pantoffel" hält.[28]

Auf der Flucht vor Napoleon weilt Germaine de Staël seit Jänner 1808 in Begleitung von August Wilhelm Schlegel in Wien. „Drei bis viermal die Woche begeben sich all die guten Leute von einem Salon zum anderen … und es ist unmöglich in diesen zahlreichen Versammlungen irgend etwas zu hören, was sich über konventionelle Phrasen erhebt."[29] So sarkastisch beurteilt sie das Wiener Gesellschaftsleben. In den Salons empfängt man sie neugierig. Sie ist häufig zu Gast bei den Arnsteins. Obwohl sie in die Häuser der Hocharistokratie geladen und von einem Salon zum anderen gereicht wird, verachtet sie die Stadt, welche ihrer Ansicht nach die akuten Probleme der Zeit nicht wahrhaben will und weiterhin Feste feiert, als wäre nichts geschehen.

Über August Wilhelm Schlegel wird vermerkt: „Im Umgange war er sehr artig, sehr geistreich, aber nicht ohne eine merkliche Beimischung von Selbstgefühl, die sich oft geltend machte, und mit allen diesen Eigenschaften und einem angenehmen Äußern, das durch einen vorteilhaften Anzug gehoben war, der Liebling vieler geistvollen, gebildeten Frauen, sowohl einheimischer als fremder, mit denen ich damals umging.“[30] Madame de Staël behandelt diesen klugen, angesehenen und beliebten Mann wie einen Untergebenen. Selbstverständlich möchte auch Karoline Pichler die Bekanntschaft Madame de Staëls machen, lehnt es jedoch ab, ihr einen persönlichen Besuch abzustatten. Eine Bekannte, Frau von Nuys, übernimmt es, die beiden Damen zum Tee einzuladen und miteinander bekannt zu machen. Nachdem an diesem Abend auch Charlotte Greiner ihre Runde um sich versammelt, kann Karoline erst etwas später der Nuys'schen Einladung Folge leisten: „Als ich eintrat, war der Kreis schon eine Weile versammelt, und ich sah neben einer meiner Freundinnen, die eine große Künstlerin auf dem Klavier war, am Fortepiano eine Frau sitzen, welche ich nach allem, was ich bereits gehört – für die berühmte Dichterin erkennen mußte. Ich werde den Eindruck nicht vergessen, den mir ihre Gestalt machte. Sie war eine ziemlich große, starke Frau, über alle Jugend hinaus, mit bedeutenden, aber nicht angenehmen Zügen, deren Ausdruck – in dem vortretenden Mund und Kinne, in der ganzen etwas mohrischen Bildung – mir eine überwiegende Sinnlichkeit zu verkünden schien, und deren auffallender, ich möchte sagen gewagter Anzug Ansprüche anzeigte, welchen sowohl die Jahre als die ganze unanmutige Erscheinung nicht entsprachen.“[31]

Kommt 1808 mit ihrem Bruder Clemens Brentano nach Wien: Bettina von Arnim.

Karoline kommt im Nebenzimmer mit Madame de Staël über einen Aufsatz ins Gespräch, den sie in der *Morgenpost* veröffentlicht hat. Man unterhält sich auch mit den anderen Gästen. Bald verlässt der französische Gast in Begleitung Schlegels die Gesellschaft. Über August Wilhelm Schlegels Vermittlung lädt Karoline Pichler Germaine de Staël in den Circle ihrer Mutter ein. „Als die zahlreichen Damen, welche die gewöhnliche Abendgesellschaft meiner Mutter ausmachten, vernahmen, daß Frau von Staël an jenem Mittwoch abends kommen würde, wollte jede sie sehen, wie man etwa ein fremdes Tier ansieht; denn nur wenige unter ihnen waren gebildet genug, um sich in eine Konversation mit dieser Frau einzulassen, und unter diesen, welchen es wohl nicht an Geisteskultur und Artigkeit mangelte, war doch keine der französischen Sprache so mächtig, um ein Gespräch mit Frau von Staël hinlänglich gewandt zu führen."[32]

Auch Karoline fühlt sich „geniert", obwohl sie die französische Sprache gut beherrscht. Doch es ist etwas anderes, „sich über Gedanken, Meinungen, literarische Gegenstände usw. auszusprechen, besonders einem so brillanten Geiste wie Frau von Staël gegenüber".[33]

So sitzen denn, wie Karoline dreißig Jahre später schreibt, am Aschermittwoch des Jahres 1808, „unsere Damen – unter welchen sich leider viele befanden, von denen ich noch nicht begreife, wie meine so geistvolle, hochgebildete Mutter sie fast täglich um sich dulden konnte – in dichtgedrängter Reihe um den Teetisch, jede mit einem Strickstrumpf bewaffnet, jede fest entschlossen, und viele auch bemüßigt, eine stumme Rolle zu spielen. Es wurde sieben (die damals gewöhnliche Versammlungsstunde), es wurde halb acht Uhr, die Erwartete erschien nicht. – Von Männern … hatte ich nur Herrn von Hammer und unsern Collin für diesen Abend bekommen, und diese waren, nebst meiner Mutter, die vortrefflich Französisch sprach, die einzigen Personen, auf die ich zählen konnte, um Frau von Staël zu unterhalten, wenn sie käme. Dies geschah denn endlich um acht oder nach acht Uhr, wo sie … auf eine kurze Zeit zu mir herüber kam. Sie trat ein, und alle Blicke wendeten sich nach ihr. Ein Kleid von silbergrauem Atlas und ein Schal oder Tuch von schwarzen Spitzen darüber war ein recht passender Anzug für eine Frau von ihren Jahren, aber ein auf orientalische Art gewundener Wulst von schwarzem Samt, mit hochroten Grains d'Inde vielfach umschlungen, gab ihr etwas Höchstauffallendes, Kühnes und kleidete sie, meiner Meinung nach, bei ihren starken, männlichen Zügen und braunem Teint durchaus nicht. Sie saß neben meiner Mutter auf dem Kanapee, ich nahm meinen Platz an ihrer Seite, Schlegel, Hammer und Collin näherten sich ebenfalls, die Frauen rings um den Tisch hatten ehrerbietig gegrüßt und sich jetzt wieder niedergesetzt, um – zu stricken, wie das altenglische Lied singt:

Zu Gast bei Karoline Pichler: Clemens Brentano. Zeichnung von Wilhelm Heinsel, 1819.

Philis ohne Sprach und Wort,
Saß und strickte ruhig fort.

Joseph Freiherr von Hormayr.
Stahlstich nach einer Zeichnung
von Johann Peter Krafft, 1820.

Mich überfiel eine Art von Bangigkeit, so oft ich auf diese schweigsame Gesellschaft sah, die die hochberühmte Frau lautlos umgab, sie nur dann und wann mit neugierigen Blicken musternd, und mir dachte, welche Vorstellung sich Frau von Staël wohl nach diesem Abend von dem Kreis machen möchte, in dem ich lebte. Daß es nicht eigentlich meine, sondern meiner Mutter Bekannte waren, konnte ich nicht sagen und sie nicht erfahren, da ich, solange meine Mutter lebte, in diesen wie in so manchen andern Stücken mich gänzlich nach ihr richten musste."[34]

Germaine de Staël bittet Karoline, auf dem Orgelpiano zu spielen, und spielt auch selbst. Zu Karolines Erleichterung verlässt der Gast bald den Raum und das Gespräch dreht sich eher um die Toilette der Dame als um ihren Geist. Man tratscht.

Germaine de Staëls berühmtes Werk *Über Deutschland* entsteht zwischen den Jahren 1807 und 1810. Trotz Napoleons Verbot dieses Buches – 1813 wird Germaine de Staël es in London publizieren – trägt es viel zum Verständnis der Völker untereinander bei. Als geniale Frau, Künstlerin, Dichterin und Denkerin, die sich intensiv für die Befreiung der Kunst einsetzt, wird sie in die Palais des Hochadels geladen, findet aber nicht zu allen Gastgebern ein wirklich herzliches Verhältnis, auch nicht zu den Arnsteins.

Ihr Begleiter August Wilhelm Schlegel hält Vorlesungen, die von den Gebildeten aller Stände gerne besucht werden: "Ich fand hier die Herzlichkeit besserer Zeiten mit jener liebenswürdigen Regsamkeit des Südens vereinigt, welche oft dem deutschen Ernst versagt ist und lebhaften Geschmack an geistiger Unterhaltung allgemein verbreitet"[35], erklärt er.

Schlegel ist häufiger Gast im Pichler'schen Salon, liest aus seinen eigenen Werken vor und hört gerne Dichterkollegen zu. Von Anfang an ist er Karoline sympathisch, die seinen literarischen Ruhm, sein Aussehen, die Manieren und Kleidung lobt. Die Damen des Kreises lieben ihn und bedauern, dass er sich Madame de Staël und ihrem befehlenden Ton beugt.

Bald übernimmt Friedrich Schlegel, der Bruder August Wilhelms, eine Diplomatenstelle in Wien und gründet die Zeitschrift *Österreichischer Beobachter*, die Politik und Literatur zum Thema hat. Seinem Bruder schreibt er: „Denn es (Österreich) ist doch der einzige Staat in der Welt, wo ich mich mit voller Neigung anschließen kann".[36] Schlegel tritt zum Katholizismus über.

Zeitgleich mit Schlegel kommt Ludwig Tieck nach Wien und in den Pichler'schen Salon. Karoline beschreibt ihn als hübsch, schlank, mittelgroß, zirka dreißig Jahre alt. Collin will ihn als Hausdichter für das Burgtheater, vormals Nationaltheater nächst der Burg, gewinnen. Tieck schätzt Karoline als Person mehr als ihre Werke. Sie wiederum liebt seine Werke, und so entsteht ein jahrelanger Briefwechsel zwischen den beiden. Im Laufe des Jahres 1808 sind wohl die wichtigsten Vertreter der Romantik zu Gast im Salon Pichler, sogar die Geschwister Clemens und Bettina Brentano finden sich ein.

Dichterin und Denkerin: Madame Germaine de Staël. Porträt von François Gérard, um 1810.

Im Mai 1809 besetzen Napoleons Truppen Wien zum zweiten Mal. Charlotte Greiner, Karoline Pichler und ihre Familie bleiben mit einem Kreis von Freunden in ihrem Haus in der Alser Vorstadt, wo sie größere Mengen an Mehl, Hülsenfrüchten, Schmalz und Rauchfleisch als Vorräte einlagern. Napoleon lässt sich in Schönbrunn feiern. Es folgt der Sieg Erzherzog Karls bei Aspern, der von den Österreichern jedoch in weiterer Folge nicht ausgenützt werden kann.[37] Karoline Pichler: „Aber es verging ein Tag nach dem andern, und es geschah nichts. Noch immer liegt ein undurchdringliches Dunkel über den wahren, aber geheimen Beweggründen, welche damals den Erzherzog abhielten, seinen Sieg zu verfolgen, über die Donau zu setzen und unsere Peiniger aus Wien zu verjagen."[38] Nachdem Napoleon die Möglichkeit gegeben wurde, seine Truppen wieder zusammenzuziehen und zu verstärken, schlägt er die österreichische Armee vernichtend in der Schlacht bei Wagram. Kaiser Franz I. bleibt nichts anderes übrig, als am 14. Oktober 1809 den „Frieden von Schönbrunn" zu unterzeichnen.

Wie schon im Jahr 1805 werden auch bei der zweiten Besetzung Wiens durch Napoleon Franzosen im Hause Pichler einquartiert und damit zumindest zu Mittag Tischgenossen der Familie und ihrer Gäste: „Es waren meist artige, bescheidene Leute und manche darunter … sehr gebildete Leute, mit denen man ganz angenehm hätte umgehen können, wenn der Gedanke, in welchen Verhältnissen sie zu uns standen, mich wenigstens nicht immer gewaltig von dem Franzosen, dem Feinde abgestoßen hätte."[39]
Die Versorgungslage der Bevölkerung ist prekär, bis endlich aus Ungarn wieder Nahrungsmittel nach Wien gelangen. Die gesamte Alser Vorstadt wird mit dem Zivil- und Militärspital und mit Verwundeten und Genesenden in Privathäusern zu einem einzigen großen Lazarett.[40]
Karl August Varnhagen von Ense tritt 1809 als Freiwilliger in die Armee von Erzherzog Karl ein und kommt im August desselben

Jahres als französischer Kriegsgefangener nach Wien, wo er auch nach seiner Freilassung bleibt. Er wird in die Salons Arnstein, Eskeles, Pereira und Flies eingeführt, wo ihn Karoline kennenlernt. „Eines Abends trat ich bei Frau von Flies ein. – Welche Freude! Eine österreichische Offiziersschärpe hing über die Lehne des Sofa, und ein kaiserlicher Degen mit dem goldenen und schwarzen Portepee lehnte daneben. Mir ging das Herz in wehmütiger Freude auf. Wie lange hatte mein Auge diese, eben durch die Entfernung so wertgewordenen Abzeichen nicht gesehen! Ohne zu wissen, wem sie gehörte, drückte ich, da ich mich allein im Zimmer befand, die vaterländische Schärpe an meine Lippen, und begrüßte so im Geist das befreundete tapfere Heer in dem unbekannten Einzelwesen.

In das Kabinett der Frau vom Hause getreten, erblickte ich dieses bald in voller Uniform und erfuhr, daß es ein als Schriftsteller sowie überhaupt als geistreicher Mann ausgezeichneter Preuße, Herr Varnhagen war, der, wie so manche seiner Landsleute, österreichische Dienste genommen und den gegenwärtigen Feldzug mitgemacht hatte, wie denn auch ein Aufsatz von ihm über die Vorfälle desselben erst neuerlich in einem historischen Taschenbuche erschienen ist. Damals war er ein junger Mann, und noch nicht durch seine eigenen und seiner nicht minder berühmten Frau geistsprühende Schriften merkwürdig geworden: aber schon damals war seine Unterhaltung sehr lebhaft und geistvoll, und schon damals sprach sich sein eminentes Talent, Charaktere zu schildern, freilich nur erst in höchst charakteristisch aus Papier ausgeschnittenen Figürchen aus. Denselben Abend waren auch De la Borde und Denon zugegen, und die Stunden verflossen angenehm im Kreise so hochgebildeter Personen."[41]

Varnhagen besucht später auch Karolines Salon, wie wir aus Hormayrs *Vaterländischem Taschenbuch* (1845) erfahren. „Im Gegensatz zu den glänzenden und berühmten Gesellschaften, wie sie sich im Wien des Kongresses darstellten, sah Varnhagen in dem von

Beliebt für abendliche Spaziergänge: die durch Gaslaternen beleuchtete Löwelbastei.

starkem literarischen Anstrich behafteten Pichler'schen Salon Geist, Geschmack und Liebenswürdigkeit verkörpert."[42]

Der dänische Dichter Adam Gottlob Öhlenschläger schreibt von seinem Besuch in Karoline Pichlers Salon in seinen *Briefen in die Heimat*: „Bei der Dichterin Frau Caroline Pichler war ich mehrere Mal; sie wohnt mit ihrer liebenswürdigen Tochter in einer der Vorstädte; alle Donnerstage sind Theaterzirkel bei ihr. Sie ist eine bescheidene, freundliche, natürliche Frau, die ich anfangs gefürchtet hatte, etwas zu griechisch für mich zu finden, allein sie ist im Gegenteil österreichisch in des Wortes bester Bedeutung. Selbst der österreichische Accent, in dem sie redet, gefällt mir, er ist so wohlgefällig und ausdrucksvoll wie das Plattdeutsche. Sie und ihre Tochter sitzen gewöhnlich, wenn ich komme, in einer kleinen Laube im Garten, mit Handarbeit beschäftigt."[43]

Die rauschende Zeit des Wiener Kongresses hinterlässt auch in Karolines Salon ihre Spuren. „Der Name Pichler hatte sich bereits so viel Ruhm und Ehre erworben, dass selbst die Spitzen einer vornehmen Gesellschaft, wie sie sich gerade damals in Wien versammelte, es nicht verschmähten, die vielgerühmte Schriftstellerin und vollendete Salondame speziell Wiener Note wenigstens einmal aufzusuchen."[44] Zu den Gästen in ihrem Salon gehören Fürstin Charlotte Isenburg-Birnstein, Fürst Georg Wilhelm Schaumburg-Lippe und seine Schwester Prinzessin Wilhelmine Charlotte, Fürstin Karoline Fürstenberg-Donaueschingen, Baronin Henriette E. K. von Münchhausen, der einstige Erzieher des späteren Zaren Alexanders I. von Russland, nun Schweizer Politiker General Frédéric César de la Harpe, der hannoveranische Minister Graf Ernst von Münster – er vermählt sich während des Wiener Kongresses mit Prinzessin Wilhelmine Charlotte Schaumburg-Lippe – der Schweizer Staatsmann Albrecht von Rengger und der preußische Oberst Frederich Gottlieb Hövel. „Wenn für Karoline diese illustren Gäste durch keine nähere, geistige Beziehung irgendwie bedeutender wurden, so gereichte ihr doch allein die Tatsache, von so hohen Persönlichkeiten geachtet und geschätzt zu werden, zur größten Ehre."[45]

Zwei Persönlichkeiten unter ihren Besuchern zur Zeit des Wiener Kongresses werden für Karoline besonders bedeutend: Vom badischen Hof Major Emil Haenel von Kronenthal, er überbringt Briefe seines Schwiegervaters, des Schriftstellers Herrn von Ewald, sowie der spätere Staatsrat Graf Heinrich von Stolberg-Wernigrode, empfohlen vom treuen Freund Hofrat Büel. Der Februar 1815 zieht ins Land und an einem der Gesellschaftsabende sind schon Damen und Herren eingetroffen, „als Graf Stolberg mit einer Miene, die Verstimmung und Mißmut aussprach, eintrat, sich an seinen gewohnten Platz neben dem Sofa setzte, und wenig oder keinen Anteil an der Unterhaltung nahm. Während ein lebhafteres Gespräch die übrige Gesellschaft in Anspruch nahm, flüsterte er mir leise zu: ‚Wissen Sie schon die Nachricht, die eben gekommen? Napoleon ist von Elba entflohen, und der Krieg beginnt von neuem.'"[46] Daraufhin bestätigt Major Kronenthal diese

Schriftsteller und Dramaturg am Burgtheater: Joseph Schreyvogel. Zeitgenössisches Porträt.

Nachricht und man informiert die Gesellschaft im Salon. Wenige Zeit später gewinnen die verbündeten Armeen und Napoleon wird verbannt.[47]

Auch in den Jahren nach dem Wiener Kongress kommen bedeutende Persönlichkeiten in Karolines Salon und um Karolines Tochter Lotte bildet sich ein Kreis gleichgesinnter Jugendlicher. Karoline freut sich über die junge Gesellschaft und schreibt in einem Brief an Therese Huber: „O gar zu gern versammle ich junge hoffnungsvolle Leute um mich, und erquicke mich an den aufsproßenden Geistern, an der jugendlichen Willenskraft, an den Schwärmereyen, selbst an den Irrthümern derselben, dafern (sic) sie nur aus einer echten Quelle, aus Herzenswärme und Thätigkeitslust entspringen also: … Ich … bin fest überzeugt daß ich schon manches Gute auf diese Art gestiftet. Nicht durch ausgesprochene Lehre und Ermahnung … aber durch die stille Gewalt des Umgangs, des Beyspiels, des Gedankentausches. In mein Haus kommen manche sehr vorzügliche Menschen, sehr edle hochgebildete Frauen, die deßhalb doch um keine Linie aus dem Kreise schöner Weiblichkeit vorgeschritten sind, gelehrte würdige Männer, Künstler, Beamte, Krieger, und ich kann mit Lust und Stolz sagen es ist zuweilen ein erlesener Zirkel wie man ihn selten – selbst in Wien – beysammen findet, in meinem Besuchszimmer versammelt."[48]

In ihrem Salon finden junge Menschen Vorbilder, denen sie folgen können, und gebildete Menschen, die der Jugend gegenüber offen sind. In diesem Sinne wollen Karoline und ihr Mann ihre Tochter Lotte zu keiner Vernuftehe überreden, sie soll frei entscheiden können.

Franz Grillparzer wird von Joseph Schreyvogel im Frühjahr 1817 in den Kreis Karoline Pichlers eingeführt und gewinnt Lottes Aufmerksamkeit. Karoline notiert dazu: „Nie werde ich den Abend vergessen, und den allgemein günstigen Eindruck, den seine Erscheinung hervorbrachte; Grillparzer war nicht hübsch zu nennen, aber eine schlanke Gestalt von mehr als Mittelgröße, schöne blaue Augen, die über die blassen Züge den Ausdruck von Geistestiefe und Güte verbreiteten, und eine Fülle von dunkelblonden Locken machten ihn zu einer Erscheinung, die man gewiß nicht so leicht vergaß, wenn man auch ihren Namen nicht kannte, wenn auch der Reichtum eines höchstgebildeten Geistes und eines edlen Gemüts sich nicht so deutlich in allem, was er tat und sprach, gezeigt hätte. Dieser Eindruck war allgemein in der kleinen Gesellschaft, die sich an jenem Abend in unserm Garten versammelt hatte.“[49]

Grillparzer wird ein gern gesehener Gast, denn ihm gefällt „unser Haus und der Ton, der darin herrschte, so wie der Kreis, der uns umgab", wie Karoline schreibt. Wiederholt kommt er zu den Gesellschaften am Abend, ist aber auch an Sonntagen zum Mittagsmahl häufig anzutreffen. An manchen Nachmittagen musiziert er gemeinsam mit Karoline und Lotte, „denn er spielt sehr fertig Fortepiano, und phantasiert auf demselben mit ebenso viel Talent als Geschmack. Sein

Wird von Joseph Schreyvogel im Salon Karoline Pichlers eingeführt: Franz Grillparzer.

reich geschmückter Geist, noch mehr aber die Einfachheit und Herzlichkeit seines Benehmens, gewannen ihm unser aller Achtung und Zuneigung, und auch er schien sich mit gleichen Gesinnungen an uns anzuschließen. Er benahm sich offen und herzlich … und teilte uns seine poetischen Pläne mit (damals arbeitete er an der ‚Sappho‘)."[50] Das Werk wird 1818 uraufgeführt und vom Publikum begeistert aufgenommen.

Hinterlässt nachhaltigen Eindruck: der dänische Bildhauer Bertel Thorvaldsen. Porträt von Carl Joseph Begas, um 1820.

Ist Karolines Salon vor allem ein literarischer, so setzt sich doch „das in der Tradition des Greiner'schen Salons stehende, allgemein schöngeistige Interesse unverändert fort".[52] Bildende Künstler und Musiker bringen Geist, Witz und Ansehen ins Haus. Karl Russ hält sich zuweilen den ganzen Tag im Salon auf. Der junge Maler religiöser Themen, Johann Scheffer, folgt Karolines Einladung zu einem Diner. Zu den beliebten und erfolgreichen Landschaftsmalern zählt der geistvolle und gebildete Johann Schödelberger, der Josefa von Ravenet, eine Jugendfreundin Karolines und ebenfalls Malerin, heiratet. Karoline besitzt zwei Gemälde des seit 1800 in Wien lebenden Landschaftsmalers Friedrich Philipp Reinhold und es ist wahrscheinlich, dass er Lotte im Zeichnen und Malen unterrichtet hat.

Einen nachhaltigen Eindruck hinterlässt der dänische Bildhauer Bertel Thorvaldsen während seines kurzen Wienbesuches 1820 in der Wiener Gesellschaft, so auch bei Karoline Pichler. Sie ist von seiner Persönlichkeit und Erscheinung hingerissen. Karoline lernt

Thorvaldsen bei Henriette Pereira kennen. Gemeinsam mit der Schauspielerin Auguste Stich verbringen sie später einen unvergesslichen Abend.

Karoline schätzt Mozart und Haydn als Komponisten, wenn sie auch, ihrer Ansicht nach, nur platte Scherze und banale Gespräche führen. Das trifft ebenso auf Schubert zu, dessen Werk sie liebt. Karoline lauscht oft Beethovens Vortrag, ist tief ergriffen, bewundert ihn und sein Spiel. Carl Maria von Weber wird in Wien begeistert aufgenommen und verkehrt auch bei Karoline, der er von Hofrat Tieck empfohlen wird. Es ist kein besonders naher Umgang, aber Karoline bleibt Weber in guter Erinnerung.

In den zwanziger Jahren des 19. Jahrhunderts fahren auch Pichlers, wie viele andere Familien des vornehmen Wien, während der Sommermonate nach Baden. Das gesellschaftliche Leben der großen Häuser wird auch in der Kurstadt gepflegt, die Familien Pichler, Pereira, Ephraim und andere besuchen einander abwechselnd. „Am öftesten versammelte man sich allerdings bei der Baronin Pereira, deren Salon von allen hoch- und geldaristokratischen Häusern noch am ehesten im Bezug auf geistiges Niveau dem Pichler'schen glich. – Hier traf nun Karoline mit Felix Mendelssohn, der mit dem Haus verwandt war, und mit Helmina von Chezy zusammen, hier lernte sie Adelheid Reinbold, unter dem Schriftstellernamen Franz Berthold bekannt, ein höchst geistreiches, charakter-

Im Badener Salon der Baronin Pereira trifft Karoline Pichler mit dem Komponisten Felix Mendelssohn Bartholdy zusammen.

festes Mädchen kennen, das als Erzieherin im Dienst der Baronin Pereira stand."[53] Adelheid Reinbold und Lotte freunden sich an, Karoline allerdings schätzt deren Dichtungen nicht. Eine weitere Freundschaft verbindet Lotte mit dem Arzt und Naturliebhaber Franz Rollett, der in Baden ein Museum gründet. Karoline verfasst ihm zu Ehren Verse und hält auch von Wien aus Kontakt zu ihm. Lotte ist der jugendliche Anziehungspunkt in Karolines Salon. 1824 verlässt sie Wien und übersiedelt nach Prag. Karoline zieht sich mehr und mehr zurück. In einem Brief an Karl Streckfuß zeichnet sie das Gesellschaftsleben der Zeit: „Der Kreis von gebildeten, mitunter gelehrten Männern, der mich einst umgab, hat sich durch Zeit, Tod und Entfernung geänderte Verhältnisse u.s.w. zerstreut; Neues hat sich nicht eingefunden. Die jetzigen jungen Dichter besuchen selten gebildete Zirkel, sie gesellen sich besser in Kaffeehäusern, bei Wein, Tabakdampf, ungeniertem Umgang, denn jener Anstand und jene Aufmerksamkeit auf sich selbst … zwängt diese Geister gar sehr, und um eine alte Frau in einer Vorstadt zu besuchen, rühren sie keinen Finger, denn es lohnt ihnen nicht die Mühe." Es folgt der traurige Nachsatz an die verklungene Zeit: „Zerstoben ist das liebende Gedränge, verklungen ach! der erste Wiederklang."[54]

Die durch Heirat bedingte Trennung von ihrer Tochter Lotte fällt Karoline schwer, umso mehr erfreut es sie, dass ihre treue Freundin Dorothea Schlegel und deren Mann Friedrich in die leere Wohnung in ihrem Haus einziehen: „Ihre Nähe, ihr Umgang, die mannigfachen Ressourcen, welche ein gebildeter Mensch in diesem Hause finden konnte, das von so vielen bedeutenden einheimischen Personen und von den meisten interessanten Fremden besucht wurde, und vor allem die Freundschaft, die herzliche Teilnahme und der fromme Sinn Dorotheens taten meinem wunden Herzen unendlich wohl."[55]

Die jungen Literaten sitzen im „silbernen Kaffeehaus" in der Plankengasse und nicht mehr im Salon. Johann Karl Braun Ritter von

Neue Mobilität: „Der Dampfwagen nach Hietzing". Kupferstich nach Vorlage von Johann Christian Schoeller aus der „Wiener Theaterzeitung".

Braunthal, der unter dem Namen Jean Charles *Wien und die Wiener* veröffentlicht, kennt Karolines Salon und schreibt: „Selbst die edleren Vereine dieser Art passen für das geistige Leben so wenig, dass man auch ihrer nicht schonen soll; so belächelt denn der Wiener nicht minder die ästhetischen Soiréen bei Hammer, Pereira und der Frau von Pichler, in denen sich doch Poeten von bedeutenden Namen einfinden."[56]

Wenn auch eher flüchtig, so trifft Karoline Pichler in den 30er Jahren doch mit einigen jungen Dichtern zusammen und einer von ihnen, Ludwig August Frankl von Hochwart, verleiht dem Pichler'schen Salon einen letzten, nachsommerlichen Glanz.

Der Deutschböhme und Jungmediziner, von Dichtung beseelt, wird mit seinem ersten Buch *Das Habsburgerlied. Historische Balladen* schnell bekannt und in Wiens beste Gesellschaft eingeführt. Der Orientalist und Diplomat Joseph Freiherr von Hammer-Purgstall stellt ihn Karoline vor. Sein Talent zum Vorlesen ist legendär und so trägt er wiederholt eigene und fremde Gedichte vor interessiertem Publikum vor. Nikolaus Lenau und Eduard von Bauernfeld sieht Karoline anlässlich einer Einladung zu einem Literatenessen im April 1835 zum letzten Mal in ihrem Salon. „Ich war viel zu stolz, um durch eine nochmalige Einladung ein Verlangen nach ihrem Umgang zu zeigen, das sie nicht nach dem meinigen fühlten."[57]

Uffo Daniel Horn kommt im Jahr 1836, von Professor Gerle aus Prag geschickt, mit einem Empfehlungsschreiben in Karolines Salon. Im Gespräch erkennt sie den Tatendrang des Studenten, doch die Geistesrichtung des „Jungen Deutschland", die er vertritt, steht konträr zu ihrer eigenen Anschauung. In seinen *Literarischen Charakteren* lobt er ihre „edle Weiblichkeit" und „Produktionskraft", doch im anonym erschienenen *Österreichischen Parnass* urteilt er über Karoline völlig anders als noch 1836: „Matrone thut sehr häuslich und spricht gerne von Küche und Wäsche, unschön, immer prosaisch, als Romanschriftstellerin sehr fruchtbar gewesen, ehemals sehr beliebt, noch geachtet und phantasiereich, wohlhabend, Wittwe. Hat die Leidenschaft, Leute aufzufordern, über ihre Schriften zu urtheilen …"[58] Später kommt Horn mit Polizei und Zensur in Konflikt und verlässt das Land.

Karoline zieht sich zusehens zurück, dennoch kommen immer wieder Gäste aus dem Ausland und aus ihrem eigenen kleinen Freundeskreis. Zu diesem gehören der Lemberger Miniaturmaler Anton Laub, der Lemberger Landrechtspräsident Karl Ritter von Krauss, beide vermittelt von der Dichterin Josefa Kuhn, die auch ihren Neffen schickt. Weitere Gäste bringt Frankl ins Haus. A. von Proksch ist Gesandter in Griechenland und ein ehemaliger Verehrer Lottes. Es kommt zu einem freundschaftlichen und herzlichen Wiedersehen in Wien. Bei diesen beinahe intimen Treffen mit engen Freunden sprechen sie wie gewohnt über die Neuerscheinungen der Literatur, führen anregende Gespräche, halten Lesungen ungedruckter Schriften ab und tauschen rege ihre Meinungen aus. Zum engen Kreis jener Zeit gehören: Joseph Freiherr von Hammer-Purgstall, der Hausarzt Ludwig Freiherr von Türkheim, Ritter von Perger, ein Kollege von Karolines Mann, der Direktor der Sternwarte, Karl Ludwig von Littrow, Frau von Weissenthurn und Ludwig August Ritter von Frankl-Hochwart. Drei neue Freunde stoßen zum Kreis: Dichter und Zensor Josef Stierle-Holzmeister, der Dramatiker Otto Prechtler und der bedeutende Romanist und Philologe Ferdinand Wolf.

Karoline Pichler stirbt am 9. Juli 1843. Über ihre letzten Lebensjahre veröffentlicht ihre Enkelin Franziska von Pelzeln unter dem Pseudonym Henriette Franz einen ausführlichen Bericht. Otto Prechtler schreibt einen Nachruf und betont Karoline Pichlers Verdienste:

> Werth Deiner bessern Zeit warst Du, Verklärte!
> Warst Deines Hauses Stolz und edle Zier!
> Dein klarer Geist bleibt Manchem noch Gefährte;
> Dort oben ewig, – lange lebst Du hier!
> So lang die Guten liebend sich erkennen:
> Wird man auch Deinen theuren Namen nennen.[59]

HENRIETTE PEREIRA (1780–1859), DIE HÄUSER ESKELES, WECKBECKER, ROTHSCHILD UND METTERNICH

Ebenso wie Charlotte von Greiners Tochter Karoline Pichler einen eigenen Salon etabliert, wird auch Fanny von Arnsteins Tochter Henriette zum gesellschaftlichen Mittelpunkt eines Kreises.

Henriette (Judith ist ihr jüdischer Name) Freifrau von Pereira-Arnstein wird am 29. November 1780 in Berlin geboren, nachdem Fanny von Arnstein zum ersten Mal wieder in ihre Heimatstadt Berlin gefahren ist. Mehrere Reisen folgen und es gibt kulturelle Einflüsse zwischen Wien und Berlin, da Fanny dort viele Gesellschaften besucht und mit Rahel Varnhagen und Henriette Herz bekannt ist.[1] Fanny gelingt es „die Ideen der Berliner Aufklärung in ihrer Umgebung zu verbreiten".[2]

Ein Bayer ist entzückt von der siebzehnjährigen Henriette und schreibt über einen Besuch in Fannys Salon: „Wenn Sie diese eben genannte Dame schon kennen und lieb gewonnen haben, so müssen wir jetzt den schönen Schößling dieses Mutterstammes, ich meine ihre einzige Tochter Henriette, ins Auge nehmen. Wie der mild strahlende Orion am schön gestirnten nächtlichen Himmel, so glänzt Henriette v. Arenstein durch Grazie, Schönheit und Geist am gesellschaftlichen Horizonte ihres väterlichen Hauses ... Frey von jedem Zwange athmet ihr ganzes Wesen jene reizende Naivetät jenes unnennbare Etwas in Worten, Mienen, Körperhaltung etc. das ihrem Geschlechte den Sieg über jedes Männerherz, welches Gefühl besitzt, sichert."[3] Von einer unglücklichen Liebe, von einer Verbindung, die nicht zustande kommt, ist die Rede. Wem diese Liebe gilt, wird nicht bekannt.

„Grazie, Schönheit und Geist": Henriette Freifrau von Pereira-Arnstein mit ihrer Tochter Flora. Gemälde von Friedrich von Amerling.

Mit achtzehn Jahren ist Henriette im heiratsfähigen Alter. Hilde Spiel schreibt: „In ihrer Person waren die Eigenschaften der Eltern bemerkenswert vereint. Im herkömmlichen Sinne hübscher, sicherlich auch gefühlvoller als ihre Mutter, besaß sie dennoch nicht Fannys bezwingende Gegenwart."[4] Henriettes Anmut gleicht Fannys „Schärfe" mildernd aus, wenn Fanny über Napoleons Siege wütend ist. Henriette hat viele Verehrer und führt einen Salon, als es bereits weniger Salongeselligkeit gibt. Im Jahr 1802 heiratet sie den Bankier Heinrich Freiherr von Pereira. Das Bankhaus Pereira ist (an der heutigen Adresse Bräunerstraße 9) im 1. Wiener Bezirk angesiedelt. Auch Henriette heiratet innerhalb der jüdischen Glaubensgemeinschaft. Anders als ihre Mutter konvertieren sie und ihr Mann zum Christentum, um in der Gesellschaft anerkannt zu werden und beruflich bessere Aufstiegschancen zu haben. Die Taufe ist damit laut Heinrich Heine zum „Entréebillet zur europäischen Kultur"[5] geworden.

Vor allem Jugend verkehrt in Henriettes Salon. Baronin Pereira fühlt sich wohl in ihrem kleinen ungezwungenen Kreis in ihrem Haus in der Grünangergasse. Der Dichter Theodor Körner ist bei ihr zu Gast, die Jugend diskutiert, improvisiert Gedichte, es wird aufgespielt, man tanzt, Henriette bezaubert mit ihrem Walzer. Man erzählt sich Gruselgeschichten zum Vergnügen. Die reizvolle Marianne Saaling übt im Salon eine Anziehungskraft auf bedeutende Männer aus.

Henriette gibt auch große Gesellschaften, besonders im Fasching wird bei ihr viel getanzt. Ihre *Thés Dansants* besuchen schillernde Gäste wie Graf Fries und Fürst Lobkowitz, der Hoftheaterdirektor. Henriette ist schon im Salon ihrer Mutter Fanny von Arnstein ein starker gesellschaftlicher Anziehungspunkt und setzt nach deren Tod die Tradition des Hauses fort. Sie ist nicht nur musikalisch talentiert, sie hat auch großes diplomatisches Geschick und weiß mit Menschen umzugehen, so dass sich der Hochadel und die „vornehme Welt" gerne in den Salons der Finanzaristokratie und des liberalen Großbürgertums aufhalten. Hier kann man ungestört und am Rande gesellschaftlichen Vergnügens politische Gespräche führen.[6] Dank ihrer musikalischen Begabung wird Henriette Schülerin des italienischen Komponisten und Musikpädagogen Muzio Clementis, bis sie zu einer gefeierten Pianistin wird. Bedeutend ist Henriettes innige Freundschaft zum Dichter Theodor Körner, der ihr seinen Liederzyklus „Leier und Schwert" widmet.[7]

Henriette Pereira führt nach dem Tod ihrer Mutter ihren eigenen Salon mit derselben Gastlichkeit, jedoch mit weniger Aufwand und Prunk als ihre Mutter. An jedem Freitag werden in Henriettes *bureau d'esprit* Soireen mit musikalischen Darbietungen veranstaltet. Ottilie von Goethe, eine Freundin Henriettes, und Franz Grillparzer zählen zu Henriettes Kreis, in dem Karl von Holtei Gedichte rezitiert und Baron Carl von Schönstein Lieder vorträgt. Ebenso gehören die Maler Moritz von Schwind, Friedrich von Amerling, Moritz Michael Daffinger und Josef Kriehuber zu dieser Gesellschaft. Kriehuber hat einige der Wiener Salonièren in Porträts festgehalten. Auch Clemens Brentano, der Bildhauer Bertel Thorvaldsen, Ludwig van Beethoven und Felix Mendelssohn-Bartholdy verkehren bei Pereiras. Über ihren literarisch-musikalischen Salon führt Henriette ein kulturgeschichtlich bedeutsames Tagebuch. Ihre Bedeutung als Kunstliebhaberin spiegelt sich darin wider, dass ihre Büste in der

Mit Henriette Arnstein-Pereira befreundet: der Dichter Theodor Körner. Posthumes Porträt, um 1830.

Sammlung im Musiksalon der Grafen von Fries sich neben jenen von Mozart und Haydn befindet.

Als junger Schriftsteller sieht Adalbert Stifter, wie das Palais Arnstein im hellen Lichterglanz die vornehmen Gäste zur Zeit des Wiener Kongresses empfängt. Sein Wunsch, dort einmal Gast zu sein, erfüllt sich später. Es ist bereits die Zeit des Biedermeier, kein Zwang, keine Etikette kennzeichnen Henriettes Salon, vielmehr ist er ein gesellschaftlicher Freiraum ohne festes Programm: „Jeder darf kommen, wann er will, jeder geht, wann er will; es ist keine Etikette des Sitzens, Gehens, Stehens, Grüßens. – Die Gruppen können sich gestalten, wie sie wollen, und meistens tun sie es, wie sie die Laune oder das Bedürfnis des Gespräches zusammenführt. Es unterscheidet sich dieser Salon von andern literarischen und künstlerischen dadurch, daß es bei ihm Gesetz ist, kein Gesetz zu haben; man wird da durchaus nicht mit Literatur gequält; es sind keine Stunden und Tage, wo vorgelesen, vormusiziert, vorrezensiert wird, sondern der Salon soll eben gar nichts sein als ein Ort, wo man an gewissen Tagen sicher ist, daß man jemanden findet, der einen anziehen kann. Was und wovon man an diesem Tage reden wird, ob alle miteinander reden oder ob sich Abteilungen, ja sogar Zweigespräche bilden, ob etwa gesungen, gelacht, disputiert oder gar geschwiegen wird – alles das ist im voraus ganz und gar nicht bestimmt – es soll eben ganz beliebige Gesellschaftsfreiheit sein."[8] Adalbert Stifter schildert in seinen *Wiener Salonszenen* die „Bie-

Stammgast bei den Soireen von Henriette Arnstein-Pereira: Moritz von Schwind. Selbstporträt 1822.

dermeier-Geselligkeiten" mit Augenzwinkern: „Trete mit mir, geliebter Leser, in jenes Haus, von dem eine Reihe Spiegelfenster des ersten Stockes auf einen lichten Platz hinaussieht. Die Treppen sind sanft und mit Strohmatten belegt. Durch geräumige Vorzimmer treten wir in den Salon. Da wir beide unsichtbar sind, so können wir die bereits versammelte Gesellschaft um so ungestörter beobachten. Sie ist heute besonders zahlreich besucht. Jene ältliche Frau, die auf den rotseidenen Kissen leicht zurückgelehnt ist und mit geistreichen Augen, und fast mehr hausmütterlichem Aussehen, als sich eigentlich für einen Schöngeist schickt, auf den vor ihr stehenden jungen Mann blickt und seinen Reden lächelnd zuhört, ist die Frau des Hauses und eigentlich Präsidentin des Salons, obwohl sie nichts weniger als auf dem Präsidentenstuhl, nämlich dem unmäßig breiten und langen Sofa sitzt, dessen Mitte vielmehr ganz allein ein heiterer, bereits ergrauender Mann einnimmt, so ungeniert oder vielmehr so naiv, als wäre er eben eine Dame, die man hingenötigt … Jene streitende Gruppe am Fenster sind Glieder eines Kränzchens, das täglich den Mozart lobt, und täglich

disputiert … Die andern, die nicht Genies sind, müssen eben zerrissen mit der Welt zerfallen und vorlaut sein, daß sie sich als Genies vorkommen. Auch Maler findest du heute hier; auch Musiker, obwohl eigentlich im strengsten Sinne jeder und jede von den hier Anwesenden ein Musiker ist; denn du wirst keinen finden, der nicht etwa Klavier spielt, geigt oder ein anderes Instrument handhabt … Als Zwang und Regel herrscht nur die, die

Der Maler Friedrich von Amerling.
Selbstporträt, 1834.

Henriette Pereira

jedem sein Takt und Zartgefühl von selbst auflegt, und in dieser Hinsicht wirst du bemerken, wie es jedem der Anwesenden ist, als fühle er sich durch sanfte, linde Fäden angeregt, aber nicht gebunden. Dafür ist es aber auch eine Auszeichnung, in diese Gesellschaft geladen zu werden."[9]

Karoline Pichler lobt die Freigiebigkeit wohlhabender Familien: „Das Arnsteinische Haus, die beiden Familien Eskeles und Ephraim mit einbegriffen, war wegen seiner Mildtätigkeit gegen Arme und Hilfsbedürftige jedes Glaubens schon lange in Wien geschätzt und berühmt."[10] Henriette Pereira unterstützt als gewählte Ausschussdame das Marienspital in Baden. Karolines Mann gründet einen Fonds und errichtet für die Notleidenden und Armen in Baden das sogenannte „Franzensbad". Hunderte Kranke und Bedürftige finden dort Heilung und Verpflegung. „Alles dies brachte uns in nähere Beziehung mit Frau von Pereira und ihren Verwandten. Wir brachten oft Abende dort zu; im Fasching war jeden Mittwoch thé dansant daselbst, der bis 11, halb 12 Uhr währte, und bei welchen ich mit meiner Tochter und ihrer Gespielin, Fräulein Amalie Schechtern, beide hübsche Mädchen und flinke Tänzerinnen, stets eine willkommene Erscheinung war. An anderen stillen Abenden, wenn nur ein kleiner Kreis sich versammelte, wurde entweder Musik gemacht oder vorgelesen oder auch bloß geplaudert, indem wir Frauen mit unsern Handarbeiten um den runden Tisch herum saßen, die Herren zwischen oder hinter uns Platz fanden, und die Gesellschaft ein Ganzes ausmachte, dessen Seele die Frau vom Hause vorstellte, und jeder, so gut er es vermochte, zu der allgemeinen Unterhaltung beitrug."[11]

Reichardt, „ein Mann der neuen Zeit", besucht mit kindlicher Freude die leichten musikalischen Darbietungen in Wien und schreibt von einer musikalischen Soirée bei Henriette: „Mehrere kleine italienische Duette … hatte ich zuletzt in einer Abendgesellschaft bei Frau von Pereira schon gehört, wo ein Prinz Rohan … auch ein eignes, angenehmes Talent, eigne Kompositionen mit kleiner Stimme, aber echt italienischer Methode, am Fortepiano zu singen zeigte und besonders pikant eine ganze Reihe von allerliebsten Walzern mit bloßer Begleitung des Fortepiano teils singend, teils pfeifend vortrug."[12]

Der Walzer beginnt die anderen Tänze zu verdrängen, und die musikalische Henriette spielt sie gerne. Die Arnsteins geben große Feste. Reichardt berichtet von einer solchen Festlichkeit: „Einer zahlreichen, großen Assemblée von drei-, vierhundert Personen hab ich einen dieser Abende auch bei dem Baron *Arnstein* beigewohnt, die mit den berühmten Assembléen der Dame Récamier in Paris vieles und auch das gemeinsam hatte, daß die Gesellschaft für das Lokal, so ansehnlich dieses auch ist, doch zu groß war und sich wie Meereswogen auf und ab drängte. Ehe noch die ganze Gesellschaft beisammen war, spielte Frau von *Pereira* mit dem Frl. von Kurzbeck eine sehr brillante Doppelsonate von Steibelt recht meisterhaft und dann mit unglaublicher Langmut und Güte viele schöne Walzer, nach welchen sich schöne, junge Welt in dem immer zunehmenden Gewühl lustig umdrehte."[13] Reichardt bevorzugt jetzt die kleineren Kreise bei Lobkowitz, Czernin, Fries und den Familientisch bei Arnstein.

Henriette ist musikalisch wie ihre Mutter Fanny und deren Schwestern. Hilde Spiel schreibt: „Jetzt war Henriette neben den Fräulein von Kurzbeck und Hahn, den Baronessen Spielmann und Hügel und der Baronin Ertmann eine der besten Klavierspielerinnen der Wiener Gesellschaft."[14] Reichardt wird zu einer Sonntagsmatinee im kleinen Kreis von Henriettes Lehrer, dem Klavierbauer Streicher, eingeladen, der das Quartett des Prinzen Louis Ferdinand für zwei Klaviere adaptiert und mit den Damen eingeübt hat. Eine Biedermeierszene wird vorweggenommen. „So hörten wir nun an einem schönen, hellen Morgen in Streichers Wohnung, auf zwei der schönsten Fortepianos dieses Meisters, von schönen kunstvollen Händen jene höchst geniale Komposition mit einer Vollendung vorgetragen, wie man selten etwas hört. Die zarten

Kunstseelen gingen mit so vielem Geist und Gefühl in die sublimen und schönen Gedanken und Phantasien des Komponisten ein und übten die größten Schwierigkeiten mit so vieler Präzision und Rundung aus, dass sie wahrlich eine ganze Welt von Musik um uns herzauberten. Nur sehr wenige, ganz auserwählte Kunstfreunde nahmen teil an dieser hohen Lust und das erhöhte sie noch."[15]

Im Fasching hält Henriette größere „Thés Dansants" ab, zu denen auch einflussreiche Leute kommen. Theodor Körner ist gerade Anfang zwanzig und nimmt an Henriettes Geistersoireen mit eigenen Geistergeschichten teil. Später schreibt Körner Henriette Briefe, doch ihre Beziehung ist „vom Nebel der Vergangenheit umhüllt".[16]

Zur Zeit des Wiener Kongresses finden sich auch in Cäcilie Eskeles' Salon bedeutende Gäste aus den österreichischen Ländern und dem Ausland ein. Sie sucht es ihrer Schwester Fanny von Arnstein gleichzutun. Verheiratet ist Cäcilie in zweiter Ehe mit dem Kompagnon ihres Schwagers Bernhard Freiherr von Eskeles, Teilhaber der Bank „Arnstein & Eskeles" und Direktor der Österreichischen Nationalbank. Rahel Varnhagen, die zum Kongress in Wien weilt, schreibt über Bernhard Freiherr von Eskles: „Er amüsiert mich in gewissem Sinn hier besser als alle anderen Leute; weil er ganz altväterisch geblieben ist, mit geistigen Gaben, und ein reiches Leben über ihn weggegangen ist, welches er ganz nach seiner Art bearbeitet hat, und lauter Originales davon ausgibt, mit der Aisance des gelebtesten Menschen auf gut alttestamentliche Weise."[17]

In den Häusern der jüdischen Hochfinanz trifft man auf viele Künstler. Eine unbekannte Dame aus dem Wiener Hochadel, die unter dem Pseudonym Paul Graf Vasili schreibt, meint: „Ich rathe Ihnen, die Einladungen der neuen Krösusse anzunehmen. Sie werden nicht die ‚große Welt' dort antreffen, aber Sie werden in diesen Kreisen Künstler, einige Schriftsteller und andere interessante Personen sehen, die nur dorthin gehen."[18]

Sammelt die geistige Elite Wiens um sich: Karoline Pichler.
Ölgemälde von Carl von Sales, 1818.

Die aufstrebenden bürgerlichen Schichten entdecken den Prater als Ausflugsziel am Sonntag: „Versammlung der schönen Welt bey den Kaffée-Häusern in der großen Prater-Allée".

Kolorierter Kupferstich von Johann Ziegler nach einer Zeichnung von Laurenz Janscha, um 1779.
Vor allem die Hauptallee wurde zur „Promeniermeile" der Reichen.

*Es wird gesungen und rezitiert, gescherzt und diskutiert: „Schubertiade"
bei Joseph von Spaun in den sogenannten „Klepperställen", heute
Teinfaltstraße 8/8 A.*

Kolorierter Holzstich nach einem Gemälde von Hans Temple.
Am Klavier Franz Schubert, der hier am 28. Januar 1828 sein
Klaviertrio in B-Dur, Opus 99, zur Uraufführung bringt.

Henriette Freifrau von Arnstein-Pereira und ihre Tochter Flora.
Gemälde von Friedrich von Amerling.

*Versammelt in ihrem Salon während des Wiener Kongresses bedeutende
Gäste aus dem Ausland: Cäcilie Freifrau von Eskeles, die Schwester
Fanny von Arnsteins. Gemälde von Friedrich von Amerling, 1832.*

Das Tanzfieber im Wien des Biedermeier erfasst die Salons. Satirische Darstellung der Wiener „Tanzwut" in der „Wiener Theaterzeitung" nach einer Vorlage von Johann Christian Schoeller.

Die Familie Feldmarschallleutnant Hugo Freiherr von Weckbecker übersiedelt 1823 in den Heiligenkreuzerhof in der Inneren Stadt. Über die Abendgesellschaften in den Wintermonaten bei seinen Eltern in den 1820er Jahren schreibt Hugo Freiherr von Weckbecker begeistert: „Im Fasching wurde getanzt, sonst wurden oft Schreibspiele veranstaltet, ja ganze Aufsätze über gegebene Worte mußten über acht Tage verfaßt und dann vorgelesen werden, ebenso Gedichte. In letzteren exzellierte besonders Baron Engelhart, dessen Tochter später einen meiner besten Kameraden den nachmaligen F. M. Lt. Grafen Messey heiratete. Meinen Vater, der stets viel Sinn für die Jugend und deren geistiges Aufblühen hatte, interessierten diese Spiele sehr, er nahm jedoch nicht teil daran. Wohl aber beteiligten sich eifrig meine Mutter und namentlich meine älteste Schwester Käthe. Diese hatte ein ausgesprochenes Talent zur Schriftstellerei und war überhaupt so begabt, daß sich gebildete junge Leute von ihr sehr angezogen fühlten."[19] Die Gebrüder Joseph und Franz Weigl, beide Schriftsteller, und Dr. Adolf Schmidl gehören zu ihren glühendsten Verehrern.

Ludwig Döbler setzt seine experimentalphysikalischen Kenntnisse dazu ein, seine „Taschenspielerkünste" zu vervollkommnen. Im Hause Weckbecker führt er sie einem interessierten Kreis vor, bevor er auf die großen Bühnen Wiens geht und dort seine Erfolge feiert. Weckbecker erinnert sich: „Er hatte damals einen kleinen Kaufladen in der Jägerzeile gemietet, in dem er Produktionen gab und unter anderem zwei Metallfiguren zeigte, die er mittels Magnetstäben sehr künstlich zu bewegen wußte. Bei uns gab er seine erste größere Vorstellung vor einer zahlreichen, dazu geladenen Gesellschaft. Dann erst begann er im Theater in der Leopoldstadt, später am Josefstädter Theater, aufzutreten."[20]

Weckbecker wird Flügeladjutant des noch jungen Kaisers Franz Joseph und es gelingt ihm, in den Kreis einiger Familien des Hochadels aufgenommen zu werden, obwohl er dem niederen Adel angehört. Über den Hof und die Gesellschaft berichtet er: „Damals

Erbaut 1840 von Ludwig Förster für Ludwig Freiherr von Pereira-Arnstein: das Palais Pereira-Arnstein in der Weihburggasse 4.

tanzte der Kaiser gerne. Im Fasching fanden deshalb allwöchentlich Kammerbälle bei E. H. Sofie statt; außerdem machte sich der hohe Adel ein Vergnügen daraus, den jungen Kaiser durch Ballfeste zu zerstreuen, zu denen die Flügeladjutanten dann auch stets eingeladen wurden, so bei Schwarzenberg, Liechtenstein, Pallavicini. Ich bemerkte, daß es Sr. Majestät sehr angenehm war, wenn ich mich am Tanze beteiligte, um so mehr als Boxberg und O'Donell nicht tanzten. So war ich den damals ein eifriger Tänzer und erinnere mich besonders gern meiner Partnerinnen Gräfin Julie (Juppi) Hunyadi, nachmaliger Fürstin Obrenowitsch, Gräfin Kitty Wickenburg, jetzt Gräfin Kesselstadt, Fürstin Melanie Metternich, jetzt Gräfin Zichy, Pauline Gräfin Sandor, jetzt Fürstin Metternich, Selma Gräfin Christallnigg, jetzt Gräfin Coronini. Ich wurde dabei bekannt und teilweise enger befreundet mit dem männlichen höchsten Adel. Obwohl ich mich nach dem Ausscheiden aus der Stellung bei Hofe, wohl eingedenk der strengen Grenzen, die das Koteriewesen innerhalb der österreichischen Gesellschaft aufgerichtet hat, von diesen Beziehungen ganz loslöste, da ich nach meiner Geburt nicht zum hohen Adel zählte, haben sich einige meiner damaligen Bekannten, wie Graf Edmund Zichy, die beiden Fürsten Schwarzenberg Vater und Sohn, Graf Georg Festetics und andere, die über den Vorurteilen ihrer Kaste standen, auch später mir gegenüber bleibend freundschaftlich und liebenswürdig erwiesen."[21]

Als Flügeladjutant des Kaisers ist Weckbecker auch anwesend, als Luise von Bayern, Herzogin Ludovika in Bayern, mit ihren beiden Töchtern Helene und Elisabeth anlässlich des Geburtstags des Kaisers am 18. August nach Bad Ischl kommt. Sie wünscht eine Verbindung Helenes mit dem Kaiser. Den ersten Tanz tanzen weder der Kaiser noch die beiden Prinzessinnen. Erzherzogin Sophie fordert Weckbecker auf, mit Elisabeth zu tanzen. Franz Joseph lässt die Augen nicht von Elisabeth, die „sylphengleich an meinem Arme vorüberschwebte. Nach dem Tanze flüsterte ich O'Donell zu: ‚Mir scheint, ich habe jetzt mit unserer künftigen Kaiserin getanzt', was O'Donell auch als seine Vermutung aussprach. Der Kaiser tanzte darauf mit beiden Prinzessinnen, den Kotillon aber

Luxuriöses Interieur: das „Gschnaszimmer" der Fürstin Pauline Metternich in ihrem Palais in der Fasangasse 26, um 1873.

„Grand dame" von Wien und bekannt für ihre Klatschlust: Fürstin Pauline Metternich, Daguerreotypie von Hermann Krone, 1854.

mit Elisabeth. Das war deutlich."[22]

Die Kluft zwischen dem selbstbewusst erstarkenden Bürgertum, den neu Geadelten und dem Hochadel ist auf dem gesellschaftlichen Parkett bedeutend, die Mauer ist hoch, die der alte Adel errichtet hat und hinter der er sich verschanzt.

Einzig die Rothschilds sind so einflussreich, dass sie auch ohne Konvertierung zum christlichen Glauben – es reicht ihr immenses Vermögen – gesellschaftsfähig sind: „Die Rothschild sind natürlich in Wien wie anderswo die Könige der Finanz. Ihre Stellung gewährt ihnen überall Zutritt."[23]

Baron Freiherr Salomon von Rothschild, eigentlicher Begründer der Wiener Linie der Rothschilds, ist als Eigentümer der Wiener Niederlassung des Bankhauses Rothschild nicht nur der größte Kreditgeber des Kaiserhauses, sondern auch einer der bedeutendsten Industriellen der österreichischen Monarchie. Dank seines Vermögens ist es ihm ein Leichtes, sozial wohltätig zu sein und Institutionen wie auch Künstler finanziell zu unterstützen.

In seinem Palais in der Renngasse, nahe dem heutigen Burgtheater, wird über Finanzen und Politik diskutiert. Es war also „manches vorgegeben, was damals einen Salon ausmachte, um bevorzugter Treffpunkt der geistigen Elite zu sein". Nachdem Rothschilds Ehefrau jedoch im Ausland weilt, fehlt es an einer weiblichen Person, „die ein kultiviertes Ambiente und inspirierende Atmosphäre hätte schaffen können."[24] Um diese Lücke zu füllen, macht Josephine von Wertheimstein, die Gemahlin des Rothschild'schen Prokuristen Leopold von Wertheimstein, die Honneurs.

Dem Salon seines Nachfolgers Nathaniel von Rothschild, dem es gelingt, in die erste Gesellschaft Wiens aufzusteigen, steht sogar Fürstin Metternich vor: „Haupt des Wiener Hauses ist Baron Nathaniel: Natti, wie er jetzt nach dortiger Mode unter den blaublütigen Herren genannt wird. Baron Nathaniel von Rothschild ist Junggeselle, und an seinen Empfangsabenden macht die Fürstin Metternich die Honneurs seiner Salons. Der Baron ist ein eifriger Bewunderer der Fürstin, welcher er große Dienste leistet; er war es, der letztes Jahr die herrlichen Soiréen organisierte, welche die Fürstin den ‚*Wiener Kunstfreunden*‘ hat geben wollen; diese Soiréen haben ihm nicht wenig Arbeit, Verdrießlichkeit und Geld gekostet. Die Fürstin, stets geistreich, nennt ihren Freund, den Baron: ‚*mein Hausjud*‘.“[25]

Fürstin Pauline Metternich-Sándor ist eine der bekanntesten Persönlichkeiten Wiens. Sie organisiert karitative Veranstaltungen in großer Zahl und arrangiert den berühmten Blumenkorso, der alljährlich in der Prater Hauptallee abgehalten wird.[26] Die Fürstin ist beim Volk so beliebt, dass ihr zu Ehren sogar ein Wienerlied komponiert wird. Ihre Empfänge hält sie Montag bis Mittwochabend ab, das Palais in der Fasangasse suchen Politiker, Diplomaten und hohe Würdenträger auf. Pauline Metternich-Sándor gehört zu den wenigen Angehörigen des Hochadels, die in ihren Salon auch Angehörige des Geldadels einladen.

Sehr elegant ist Baron Albert Rothschild und er hat „eine sehr originelle Geistesrichtung; er ist der einzige Wiener Banquier, der in die Welt der hohen Aristokratie ganz und gar aufgenommen ist. Er ist gleichfalls ein Intimus der Fürstin Metternich, die ihm eine wahrhafte Zuneigung schenkt. Ein ebenso guter Jäger wie unerschrockner Reiter, ist er in allen Soiréen, bei allen Diners und auf allen Jagden anzutreffen … Und doch entgeht ihm kein gutes Geschäft.“[27]

JOSEPHINE VON WERTHEIMSTEIN
(1820–1894)

Die liberale Ära ist verbunden mit den josephinischen Ideen, „geistvolle jüdische Salons" entstehen in Wien, „in denen sich freilich nicht mehr der Adel, sondern das aufgeweckte Bürgertum mit Dichtern und Künstlern verband".[1] Das Bürgertum gewinnt an Selbstbewusstsein, der Hochadel erstarrt in Ritualen und schottet sich großteils nach unten ab.

Die Familie Wertheimstein gehört zur sogenannten Zweiten Gesellschaft Wiens, dem Bürgertum und dem niederen Adel. Der Salon Josephines, geborene Gomperz, und jener ihrer Tochter Franziska sind typisch für das gesellschaftliche Leben des Großbürgertums in der zweiten Hälfte des 19. Jahrhunderts. Für sie ist Kunst mehr als nur ein „Aufputz für des Tages Müh' und Plage", wie Karl Kraus es ausdrückt. Josephine führt ihren Salon zunächst in ihrer Wohnung in der Innenstadt und später in ihrer Villa in Döbling. Dort treffen einander Eduard von Bauernfeld, Ferdinand von Saar, Ernst von Fleischl und Adolf Wilbrandt.

Die Blüte des Salons ist ihr zu verdanken: „Es fehlt uns Allen etwas, wenn Sie nicht da sind, das Dipfl auf's I – der Brennpunkt, um den sich alle Getreuen scharen, der Impuls zu allem gemüthlichen Verkehr u. Freundes-Zusammenhang ..."[2] Alexander Baumann schreibt diese Worte 1854 in einem Brief an Josephine. Viele Menschen spüren die Faszination, die von ihr ausgeht. Ihr Salon wird nach der Revolution von 1848 erneut zum gesellschaftlichen Treffpunkt werden, wo vor allem Künstler vorherrschend sind.[3]

Josephine hat in eine Bankiersfamilie geheiratet. Leopold von Wertheimstein, ihr Ehemann, entscheidet als Prokurist des Bank-

Repräsentiert das Großbürgertum Wiens: Josephine von Wertheimstein (links) mit ihrer Tochter Franziska und dem Maler Franz von Lenbach.

Weiß seinen Reichtum geschickt zu vergrößern: Leopold Ritter von Wertheimstein, Josephines Ehemann.

hauses Rothschild autonom über gewaltige Investitionen wie z. B. über den Bau der Nordbahn.[4] Wertheimstein weiß seinen Reichtum zu vergrößern. Im Gegensatz zu seinem Schwager Eduard von Todesco, verheiratet mit Josephines Schwester Sophie Gomperz, der sich ein Palais errichten lässt, lebt er mit seiner Familie eher bescheiden in einer Wohnung im Deutschen Haus hinter dem Stephansdom. Die Wertheimsteins sind klassische Aufsteiger ihrer Zeit.

Franz Wertheimer, ein Vorfahre, reiste als Handwerksbursche nach Wien – und starb dort als Baron.

Die jüdische Familie Gomperz stammt aus Emmerich am Rhein, einem Ort im heutigen Bundesland Nordrhein-Westfalen. Ein Teil der Familie lebt in Wien, ein Zweig in Brünn, wo am 19. November 1820 Josephine als Tochter von Philipp Gomperz und dessen Gemahlin Henriette, geborene Auspitz, als ältestes von insgesamt acht Kindern geboren wird. Die Geschwister, drei Mädchen und vier Buben, stehen zeitlebens zueinander. Theodor, Minna und Sophie sind ihrer Schwester Josephine besonders nahe. Als Erwachsene werden sie in ihrer näheren Umgebung leben. Die familiären Beziehungen sind ausgesprochen eng.

Philipp Gomperz, Vorstand der Brünner Kultusgemeinde, ist ein bedürfnisloser Mensch, der manches Mal tagelang unter Traurigkeit leidet, ohne zu sprechen. Auch seine Tochter Josephine, die ihrem Vater sehr ähnelt, später aber die Abstammung seitens der Mutter stärker betont, wird unter Depressionen leiden. Philipp

Gomperz übt wenig Einfluss auf die Erziehung seiner Kinder aus, die seiner Gattin Henriette überlassen ist. Er stirbt 76-jährig am 30. Juli 1857.

Die ruhige und fürsorgliche Henriette engagiert die besten Sprach-, Musik- und Zeichenlehrer, der einzige Englischlehrer Brünns unterrichtet ihre Kinder, weiters wird Französisch gelehrt. Im Hause Gomperz herrscht eine Atmosphäre von „weltlichem Puritanismus", und die „Herbigkeit des erst spät gemilderten mütterlichen Ernstes"[5] fördert eine Scheu vor vertraulicher Annäherung.

In Josephines Salon finden sich später auch englische und französische Bücher. Sie ist belesen und verfügt über eine fundierte Allgemeinbildung. Die Vorstellungen der Spätromantik und des Biedermeier prägen ihre Jugendzeit. Der Komponist Josef Dessauer schreibt in einem Brief an Josephines Schwester Minna: „Bist Du wirklich fleißig, gute Minna, oder täuschest Du Dich nur? Mache es nur nicht, wie Deine Schwester Josefine, die vor lauter filosofischem Studium (mit Unger) das Studium so sehr en grippe bekam, daß sie sich seitdem zu consequentem Nichtsthun entschlossen hat."[6]

Josephines Bruder Theodor kommt 1849 von Brünn nach Wien und lernt im Salon seiner Schwester eine Reihe herausragender Persönlichkeiten kennen. Die Geschwister verbinden vielfältige gemeinsame geistige Interessen. In den Jahren 1873 bis 1900 lehrt Theodor als ordentlicher Professor für klassische Philologie an der Universität Wien. Zwar nimmt er aktiv am gesellschaftlichen

Josephines Bruder, der Philologe Theodor Gomperz. Porträt von Franz von Lenbach, um 1900.

Leben der Familien Todesco und Wertheimstein teil, dennoch leidet er, so wie sein Vater, unter starken Gemütsschwankungen und Depressionen.

Sehr bald nach ihrer Hochzeit muss Josephine feststellen, dass ihr Mann zu beschäftigt ist, um ihr allzu viel Zeit zu widmen. Das führt dazu, dass sie sich von ihm zu wenig geliebt fühlt, sich in Krankheiten flüchtet und ausführlich auf Kur geht. Eduard von Bauernfeld schreibt begeistert über die jungverheiratete Josephine Wertheimstein in sein Tagebuch: „Soviel Schönheit und Anmut habe ich selten beisammen gesehen. Leopold v. Wertheimstein hat sich da eine Perle erworben."[7] Der eigene Ehemann scheint diese Perle nicht wahrzunehmen.

Jahrzehnte später vertraut sie ihrer Tochter Franziska in einem Brief an, ihr Mann habe sie nicht geliebt, sondern nur lieb gehabt: „Vielleicht hätte ich Papa das Leben angenehmer machen können, aber ich habe es nicht verstanden – und er hat mich auch nicht recht verstanden, wir können beide nicht dafür ... Durch diese Qual der unerfüllten Empfindungen war ich oft zuwider, gekränkt, bitter, und so möchte ich heute noch weinen, daß ich nicht mehr Erfahrung hatte, ihm das Leben nicht nach seinem Geschmack angenehmer und schöner gestaltet habe."[8]

Die Beziehungen ihres Mannes verschaffen Josephine die Möglichkeit, Soireen, Bälle und gesellige Runden in ihrem Haus zu veranstalten. Bereits in den frühen 40er Jahren des 19. Jahrhunderts gehen in Josephines Wohnung Frauen und Männer ein und aus, die dem Liberalismus anhängen, künftige „Achtundvierziger". Zu ihnen zählen der „rote Hofrat" Carl von Lewinsky, der Jurist und liberale Politiker Anton von Schmerling, Baron Alexander von Bach, späterer Justizminister, sowie viele Mitglieder des „Juridisch-politischen Lesevereins"; weiters Ottilie von Goethe, die Schwiegertochter Johann Wolfgang von Goethes, die sich für einige Jahre in Wien niederlässt und hier die Revolutionsjahre miterlebt; ebenso Eduard von Bauernfeld, Franz Grillparzer und Betty

Paoli, eine damals berühmte Dichterin, die in Vergessenheit geraten ist. Der volkstümliche Dichter Alexander Baumann, der „König" der „Baumannshöhle", gehört auch dazu. Sowohl die Familie Wertheimstein als auch Todesco und die befreundete Familie Sichrovsky nehmen am geselligen Leben der „Baumannshöhle" teil.[9]

Anton Bettelheim schildert Josephine und ihren ersten Salon: Ihre „strahlende Schönheit und Herzensschönheit, eine dem Kühlsten sich mitteilende Wärme des Gemütes, geistige Regsamkeit, echte Begeisterungsfähigkeit für alles Große in Kunst und Leben hatten Josephine schon in ihrem Wiener Heim, dem Deutschen Haus in der Singerstraße, zum Mittelpunkt eines Kreises gemacht, der legendarisch in der Geschichte der Wiener Gesellschaft fortlebt: Grillparzer und Schwind, Bauernfeld und Rahl, Joseph Unger und Anton Rubinstein, Dessauer und Moritz Hartmann, Schmerling und (in seinen liberalen Anfängen) Alexander Bach zählten zu den Stammgästen des Kreises, in dem jeder willkommen war, der solchen Segens reiner Weiblichkeit würdig war."[10]

Im Haus in Döbling entsteht dann Leopolds Kunstsammlung. „Josephine empfing im kleinen Kreis, zum Diner oder abends, ihre Verwandten und Freunde, Franzi malte oder musizierte, wenn sie nicht – was leider meist der Fall war – mit nervösen Beschwerden darniederlag; Minna Gomperz leitete, von der treuen Helferin Ottilie Fischer-Colbri unterstützt, das Hauswesen; über allen schwebte, kerzengerade auf ihrem Sitze tronend, die Spitzenhaube auf dem Kopf, den Strickstrumpf in der Hand die 78jährige Henriette Gomperz."[11]

Die Revolution von 1848 markiert einen tiefen Einschnitt. Veränderungen müssen kommen, schreibt Josephine an Bauernfeld, doch es erschreckt sie, dass „der Weg zum Fortschritte mit Blut gedüngt werden muß …"[12] Kurz nach Beginn der Revolution macht die Regierung Zugeständnisse. Josephine schreibt: „Eine Welt liegt zwischen neulich und heute, ein Abschnitt der Geschichte, das Schicksal von Millionen ist entschieden; wir jubeln Alle, wir sind selig; Alles ist Gottlob gut geworden, so über alle und jede Erwartung; jetzt bin ich stolz darauf, eine Österreicherin zu seyn, in diesen Tagen habe ich erst das Gefühl fürs Vaterland kennen gelernt. – Es waren aber 4 furchtbare Tage; unsere Zukunft, unser Aller Existenz hing an einem Haar."[13]

Im März 1848 klingt Josephine gedämpfter: „Nach dem ersten Jubel hier ist jetzt eine traurige Abspannung gefolgt; die Ereignisse im Venezianischen u. (in) der Lombardei haben hier eine große Verstimmung hervorgerufen; in Ungarn, in Steiermark hört man von inneren Aufständen; theils Bauern, theils Hitzköpfe, die immer den Troß von müßigem Gesindel im Gefolge haben, rufen die Republik in einigen Städten aus. Die slavische Partei will sich auch geltend machen. Die Zukunft hat viele Wirren zu lösen."[14]

Bei weiteren Unruhen in Wien und der Erstürmung der Stadt durch österreichisch-kroatisches Militär unter der Führung von Alfred I. Fürst zu Windisch-Graetz im Oktober 1848 weilt die Familie Wertheimstein fast vollzählig in Brünn. Von dort schreibt Josephine an Bauernfeld, der an der Märzrevolution teilgenommen hat, einen bewegten Brief: „In der gräßlichsten Angst und Spannung erwarteten wir von einem Moment zum anderen Nachricht von Ihnen, von unseren anderen Freunden. Eine Zentnerlast fiel mir vom Herzen, als ich mit Gewißheit erfuhr, daß Sie, lieber Freund, daß Sie unverletzt sind. Gott sey gedankt, der sie beschützte. Es ist eine furchtbare Zeit in der wir leben und das Alles ist erst das Vorspiel – was wird jetzt geschehen, wenn der Vorhang zum zweiten Male aufrauscht? mir möcht das Herz brechen, wenn ich an Euch Alle, wenn ich an unser liebes Wien denke. Daß seyne Fortschritte möglich sind, davon bin ich durchdrungen, daß aber der Weg zum Fortschritte mit Blut gedüngt werden muß, daß der Zynismus Einzelner das Unglück von Millionen heraufbeschwören mußte, das ist zum rasend werden."[15]

Manche von Josephines Freunden und Bekannten haben eine weniger radikale Einstellung, worüber sich Josephine in einem Brief an ihre Eltern empört: „Ebenso wurde ich bei Netti W(ertheimstein) empfangen, die mich gleich mit meiner ultraradicalen Gesinnung aufzog und mich gerne zum Sprechen gebracht hätte. Ich sagte ihr aber ganz naif, in Gegenwart mehrerer Herren u[nd] Frauen, daß ich gar nicht wagen würde, eine selbstständige politische Ansicht zu haben, daß ich es der Zeit überlasse, eine bestimmte in mir herauszubilden, etc. etc., u. sagte so viel bescheidenes dummes Zeug, – daß sie nicht mehr wußte, ob ich sie, oder sie mich, zum Besten habe …"[16] Josephine hat eine bemerkenswerte eigenständige und klare Einschätzung der Situation: „Der Sprung in die Freiheit war gewagt; einer neuen Generation wird es vielleicht erst gegönnt seyn, sie zu begreifen und sie zu schätzen. Dem jetzigen ungebildeten Volke, wird sie entweder entrissen, oder es wird sie mißbrauchen. Jedenfalls stehen uns noch schwere Kämpfe bevor."[17]

Josephines jüngere Schwester Sophie ist ebenfalls mit einem Bankier, Eduard Freiherr von Todesco, verheiratet. In ihrem Palais in der Kärntner Straße führen sie einen der bekanntesten Salons der zweiten Hälfte des 19. Jahrhunderts. Die Gäste aus Kunst, Wirtschaft und Politik sollen noch illustrer gewesen sein als jene in der Villa Wertheimstein. Liszt, Brahms und Rubinstein geben Konzerte im großen Festsaal. Liszt schreibt am 5. April 1872 an Carolyn Sayn-Wittgenstein: ... *À 10 h, énorme soirée de 3 à 400 personnes chez les Todesco avec musique* …"[18]

Der Salon Todesco in der Kärntner Straße wird 1864 erstmals öffentlich vorgestellt. Anlass ist die Verlobung von Fanny Todesco mit Henry Worms. Die *Neue Freie Presse* schreibt: „Gestern wurden die Salons im Palais Todesco eröffnet. Man feierte die Vollendung des neuerbauten, von Hansen und Rahl künstlerisch ausgeschmückten Hauses und die bevorstehende Vermählung der Tochter des Herrn Eduard Ritter von Todesco mit Herrn Henry Worms. Die glänzenden Appartements wurden von allen Anwesenden, deren Zahl wohl an 500 betragen hat, bewundert. Man anerkannte den seltenen Verein von Pracht und künstlerisch vollendetem Geschmacke in der Dekorierung. Die Kunst verlieh auch in anderer Beziehung dem Abende Reiz. Frau Rettich und Frau Haizinger, dann Herr Beckmann sprachen ernste und heitere Worte, die in Bezug zu dem Sinne des Festes standen, Fräulein Artôt, dann die Herren Everardi und Fioravanti erfreuten durch Gesang und Hr. Tausig durch sein Klavierspiel die Anwesenden."[19] Zu den Gästen zählen Minister, Gesandte, Botschafter und Sektionschefs. Baron Rothschild und beinahe alle Vertreter der großen Bankhäuser sind bei dem Fest anwesend. „Die Gesellschaft war sehr animiert und man blieb bis gegen ein Uhr beisammen. Nach dem Konzerte wurde das Souper an in jeder Beziehung geschmackvollen Buffets eingenommen, die unter ‚persönlicher Leitung' des Herrn Franz Hauptmann arrangiert waren."[20]

Der Salon Todesco gilt als besonders gastfreundlich ... „Der Baron [ist] ein vortrefflicher Mensch, ein geschickter Finanzmann, der auch gern Gutes thut, eine Thätigkeit, bei welcher seine Frau ihn wunderbar unterstützt. Die Baronin ist die personificirte Wohltätigkeit, sie besitzt eben so viel Bildung wie Herzensgüte."[21]

Und es wird bei jeder Gelegenheit gefeiert. Ferdinand von Saar beschreibt ein solches Fest: „Die neuen Minister Beust, Schmerling, dann Halm, Dingelstedt, Laube, Lewinsky, Gabillon samt Frau, eine Menge höherer Militärs, Bürokraten, viele Finanzgrößen waren anwesend und ich kam mir mit meinem fadenscheinigen, elfjährigen Frack sonderbar genug zwischen den ordenbeladenen Herren vor. Der prachtvolle Saal, die reichgeschmückten Frauen, die Klänge der Musik, dies alles versetzte mich in einen Taumel, der angenehm und weihevoll zugleich war ..."[22]

Wie in den glänzenden jüdischen Salons der Zeit üblich, lädt Sophie Todesco bedeutende Künstler ein, die die Gesellschaft kulturell bereichern: „Die Baronin Sophie Todesco, die in ihrer Jugend eine der Schönheiten Wiens gewesen, ist jetzt eine Dame von imposanter Gestalt und von sehr angenehmem Geiste, welche die Honneurs ihres Salons mit vollkommener Grazie zu machen versteht. In ihrem schönen Palais in der Kärnthnerstraße trifft man alle Spitzen der Kunst und Literatur. Bauernfeld, der berühmte österreichische Dichter, besucht dieses Haus seit zwanzig Jahren alle Tage. Er gehört zu dem Freundeskreise der Familie."[23]

Im *Wiener Salonblatt* vom 27. Februar 1875 liest man: „Das Ministerium war so ziemlich vollständig erschienen. Graf Andrassy unterhielt sich lange Zeit mit einer reizenden jungen Dame … Fürst Auersperg war in dem einen Salon der Mittelpunkt einer lebhaft bewegten Gruppe und Plener sprach … längere Zeit mit dem Director einer der bedeutendsten Eisenbahnen über die brennende Frage des Tages. Daß die Wissenschaft, Kunst und Literatur durch glänzende Namen vertreten waren, versteht sich bei dem regen Sinne für alles Schöne, der die Dame des Hauses auszeichnet, wohl von selbst. Wer über Malerei sprechen wollte, konnte es

Erbaut 1861 bis 1864 von Ludwig Förster für Baron Eduard von Todesco, nach dem „Anschluss" „arisiert": das Palais Todesco, Kärntner Straße 51.

Josephine von Wertheimstein   151

„Israelitische" Hochfinanz: Baron Eduard von Todesco. Foto von Ludwig Angerer, nach 1865.

mit Makart, Lenbach oder Penther. Dort an dem Marmorkamm lehnt der Dichter Ferdinand von Saar, neben Bauernfeld, dem ewig jungen, und nicht weit von ihnen sind Weilen und Laube in lebhaftem Gespräche begriffen."[24] Künstler sind in den Häusern der Hocharistokratie nicht vertreten. „Sie haben sicherlich von Friedrich Kaiser, Anton Langer, Anton Bittner, Julius Hopp, Nestroy reden hören, welche sämtlich als dramatische Schriftsteller von großem Ruf, fröhliche Humoristen oder sinnreiche Seelenmaler gelten, die eine große Anzahl von Stücken geschrieben haben, welche von den Wienern bejubelt wurden … Die Aristokratie liest ihre Werke, verschmäht jedoch ihre Personen, und sogar eine Frau wie die Fürstin Metternich empfängt in ihrem Salon weder Dichter noch Literaten. Die hohe Finanz allein, die israelitische namentlich, und immer noch mit Ausnahme der Familie Rothschild, zieht sie in den Ehrenkreis ihres Umganges. Man trifft bisweilen einen Schriftsteller bei Herrn Todesco, bei Herrn Königswarter."[25] Hofmannsthal kündigt einen Anstandsbesuch bei Sophie Todesco im Sommer 1894 in Altaussee so an: „Lieber Poldy, ich bin hier beim Seewirth, werde jetzt der alten Todesco einen Besuch machen."[26] Sophie stirbt 1895.

Das Leben im Haus der Familie Wertheimstein gehört zur Salonkultur der „Zweiten Gesellschaft". Leopold von Wertheimstein ist sehr beschäftigt, er hat wenig Zeit, sich um seine Gattin und die Erziehung der beiden Kinder zu kümmern. Franziska von Wertheimstein, Franzl genannt, kommt 1844 als erstes Kind von Josephine und Leopold zur Welt, Jahre später ihr Bruder Carl. Franziska sieht schon in sehr jungen Jahren England und Frankreich, da sie die Familie auf Reisen begleiten darf. Gemeinsam mit ihrem Lehrer Eduard Wessel durchstreift sie die Straßen und Museen von Paris. In den Sommermonaten der späten 50er und frühen 60er Jahre des 19. Jahrhunderts hält sich die Familie – sehr zur Freude Franziskas – in einem kleinen Städtchen in Böhmen auf.

„Um die Mitte des 19. Jahrhunderts entwickelte sich der Salon von Josephine von Wertheimstein zum kulturellen Zentrum Wiens, wo so bekannte Persönlichkeiten wie Ferdinand von Saar, Eduard von Bauernfeld, Hugo von Hofmannsthal, Heinrich Gomperz, Joseph Dessauer und andere ein und aus gingen. Im Unterschied zum Salon der Fanny von Arnstein war der Josephine von Wertheimsteins ausschließlich schöngeistiger Natur."[27]

Anton Bettelheim zu Josephine und ihrem Salon: „Der Lärm der Welt, der Glanz großer Namen hielt hier nicht vor. Der Wert einer Persönlichkeit wurzelte nach ihrer Empfindung im Gemüt, sie beurteilte jeden nach seinem Charakter. Von der häßlichen Namensjagd, die in so manchem andern Salon der Hochfinanz getrieben wird, war in der Umgebung dieser seltenen Frau nichts zu merken … Es war eine Auszeichnung für jedermann, der ihren Umgang genießen durfte und in diesem Sinne haben Prinzessin Reuß, Fürstin Salm und Gräfin Dönhoff-Bülow wie Gleich zu Gleich mit ihr verkehrt. Wo immer sie erschien … bezwang sie aller Herzen durch den Adel ihrer Haltung und Gesinnung."[28]

Als 1866 Josephines erst 18-jähriger Sohn Karl stirbt, fällt sie in tiefe Depressionen. Ihre Behandlung übernimmt der Psychiater und Neurologe Theodor Meynert, ein guter Freund der Familie. Josephine ist durch ihre Krankheit nicht mehr in der Lage, ihren Salon weiterzuführen; er wird geschlossen. Der Maler Moritz von Schwind drückt sein tiefes Bedauern in einem Brief an Eduard von Bauernfeld aus. „Dein letzter Brief ist erschrecklich traurig.

Es zeigt sich eben, daß die arme Frau [Josephine von Wertheim-stein] von dem langen körperlichen Leiden ganz müde ist und keine Kraft mehr hat … Sie muß so krank sein, daß ihr Geist gegen die körperliche Gebrochenheit nicht mehr aufkommt, sonst würde sie gewiß den eigenen Kummer vergessen, schon aus Freundlichkeit gegen ihre Umgebung. Ich verhehle mir's nicht, daß das Äußerste zu fürchten ist."[29]

Die damals 23-jährige Franziska, die sich der Malerei zugewandt hat, lädt den alten Kreis von Freunden wiederholt ein. Langsam kehrt ihre Mutter in die Wirklichkeit zurück.

Auch wenn Josephine von Wertheimstein Jüdin ist, gehört ihr Salon dennoch nicht in die Tradition des „jüdischen Salons". Zwar steht Leopold von Wertheimstein lange Jahre als Präsident der is-raelitischen Kultusgemeinde vor, religiöse Gebote und Traditionen werden privat aber nicht gelebt. Es geht vor allem um die Bil-dungsideale des liberalen Bürgertums und nicht um jüdische Kul-tur- und Verhaltensstandards.

Josephines Einstellung zur Religion lässt sich aus einem Brief an ihren Bruder Theodor Gomperz gut ersehen: „Das Sterben *muß* einen höheren Hintergrund haben, als das Verfaulen in einer Grube – wenn selbst wieder Blumen und Kräuter aus unserer Asche entstehen! (Aber) würden wir dieses Grausen, diese Empö-rung gegen den Tod empfinden, wenn wir ihn mit Sicherheit als Übergang in eine höhere Existenz betrachten könnten? Wie glück-lich sind die Gläubigen; aber wer nicht blind glauben kann? Was thut der Arme, der von den zermalmenden Gegengründen er-drückt wird – der nicht glauben kann, nicht verzweifeln will – und in dem nicht genug brausendes Berauschen an den Freuden des Daseyns lebt, um ihn im Taumel bis an's Grab zu geleiten?"[30]

Josephine von Wertheimstein und die Witwe Auguste Littrow-Bi-schoffs sind befreundet, beide führen vornehme Salons und sie ri-valisieren, denn bei ihnen verkehren die gleichen Kreise: die Kunst- und Geisteswelt Wiens. Dora Stocker-Meynert schreibt:

Eine „wundervolle Gestalt": Franziska von Wertheimstein, in der Familie nur „Franzi" genannt.

„In beiden waren es erlesene Frauen, die es verstanden, diese zu fesseln, wenn sie auch äußerlich kaum zu vergleichen waren, die kleine, unscheinbar aussehende, aber auf allen Bildungssätteln geübte, unendlich bewegliche Auguste von Littrow, und die leuchtende Josefine von Wertheimstein. Zweifellos war das Wissen der ersteren größer. Dafür besaß Josefine den Zauber eines vollendeten Lieblings der Grazien. Und wenn über allem Tun und Weben Augustens die Güte des Verstandes waltete, lag über Josefinens die Sonne des Gemütes und zog die Menschen unaufhaltsam in ihren Lichtkreis."[31]

Josephines Salon ist ein Forum bürgerlichen Selbstverständnisses. Einerseits ist er der Aufklärung verpflichtet und andererseits den Werten der deutschen Klassik. Sein „Kulturkonservatismus" bildet ein markantes „Gegengewicht zu den Salons der neureichen Ringstraßenbarone".[32]

Graf Paul Vasili schreibt 1885 über die Bedeutung des Bürgertums, er habe eine Schwäche für diesen Stand, und bezeichnet ihn als den „sympathischsten in Europa".[33]

„Im Handel, im Gewerbe und im Ackerbau zu Hause, fast ausschließlich alle wissenschaftlichen Berufsarten betreibend, den größeren Theil der Staatsämter bekleidend ist der Bürgerstand das thätigste, energischste und mächtigste Element des öffentlichen Lebens. An sich schon zahlreich, vermehrt er unaufhörlich seine Reihen mit allen Individualitäten, welche sich aus den niederen Gesellschaftsschichten emporarbeiten. Der Bürgerstand ist die gebildetste, fortgeschrittenste Klasse der Gesellschaft. Aus ihm geht die Lehrerschaft für alle Stufen des Unterrichts hervor; er bevölkert die Mittelschulen, die Gymnasien und die Universitäten. Die Wissenschaften und die Künste haben in diesem Stande ihre berühmtesten Vertreter."[34]

Vorausschauend liest er die Zeichen der Zeit und sieht den Untergang der Hocharistokratie voraus, die sich von den unteren Schichten und der neuen Zeit abschottet. „Die in ihrer exklusiven

Gesellschaft mit einer hohen Mauer umgebene Aristokratie amüsirt sich unter sich, lebt unter sich, ohne Beziehungen zum Volke und ohne irgend welche Berührung mit dem Bürgerthum in einer durchaus abgesonderten Existenz. Je höher die Fluth des letzteren steigt, um so höher erhebt sich die Wiener Aristokratie bis zu dem einsamen Gipfel ihres Ararat. Sie bildet die Arche Noäh, die es versucht, der Sündfluth der modernen Ideen zu entgehen. Ich wünsche, daß sie sich zu retten vermöchte, doch glaube ich nicht, daß nur eine der von ihr ausgesandten Tauben mit dem Oelzweig im Schnabel zurückkehrt.“[35]

Im Jahr 1870 erwirbt Leopold von Wertheimstein von den Erben des Wiener Industriellen Rudolf Arthaber den „Tullner Hof“ in Döbling, einem Vorort von Wien. Damit folgt er dem ärztlichen Rat, Josephine in eine neue Umgebung zu bringen. Familienmitglieder aus Brünn können in dem großen Haus, das mit Mahagonimöbeln aus dem Spätbiedermeier ausgestattet ist, genauso aufgenommen werden wie Josephines Mutter und eine Schwester, im Nachbarhaus wohnen ihr Bruder und seine Frau.

Die Villa liegt inmitten eines schönen, großen Parks. Im Jahr 1907 geht das Anwesen testamentarisch von ihrer Tochter Franziska an die Gemeinde Wien über und wird 1955 zum Döblinger Bezirksmuseum. Im einstigen Speisesaal werden heute Lesungen und Konzerte gegeben, im ehemaligen Damenzimmer der Stammgäste Bauernfeld und Saar gedacht.

Richard Voss wird durch Adolf Wilbrandt im Hause Wertheimstein eingeführt. Er schreibt in seinen Erinnerungen: „Das Haus Wertheimstein war weit über Wien hinaus bekannt. Frau Josefine von Wertheimstein war nicht nur eine der anmutigsten, sondern auch eine der edelsten Frauen Wiens. Eine wundervolle Gestalt war auch die einzige Tochter des Hauses, Franziska von Wertheimstein, allgemein Franzi genannt. Der Vater war eine überaus feine, stille Persönlichkeit, dabei Künstler auf der Geige. Dieses Paar versammelte um sich alles, was damals in Wien an bedeutenden Persönlichkeiten lebte. Frau von Wertheimstein hielt einen wahren Hof von Künstlern, Gelehrten, Staatsmännern und Dichtern. Ich sagte: einen wahren Hof. Das Wort ist hier der richtige Ausdruck; denn sie glich einer Königin, der Königin von Saba.

Das Haus Wertheimstein war ein jüdisches Haus. Es war zum ersten Male, daß ich in einer jüdischen Familie verkehrte, und ich kann nicht mit genug Wärme sagen, welchen Eindruck diese Familie auf mich machte.“[36] Voss beschreibt die Mitglieder der Familie als vornehme Menschen in Gesinnung und Handlungsweise.[37]

Emilie Exner, die später eine Schrift über Josephine und Franziska herausgeben wird, wohnt in der Nähe der Villa in Döbling und besucht häufig die Familie Wertheimstein. Nach Franziskas Tod erhält sie von deren Kusinen Nelly (Cornelia) und Marie Gomperz private Unterlagen aus dem Nachlass Franziskas und dem ihrer Mutter, um ein Gedenkbuch zu verfassen, das sie im Jahr 1907 unter dem Pseudonym Felicie Ewart mit dem Titel *Zwei Frauenbildnisse* privat herausgibt. Emilie beschreibt Josephine als „schwärmerisch, leidenschaftlich begeistert, impulsiv und nur durch ihre Familieneigenschaft (‚Gomperzandum‘ nennt es Bauernfeld …), das Zaudern und Zweifeln in kleinen und großen Dingen, von raschem Handeln zurückgehalten …“[38] Josephine ist ein herzenswarmer Mensch und bereit, alles Große und Schöne in sich aufzunehmen. Sie ist äußerst liebenswürdig, aber auch passiv, wenn sie unentschlossen ist. Sie lässt sich gerne treiben.[39] So liebt es Josephine zum Beispiel, lange im Bett zu bleiben, wo sie ihre Gäste empfängt – es ist ihr einfach bequemer. „Josephinens Schlafzimmer, in dem sie hundertmal ihre Gäste empfangen hat, wenn nicht gerade Krankheit, sondern eine ihr eigene Lässigkeit sie darin verweilen ließ, war mit einer der schönsten Räume des Hauses. Sie stand täglich sehr spät auf und blieb oftmals bis zum Abend im Bett, ohne dadurch in ihren geselligen Gewohnheiten gestört zu werden. Der braun-graue Mops mit dem häßlichen Rassekopf hatte sein Plätzchen auf ihrer Bettdecke und genoß das Vorrecht, die Hände der zärtlich geliebten Herrin belecken zu dürfen."[40]

Josephine erkennt diese ihre Wesenszüge klar und deutlich, als sie 1893, wenige Monate vor ihrem Tod, an ihre Tochter Franziska schreibt: „Zwischen meinem Willen und der Ausführung liegt ein Abgrund, über den ich nicht hinüber kann, und wie vieles ist zugrundegegangen durch meine bleierne Untätigkeit!"[41] Hier zeigen sich deutlich die Auswirkungen der Depressionen, die sie ihr Leben lang begleiten.

Andererseits ist Josephine zeitweise auch überaus begeisterungsfähig, worauf ein Brief von Eduard von Bauernfeld aus dem Jahr 1872, als Josephine gerade in Florenz weilt, hinweist: „Mit wahrer Herzenslust vernehme ich, daß Sie sich, wie früher in der schönen Natur, so auch jetzt im Reiche der Kunst, ausnehmend gefallen und frischer und lebhafter genießen als Ihre Umgebung. Doch das war ja vorauszusehen. Sie sind noch jung und naiv, ein großes Kind, das an alles Gute und Schöne glaubt, sogar an die Menschen, die meist weder gut, noch weniger schön sind."[42]

Als ihre Ehe kriselt und Josephine sich vernachlässigt fühlt, beginnen die Leiden. Ihr Kniegelenk ist zeitweise gelähmt, eine Kur im Salzkammergut hilft, doch ein Schlüsselbeinbruch will nicht heilen. Ihre Ärzte vermuten eine schwere Knochenkrankheit. Ab Herbst 1870 ist ihr gesundheitlicher

Das Denkmal für Ferdinand von Saar im Wertheimsteinpark, ein Werk des Bildhauers Franz Seifert.

Ein schöner Mann: Robert Bulwer-Lytton, 1st Earl of Lytton, wird Josephines große Liebe.

Zustand auch Thema ihrer Gedichte. Es gibt Titel wie „Erkältung", „Vergehen", „Warum", „Zu Früh" und „Der Schmerz".[43] Josephine und ihre Tochter kennen die Anliegen der zeitgenössischen Frauenbewegung. Emilie Exner ist gemäßigt engagiert, es ist daher anzunehmen, dass sie diese Fragen mit den Damen des Hauses Wertheimstein diskutiert, aber auch, dass Franziska und Josephine den Forderungen eher zurückhaltend gegenüberstehen. Josephine ist viel zu passiv, um einschneidende Veränderungen in ihrem Leben vorzunehmen. So wird sie von den Strömungen der Emanzipation wissen, sie aber nicht in ihr Leben integrieren.

Die Begegnung mit Robert Bulwer-Lytton (1831–1891) im Winter 1859/60 erschüttert Josephine tief. Unerwartet hat Bulwer-Lytton, ein angehender englischer Diplomat und Autor, ihre Lebensbühne betreten. Ein schöner Mann, damals 28 Jahre alt, mit hoher, breiter Stirn, großen Augen, dunklem, gewelltem Haar und vollen Lippen, ein ausgeglichener Mann voll Fantasie und Verstand, natürlich und liebenswürdig, Josephine ist begeistert von seinem ausgeprägten ästhetischen Empfinden. Bulwer-Lytton wird ihre große Liebe und der Freund ihres Bruders Theodor. Sie steht vor der Wahl, Kinder und Familie zu verlassen, doch sie entsagt ihrem Glück.

Ewart schreibt: „Da kam noch einmal der Sturm einer großen Leidenschaft über sie, die Möglichkeit, mit der Vergangenheit zu brechen, die Erfüllung tausend geheimer Wünsche anzustreben. Aber der Preis für alles das, wäre die Trennung von ihren Kindern, in erster Linie von ihrem Sohne gewesen, und dazu konnte sie sich nicht entschließen. Die Mutter war stärker in ihr als die Frau; mit vornehmer Selbstverleugnung gebot sie ihrem Herzen Schweigen, und was sich in ihrer Seele abgespielt hatte, es war und blieb begraben."[44] Bulwer-Lytton wird später Vizekönig von Indien und u. a. Botschafter in Paris. Ihr weiteres Leben ist von dieser unerfüllten Liebe überschattet. Am 8. Juni 1863 richtet Bulwer-Lytton eine Bitte an Josephine: „Think of me sometimes, write to me now and then. Believe that I think of you daily – even if I write seldom."[45] Lyttons Tod Ende 1891 trifft Josephine und Theodor Gomperz sehr.

Die Villa in der Döblinger Hauptstraße vermag einen großen Kreis Gäste unterzubringen. Im Jahr 1880 leben im Erdgeschoß und im ersten Stock die Familie Wertheimstein mit Leopold, Josephine und Franziska sowie zwölf Bediensteten. Minna und Henriette Gomperz haben fünf Zimmer und eine Küche zur Verfügung und werden von zwei Bediensteten versorgt.

Der Gästekreis erweitert sich. Mit manchen Besuchern entsteht ein reger Briefverkehr. Diese Korrespondenz gibt Aufschluss über die Themen, die im Salon erörtert und diskutiert werden. Zahlreiche Besucher, treue Freunde, zum überwiegenden Teil aus dem Großbürgertum, wenige aus dem höheren Adel gehen in der Villa ein und aus und versammeln sich jeden Sonntag in großer Gesellschaft. Adolf Wilbrandt erinnert sich an seinen ersten Besuch im Sommer 1871. „Josephine von Wertheimstein, die Hausfrau, war die eigentliche Seele, der Magnet, der Genius; eine der holdesten, adeligsten, wärmestrahlendsten Frauen, die in mein Leben getreten sind ... Sie war aber gesellig, menschenhungrig, für reichen, bunten geistvollen Verkehr wunderbar begabt und geschaffen."[46]

Der Salon liegt im ersten Stock auf der rechten Seite. Man geht durch eine breite Glastür auf den Balkon, von dem man einen schönen Ausblick hat. Prachtvolle Ölbilder und gelbe Seidenmöbel, eher altmodisch als modern, stehen wie zufällig gruppiert im Raum. Bunte Blumenarrangements schmücken den Salon. Das Haus Wertheimstein wird mit Öllampen beleuchtet, und große, weiße Kachelöfen wärmen die Räume.[47]

Josephine Winter, die Tochter von Rudolf Auspitz und Helene Lieben, ist öfter Gast in der Villa. Ein livrierter Diener führt sie durch das Vorzimmer in den Salon ihrer Tante, die Kinder tollen im Park. Dort befindet sich ein Glashaus: „Auch das hochgewölbte, als Gesellschaftsraum gedachte Glashaus mit auf Marmorstufen erhöhten Sitzplätzen um den Springbrunnen, voll herrlicher Palmen, Kamelien, Azaleen und anderer exotischer Gewächse bot einen besonderen Reiz."[48]

Bei Moritz Hartmann lernt Josephine Ferdinand von Saar kennen, dessen Dichtungen ihr besonders zusagen. Saar beendet 1860 seine Offizierslaufbahn und widmet sich ganz der Literatur. Auf eine Bitte hin lädt Josephine den mittellosen Dichter zu sich ein, bereit, ihm finanziell behilflich zu sein. Die *Novellen aus Österreich* bringen Saar Anerkennung in der Öffentlichkeit. Zum größten Publikumserfolg wurden die *Wiener Elegien*. Im Laufe der Zeit entsteht zwischen Josephine und Ferdinand eine Freundschaft fürs Leben, zwischen ihm und ihrer Tochter Franziska eine leidenschaftliche Liebe. Später sucht sich Saar in Döbling eine Wohnung, lebt zeitweise im Gartenhaus der Villa und ist einer der wichtigsten neuen Gäste im Salon, obwohl er Soireen gegenüber abgeneigt ist.

Noch ein Jahr vor seinem Tod ist Moritz von Schwind unter den Gästen. Auch Eduard von Bauernfeld lässt sich immer wieder blicken und nimmt – wie in seinen jungen Jahren – lebhaft am Salongeschehen teil, auch wenn seine Werke nicht mehr so en vogue sind wie vormals. Er liest Josephine jedes seiner Stücke vor, denn ihre Meinung gilt ihm mehr als die eines Theaterdirektors.

Den Sommer verbringt die Familie Wertheimstein in Aussee, wo ihre zweite Heimat ist. Hier wird Musik gepflegt. Ihre Liebe zum

Volkslied verdankt Franziska dem Liederkomponisten Josef Dessauer.

Unter den vielen Sonntagabendgästen des Hauses trifft man den katholischen Philosophen Franz von Brentano, die Burgschauspielerin Auguste Baudius, Iduna Laube, den Dichter Richard Voss, Josephines Psychiater Theodor Meynert, den jungen Komponisten Josef Hellmesberger, Joseph Maria Stowasser, die Gräfinnen Dönhoff und Salm. Eines Abends betritt der Dichter Moritz Hartmann, begleitet von seinem Freund Theodor Gomperz, den Raum, und die Augen aller Damen sind auf den attraktiven Mann gerichtet, der sein neuestes Gedicht vorträgt:

> *Und suchst du jetzt aus allen meinen Briefen*
> *Nach irgend einem Troste, einer Lehre,*
> *Entnehme ihnen die erhabene Wahrheit:*
> *Reliquie des Paradieses ist*
> *Die Liebe! Ist der Frauen Ruhm und Größe!*[49]

Moritz Hartmann erntet Beifall und zum Abschluss singt Franziska ein österreichisches Volkslied.

Adolf Wilbrandt schreibt in seinen Memoiren über die nervösen Hemmungen der begabten Tochter: „Und so lag zuweilen über der Villa Wertheimstein ein zäh dunkler Schatten, gegen den die tapfere Heiterkeit der Bewohner, die Urgemütlichkeit des sogenannten Speckkammerls, in dem man nach Tische saß, der übermütige Humor der Gäste, die fröhliche Ansteckung von Witz und Geist, die edlen Spieler und Sängerinnen doch schwere Kämpfe kämpften."[50] Spöttisch nennt Theodor den Salon seiner Schwester „Liebeshof", in dem die Dichter wie Minnesänger die Frau des Hauses umschwärmen. Ein wenig abseits sitzt der Chemiker Adolf von Lieben, mit dem Franziska kurze Zeit verlobt ist. Den Naturforscher Ernst von Fleischl weist sie ab. Franziska fürchtet sich vor der Ehe, zieht sich aus Beziehungen zurück und bleibt ihr Leben lang unverheiratet.

Wilbrandt bewohnt auch für längere Zeit die Villa, er gilt als Genie und gesellschaftlicher Magnet, ist warmherzig und von edlem Wesen. Ein häufiger Gast in diesen Jahren ist Franz Grillparzer. Zu seinem 80. Geburtstag 1871 initiiert Josephine den Grillparzerpreis für das „relativ beste Drama". Im Damenkomitee sitzen Josephines Schwester Sophie Todesco, diverse Bankiersgattinnen, außerdem Christine Hebbel und Iduna Laube, die Gründerin und erste Präsidentin des „Wiener Frauenerwerbsvereins". Das Stiftungskapital kann sich sehen lassen. Als Dank schenkt Grillparzer Josephine sein Porträt von Moritz Daffinger.

Die Treffen im Salon Wertheimstein – und bei der Familie Todesco – erwähnt der prominente Wiener Musikkritiker Eduard Hanslick, der von Josef Dessauer eingeführt wurde, in seinen Erinnerungen als sehr angenehm. In diesen Häusern verkehrten bedeutende Künstler, Schriftsteller, aber auch Politiker; die Anziehungskraft jedoch gehe von den Damen aus. Die Frauen und Töchter der großen jüdischen Bankiers seien fein, gebildet, anmutig und liebten das Schöne, der Geist der Herren sei hingegen meist nur darauf trainiert, die Börse zu beherrschen.

Vor allem Josephine übt eine große Faszination auf die Menschen aus, die sie umgeben. Helene Lieben, die mit Rudolf Auspitz, dem Cousin Josephines, verheiratet ist, schreibt ihr: „Ich war verliebt in Sie, ehe ich wußte, daß alle Welt es war, ich schwärmte für Sie, ohne zu ahnen, daß Sie die gefeierte, bewunderte berühmte Frau v. Wertheimstein waren."[51]

Tief beeindruckt ist auch Ferdinand von Saar, der ihr Gedichte widmet und eine sehr persönliche Grabrede auf sie halten wird.[52] Ebenso bewundert sie Moritz Hartmann, in einem Brief an Minna Gomperz schreibt er: „Ich begreife, wie man ewig zu ihr zurückkommen … ich verstehe nicht, wie man sie Ein Mal verlassen kann …"[53] Und notiert: „Und wer kann sich rühmen, die beweglichsten Herzen so fest gebannt zu haben, daß sie nur immer nach Einem Pole sehen?"[54] Dem Maler Moritz von Schwind ergeht es

Der legendäre Salon liegt im ersten Stock auf der rechten Seite:
die Villa Wertheimstein, seit 1907 im Besitz der Gemeinde Wien.

Josephine von Wertheimstein   165

nicht anders, wie er in einem Brief an Bauernfeld festhält: „Ich glaube, wenn ich nach Wien komme, laufe ich zu allererst zu ihr. Warum, weiß ich eigentlich nicht …"[55]

Ein Grund dafür, meint Dora Stockert-Meynert, könnte in folgendem Wesenszug liegen: „Von ihrer reizerfüllten Persönlichkeit strahlte ein so intensiver Zauber aus, daß sie Begeisterung erweckte, wo immer sie sich zeigte. Doch was die Geistesgroßen an sie fesselte, war ihre Gabe, jedem Ausnahmsmenschen kongenial erscheinen zu können. Selbst Künstlernatur und mit Gedankenreichtum begabt, hatte sie eine hinreißende Anpassungsfähigkeit an fremdes Genie und eine immerwache Empfänglichkeit für alles Schöne, die sie durch enthusiastische Herzenstöne auszudrücken wußte."[56]

Josephine dürfte eine „unterschwellige Erotik" ausgestrahlt haben, auch Franziska scheint eine starke Ausstrahlung eigen gewesen zu sein. „Hatte Josephine in ihrem Verkehr mit feiner Hand die Schranken gezogen, die keiner zu überschreiten wagte, so lagen die Dinge einem jungen Mädchen gegenüber ganz anders. Wer

Die Mittelfassade der 1870 von Leopold von Wertheimstein erworbenen Biedermeiervilla.

hinderte die heißen Wünsche laut zu werden, wen konnte es wundern, daß alte und neue Freunde dem blendenden Zauber verfielen, und einer nach dem anderen die Hand nach dem seltenen Juwel ausstreckte. Immer umsonst."[57]

Oft wird bei den gesellschaftlichen Treffen musiziert. Die Pianistin und Kammersängerin Caroline von Gomperz-Bettelheim und die Sopranistin Marie Wilt singen Lieder; besonders beliebt sind jene von Franz Schubert. Dr. Weissel und Unger spielen Mozart, Beethoven und Mendelssohn. Hellmesberger begleitet Gräfin Wickenburg-Almasy, die manchmal Liebeslieder singt, am Klavier. Die Schauspielerin Auguste Wilbrandt-Baudius, die 1861 von Heinrich Laube nach Wien geholt wird, trägt Literarisches vor. Sogar Hypnose wird demonstriert.

Die Stimmung ist außerordentlich gut: „Hätten wir nicht alle von Stroh und Pappe sein müssen, wenn nach solchen Eindrücken das Gespräch nicht angeregter und wärmer hin und her geflogen, die Menschen sich nicht leichter in der gehobenen Stimmung gefunden hätten? Und Josephine ging an solchen großen Abenden von

Im Originalzustand erhalten: das stilvolle Mobiliar des Salons von Josephine Wertheimstein.

Wurde 1881 zum Direktor des Burgtheaters ernannt: Wertheimstein-Gast Adolf von Wilbrandt.

einem zum anderen, mit dem liebenswürdigsten Lächeln auf den Lippen, für jeden einen Herzenston findend, sich freuend an jeder schönen, jugendlichen Erscheinung, an jedem neuen Talent, das halb schüchtern, halb selbstbewußt seine Schwingen zu regen begann – eine Königin in ihrem selbstgeschaffenen Reich."[58]

Gerne vergnügt man sich auch mit Gesellschaftsspielen, wie dem „Dal-Dal", bei dem Wörter im Zusammenhang einer Geschichte erraten werden müssen.

Die Gäste im Salon Wertheimstein altern, die Jugend geht in anderen Häusern ein und aus. Einmal noch flackert das Licht auf, als 1892 der junge Hugo von Hofmannsthal zu Josephine nach Döbling kommt. Dort kennt man die neue literarische Bewegung kaum, zwischen der alten Dame und dem jungen Mann entsteht eine innige Freundschaft. Aus dieser Zeit stammt sein Entwurf eines Schlüsselromans über die Familie Wertheimstein.

Josephine berichtet ihrer Tochter: „Diesen jungen Menschen habe ich wirklich lieb, er ist mir so besonders sympathisch – ich muß auf einem anderen Stern schon mit ihm bekannt gewesen sein –, oft sagt er etwas, als ob es aus meiner Seele herausklingen würde – das Moderne Unverständliche läßt er immer mehr und mehr fallen." Der junge Dichter gesteht Josephine: „… daß ich das, was Ihr Haus für mich einschließt, als ein großes, wahres Glück lebendig und dankbar empfinde".

In den letzten Jahren ihres Lebens leidet Josephine an verschiedenen Krankheiten. Sie wird wegen eines Grünen Stars operiert, wenige Jahre später befällt sie eine schwere Lungenentzündung. Am 16.

Juli 1894 stirbt sie und wird zwei Tage später am Döblinger Friedhof beerdigt.

Hofmannsthal notiert in sein Tagebuch: „Das ist das erste wahrhaft Schwere und Traurige, das ich erlebe …" Er nennt Josephine ein „wunderbares Wesen"[59] und schreibt: „Der Tod der armen gnädigen Frau in Döbling geht mir unsäglich nahe. Sie kannten sie zu wenig, Sie können nicht ahnen, wieviel unendliche Schönheit da für immer weggangen ist."[60]

Franziska von Wertheimstein erblickt am 17. August 1844 in Hietzing Nr. 154, also nicht in der Stadtwohnung der Familie, das Licht der Welt. Sie gedeiht prächtig. Stolz schreibt Josephine zehn Monate später an ihren in Brünn lebenden Großvater Lazar Auspitz: „Wenn ich meine kleine Fanni Gottlob so wachsen und gedeihen sehe, da möchte ich Dich immer hier haben, damit Du diese Freude mit mir genießen mögest; sie wird jetzt so herzig und gescheidt, dass Du Dich wundern möchtest; sie sagt schon *da*, wenn man sie frägt, wo ich bin, und zeigt mit ihrem Fingerl auf mich."[61]

Zu ihren Jugendgefährten zählen neben ihrem jüngeren Bruder Karl ihre Cousins und Cousinen, die Kinder der Familie Todesco, Marie, die Tochter von Professor Exner, und der zwölf Jahre ältere Bruder ihrer Mutter, Theodor Gomperz. Schon früh ist Franziska von Geist und Intellekt umgeben, was sie stark prägt.

Eduard von Wessel aus Königsberg, ab 1848 Hauptredakteur der neu gegründeten Zeitung *Die Presse* in Wien, unterrichtet Franziska und Karl. Zeitlebens ist er ein Freund der Familie. Nach Felicie Ewart ist Franziska „frei von den gewöhnlichen Fehlern einer Mädchenbildung". Gebildete Männer umgeben und verehren sie zeitlebens. „Mit ungewöhnlichem Scharfsinn schlug sie die Brücken zwischen den recht heterogenen Bildungselementen, die man ihr darbrachte, und verarbeitete sie zu einem harmonischen Ganzen. Hin und wieder blätterte sie in einem ernsten Buch, las einen modernen Roman und genoß deutsche und fremdländische Lyrik mit dem feinsten Geschmack. Es war eine Bildung, wie sie immer seltener werden muß, je mehr die Frauen sich dem Berufsstudium zuwenden, das sie zwar nach manchen Richtungen weit tiefer vordringen läßt, ihnen aber in den Durchschnittsfällen die Breite des Wissens verschließt."[62]

Nebenbei malt Franziska gerne und zeigt auch Talent. Der Historienmaler August Eisenmenger unterrichtet sie gemeinsam mit Marie Exner und Ella von Littrow. In der Villa Wertheimstein hängen ihre Bilder.

Franziska kommt von ihrem Wesen her ihrer Mutter nach, ist ihr aber intellektuell und künstlerisch überlegen. Äußerlich gleicht sie ihrem Vater mit ihrem dunklen, lockigen Haar und der grazilen Gestalt. Durch ihre Krankheiten, Depressionen, ist Franziska stark belastet und bewundert an Freunden, dass sie ihr Leben kraftvoll nach eigenen Vorstellungen formen. Ihr Leben hingegen, so Josephine, „ist so unausgefüllt, so provisorisch; und so fließt die Zeit dahin und mit ihr das Leben. – Sie, die so glücklich seyn könnte, ist es so gar nicht… Von der größten Sehnsucht erfüllt, etwas zu leisten, etwas zu schaffen, müssen ihre Anlagen nur dazu dienen, ihr Schmerz zu bereiten; sie fühlt ihr Malertalent, ihr musikalisches Gefühl, ihren Wunsch, sich zu bilden, ihre Sehnsucht, zu genießen, alles brach liegen, und fühlt sich und sieht sich mit bitterer Selbstkritik und unbarmherziger Härte gegen sich selbst unglücklich, lebensmüde vergehen, ohne das Glück, nach welchem sie lechzt, je gekostet zu haben."[63]

Josephine von Wertheimstein zu Beginn der 1870er-Jahre. Gemälde von Franz von Lenbach.

Herr Holzer, der Großneffe von Bauernfeld, ist noch jung, als er durch Ferdinand von Saar Franziska von Wertheimstein 1905 oder 1906 kennenlernt: „Tatsächlich erhielt ich nach einiger Zeit auf einer Korrespondenzkarte die Verständigung, mich an einem Sonntagnachmittag in der Villa Wertheimstein einzufinden. So stand ich einer Dame gegenüber, die zu jener Zeit ein Begriff gesellschaftlichen Standard Wiens war. Es war eher beklemmend, in der eigentlich nicht alt aussehenden, aber merklich von seelischen und körperlichen Leiden zerstörten Dame des Hauses, die von Franz Lenbach gemalte Mädchenschönheit wieder erkennen zu sollen."[64]

Holzer fühlt sich in Ibsens *Gespenster*, das Haus des Kammerherrn Alving, versetzt: „… dort bei Alving und hier bei Wertheimstein eine Noblesse, Entrückung, Zeitverlorenheit von abgestandener Museumsart. Die Räume waren über und über vollgestopft mit kostbaren Dingen, aber mir jungem Menschen von unsagbarer Geschmacklosigkeit erscheinend. Mobiliar und Zimmerschmuck aus der fürchterlichsten Geschmacksverirrung des vorigen Jahrhunderts. Wertvolle Gemälde hingen an den Wänden, aber dicht nebeneinander, die ganze Fläche bedeckend. Wuchtige Fauteuils und zierliche Sesselchen standen anscheinend zufällig gruppiert herum … Das einzig Lebende in den Räumen schienen mir viele herrliche Blumen zu sein, auf alle Räume verteilt. Wahrscheinlich war es Suggestion: ich roch die damalige Modeblume, die morbide Tuberose."[65]

Franziska übernimmt den Salon ihrer Mutter nach deren Tod. Nach und nach löst sich der Kreis in einige persönliche Freundschaften auf. Auf ihren Morgenspaziergängen beschäftigen sie und Ferdinand von Saar sich mit literarischen Themen, geplanten Arbeiten und „hypochondrischen Betrachtungen".[66] Franziska von Wertheimstein stirbt am 19. Jänner 1907.

ROSA VON GEROLD
(1830–1907)

Rosa von Gerold ist Verlegergattin und Salonière im Wien der zweiten Hälfte des 19. Jahrhunderts. Von Jugend an große Gesellschaften gewöhnt, führt sie später ein vornehmes Haus. Sie empfängt ihre Gäste in der Stadtwohnung der Familie oder in der Villa Lindenhof, ihrem Landhaus im Wiener Vorort Neuwaldegg. Musische Symposien werden ebenso dargeboten wie Lesungen aus Rosas schriftstellerischen Werken. Die männlichen Gäste werden mit Lorbeerkränzen geschmückt, während man den weiblichen Rosen- und Kornblumenkränze um das Haupt flicht. Rosenwasser wird zur Erfrischung herumgereicht und kulinarische Genüsse steigern das Wohlbefinden der Gäste.

Rosa von Gerold wird am 13. August 1830 während eines starken Gewitters im thüringenschen Waltershausen als Rosa Henneberg geboren, zwei Jahre später kommt ihre Schwester Melanie zur Welt, wieder zwei Jahre später ihr Bruder Bruno. Melanie, von Rosa sehr geliebt, stirbt im Alter von vier Jahren. Rosas Vater, der sich aus kleinbürgerlichen Verhältnissen hochgearbeitet hat, bietet seiner Familie ein freudvolles Leben und den Umgang mit vielen interessanten Persönlichkeiten.

Die Eltern geben in der guten Stube „Teegesellschaften" und singen Lieder zum Spinett. Rosas Großmutter, aus einem reichen Bauernhaus stammend, führt gleichfalls ein gastliches Haus und gibt sonntags Familienessen mit anschließender Kaffeegesellschaft. Rosa erinnert sich: „An die Wohnstube reihten sich nun die vielen Schlafkammern und Gaststuben mit den hochgetürmten, schneeig überzogenen Federbetten. Ganz zuletzt aber ging es ... ein paar

Rosa von Gerold wenige Jahre vor ihrem Tod. Foto in ihrem posthum erschienenen Band „Erinnerungen".

Stufen abwärts in den ‚Saal'. Dies war Großmutters Prachtzimmer, wo die Familienessen Sonntags und auch die Kaffeegesellschaften stattfanden. Noch sehe ich darin die langgestreckte Tafel mit den Blumen, den schönen Tassen und den Riesenschüsseln voll Windgebacknes, Blättergebacknes und Kräpfel."[1]

In der Familie wird die Sprache gepflegt. „Beide Eltern sprachen das schönste Deutsch und hielten auch bei uns Kindern darauf, daß wir nie unrichtig oder in dem häßlichen Thüringer Dialekt sprechen durften. Sie waren eben aus der Schiller- und Goethe-Epoche und begeisterten sich am Wohlklang der Dichtersprache."[2]

1836 übersiedelt die Familie nach Frankfurt, wo Rosa die klassisch-humanistische Schulbildung einer „höheren Tochter" erhält. Gemeinsame Reisen mit den Eltern nach Hamburg, Berlin, Venedig und Paris erweitern ihren Horizont.

Rosas Vater, inzwischen ein angesehener Handelskaufmann, fährt mit seiner Familie nach Wien und lässt sich dort nieder. Rosa erweitert und vertieft ihre Fremdsprachenkenntnisse, liest viel und verkehrt mit Töchtern vornehmer Patrizierfamilien. Im Haus ihrer Eltern bildet sich ein kleiner geselliger Kreis.

1853 heiratet die 23-jährige Rosa den fünfzehn Jahre älteren Wiener Verlagsbuchhändler Moriz Gerold. Das Paar wird eine glückliche, dreißig Jahre währende Ehe führen. Gerold bietet seiner Frau ein von Alltagssorgen freies, begütertes Leben in einer fürstlich eingerichteten Wohnung. Die Wintermonate verbringt man in Wien in der Barbaragasse (früher ein Teil der Postgasse nahe der Dominikanerbastei), den anderen Teil des Jahres in der Neuwaldegger Villa.

Rosa reist ausgesprochen gerne, sie interessiert sich für ferne Länder, Gegenden und Städte: Spanien, Südfrankreich, die Pyrenäen, das Engadin, die österreichischen Alpen, Athen, Korfu. 1880 veröffentlicht sie ein Buch unter dem Titel *Eine Herbstfahrt nach Spanien*.[3] Die Reise führte über die Schweiz und Südfrankreich nach Barcelona, Valencia, Granada und Madrid und zurück über

Barcelona nach Marseille, Nizza, San Remo, Genua, Mailand und Venedig. Hellas und die griechische Kultur haben Rosa seit ihrer Jugend, als sie Heinrich Schliemann, den Entdecker Trojas, kennenlernte, beeindruckt. Später reist sie selbst nach Griechenland. Im Jahr 1895 erscheinen ihre Reisebriefe[4], 1904 folgen die Städtebilder aus Frankreich und Nordspanien.[5]

Rosa von Gerolds Nachlass besteht aus fünf gedruckten Schriften, Tagebüchern, Briefen, Aufsätzen und weiteren Aufzeichnungen, wie Johanna Gegendorfer berichtet. Rosa Gerold schreibt bis ins hohe Alter; auch ihre täglichen Aufgaben als Hausfrau, die fast jeden Tag Empfänge gibt, halten sie davon nicht ab. Manchmal beklagt sie das Unstete: „Wiener Leben! Entsetzliche Zerstreuung, Zersplitterung, Zerfahrenheit! Das Gegenteil von Sammlung und Familienzauber! Hier wäre aus dem jungen Goethe höchstens ein Mosenthal geworden. (Womit ich nicht sagen will, dass in Weimars poetischer Ruhe und Abgeschiedenheit aus Mosenthal ein Goethe geworden wäre!) Aber ein Genius bewahrte ihn vor dem grossstädtisch kleinstädtischen Wiener Leben!"[6]

Das rege Gesellschaftsleben lässt Rosa auch wenig Zeit zum Lesen. In einem Brief an Baron Warnsberg schreibt sie: „Hier im Wiener Treiben ist es gar nicht mehr möglich, für sich zu sein und etwas in Ruhe zu lesen. Mir kommt manchmal der Gedanke, mir ein Zimmerchen wo zu mieten, wovon kein Mensch weiss (wie in gewissen Lustspielen die Raucher, denen die Gattinnen daheim das Rauchen nicht erlauben) – und dann dahin zu flüchten, wenn ich einmal etwas lesen und schreiben will! Zu Hause ist man nicht eine Viertelstunde ungestört. Wir haben so viele Bekannte, Moriz hat ausserdem so viele Verwandte, dazu muss sich eine bürgerliche Hausfrau sehr um Küche und Keller kümmern, kurz – es ist ein ewiges Hin und Her und Kommen und Gehen!"[7]

Ab 1848 löst das Großbürgertum den Adel im kulturellen Bereich und im Staatsleben ab. Prachtvolle Bauten entstehen entlang der Ringstraße. Die Neu- und Umgestaltung Wiens macht auch vor

Markthallen, Bahnhöfen und Brücken nicht Halt. Elegante Land-häuser und traumhafte Villen entstehen, so auch die Villa Gerold im ländlichen Neuwaldegg, die vom Architekten Carl Freiherr von Hasenauer elegant ausgestattet wird.

Das Haus liegt im rückwärtigen Teil des Grundstücks, dahinter beginnt ein kleiner Wald, davor liegt eine ausgedehnte Wiese, ein wenig im Stil der englischen Anlagen, die Moriz während seiner Ausbildung in London kennengelernt hat. Im Frühjahr 1863 ist die Villa fertig, prächtige Blumenbeete umgeben den rosenroten Bau. Von der weitläufigen Terrasse hat man einen guten Blick ins Land. Die Inneneinrichtung spiegelt den Kunstsinn der Hausfrau wider. Souvenirs von ihren zahlreichen Reisen, Kunstgegenstände und geschmackvolle Blumenarrangements schmücken die Räume des Lindenhofs. Der Gast wird in der Halle begrüßt und ins Ge-sellschaftszimmer geleitet.

„Das Gesellschaftszimmer war sehr gross. Rötlich gemusterte Samttapeten mit Goldleisten, Diwans mit orientalischen Über-würfen, weiche Teppiche, Alt-Nussbaum Möbel im reichsten Re-naissancestil und geschmackvolle Vorhänge aus alter Spitze gaben dem Raum warme Vornehmheit. Neben dem alten Streicherschen Flügel, den Rosa als 15-Jährige von den Eltern zur Konfirmation erhalten hatte, trugen zwei weisse Säulen antike Figuren. Die eine den Adoranten, die mit erhobenen Händen betende antike Jüng-lingsstatue, die andere eine anmutig bekleidete Venus mit einem Apfel in der Hand … Zwei Kaulbach-Goethebilder … zierten den Aufgang zu dem blumenreichen Salonerker … Auf grossem, run-den Tisch lagen ringsum Albums, Bücher, Kupferwerke … Frau Gerolds … Sammlung gemalter Wiesenblumen und dazwischen auch das schöne Fremdenbuch, ein Geschenk Johanna von Zahns. Die Frau hatte den Umschlag aus Holz nach einer Zeichnung ihres früh verstorbenen Gatten Albert von Zahn gemalt und auch ein Eröffnungsgedicht des Mannes eingeschrieben. Ein Jahrzehnt, nachdem es Frau Gerold bekommen hatte, enthielt das Buch schon viele interessante Namen aus allen Teilen der Erde, aus Japan, China und Mexico, aus Schweden, Holland und England, aus Frankreich, Deutschland und Russland, Italien und Spanien. Autographen gar mancher berühmter Männer, die den Lindenhof besucht hatten, waren darunter und immer machte es den Gästen Freude, in dem Album zu blättern. In der Mitte des Tisches prangte in einer mächtigen Vase, auch einem Geschenk der Freunde, das grösste Blumenbouquet des Hauses. Jeden Mittwoch und Samstag steckte die Hausfrau selbst diesen Riesenstrauss, der

Von Carl von Hasenauer 1861 bis 1863 für Rosa und Moriz von Gerold erbaut: die Villa Lindenhof in Neuwaldegg.

im Frühling zuerst aus Maien-, dann aus Flieder und Blüten, aus Wiesenblumen und schliesslich im Herbst aus Gräsern, Schilfblüten und Beerenzweigen bestand… Ein besonders wirkungsvolles Bild machte die Ecke mit dem weissen Marmorkamin im Renaissancestil. Den inneren Kaminraum füllten im Sommer frische Blumengruppen, im Herbst brannte hinter dem goldenen Gitter ein helles Feuer. Der Holzkorb mit dem Holzvorrat war ein grosser, zweihenkeliger gelb und braungestreifter, ehemaliger Orangenkorb aus Korfu, die kunstvollen Feuergeräte hatte man aus London kommen lassen, und Palmenwedel an der Wand dienten zum Fächeln gegen die Glut."[8]

Im Juli 1863 wird das Haus Lindenhof bei prächtigem Sonnenschein feierlich eingeweiht. Das Haus ist mit Blumen geschmückt, die Gäste, Verwandte und Freunde treffen am Nachmittag ein. Da an diesem Tag auch der Polterabend eines jungen Paares gefeiert wird, sind zahlreiche junge Mädchen und Burschen anwesend. Als alle Gäste versammelt sind, werden Rosa und Moriz mit einem Blumengewinde bekränzt und zu einem Blumenthron unter der Linde geleitet, auf welchem sie Platz nehmen. Die eine Hälfte der Gäste verschwindet heimlich im Haus, die andere Hälfte gruppiert sich um das Paar. „Da trat einer der Freunde an das festverschlossene, grosse Haustor, schlug dröhnend mit dem eisernen Klopfring darauf und begehrte mit poetischen Worten Einlass für Hausherr und Haufrau. Wie magisch berührt sprang die Pforte auf, und ein weissumhülter, mit Rosen und Myrten bekränzter Genius trat hervor, lud in Versen zum Betreten des Hauses ein, sprach Segenswünsche aus und prophezeite den Besitzern alles mögliche Gute und Herrliche für die Zukunft. Dann wurde das Paar mit Blumen beworfen und unter Hochrufen und Gesang von den Freunden die Treppe hinaufgeleitet und vom Genius ins Haus geführt. Im prächtig geschmückten Salon warteten eine Unzahl kostbarer Geschenke und Hausgeräte, jedes der Verwandten und Freunde hatte etwas Besonderes mitgebracht. Ein schönes junges Mädchen sprach ein Gedicht, wobei die einzelnen Gaben feierlich überreicht wurden. Ein Souper an zwei langen Tafeln in Halle und Speisesaal mit Tischreden, Polterabendscherzen und Trinksprüchen gewürzt, und ein Tänzchen im Salon und auf der magisch erleuchteten Veranda schlossen den Abend."[9]

Verfasser der Verse ist der Schriftsteller Faust Pachler, der „Haus- und Hofpoet" des Lindenhofs. Pachler hat erstmals am 10. Februar 1853 das Haus der Gerolds betreten; an dem geschilderten Tag im Jahr 1881 ist Baronin Ebner erstmals Gast im Salon. Zu Ehren der beiden begeht man jedes Jahr diesen Tag mit Freunden, vor allem Dichtern und Schriftstellern aus dem Kreis des Verleger-Ehepaares. Im August feiert man Goethes Geburtstag. Dazu wird ein Blumengeflecht in Form eines „G" auf den Rasen gelegt. Der Garten wird festlich beleuchtet, man deklamiert Gedichte von Goethe. Des Dichters Bild wird mit Blumen bekränzt, und die Anwesenden lauschen Lesungen aus den Briefen an Frau von Stein oder aus seinen Dichtungen.

Gerne setzt man sich in der kühleren Jahreszeit in originell geformten Fauteuils im Halbkreis um den Kamin zusammen und plaudert, die Füße und die Hündchen ruhen auf langen Kissen. Alles ist da, was der Bequemlichkeit dient. Der angrenzende Speisesaal leuchtet in warmen Farbtönen; Glasschalen, Zinnkrüge, Schüsseln und edle Gefäße zieren das große Buffet mit Aufbau. Besonders im Zimmer der Hausfrau zeigen sich Rosas Sammelleidenschaft und ihre Liebhabereien. Ein Zeichen- und Maltisch zeugt von ihren künstlerischen Bemühungen, am Schreibtisch verfasst sie ihre Schriften oder übersetzt aus dem Spanischen und dem Französischen, dazu besitzt sie ein Arbeits- und Nähkästchen sowie eine Staffelei mit Fotos aus der ganzen Welt. Eine alte Wiege mit Puppen und Spielzeug hält sie besonders in Ehren. Die Sammlungen von Mineralien und botanischen Besonderheiten lassen auf ihr naturwissenschaftliches Interesse schließen. Bücher von Johann Wolfgang von Goethe, Adalbert Stifter, Friedrich Hebbel, Friedrich Hölderlin und Immanuel Kant gehören neben naturhistorischen und botanischen Werken zu ihrer bevorzugten Lektüre. Stickereien, Webereien, Porzellantassen, Bauernmajoliken, griechische Vasen sammelt sie aus Leidenschaft. Die Nachahmung der klassischen Antike kommt nicht allein in den einfachen Formen der schwarzen Möbel zur Geltung. Radierungen, Stiche und Bilder verschiedener Persönlichkeiten bezeugen das vielseitige Interesse Rosas. Es ist ein für die Zeit stattliches und gemütliches Heim, „eine würdige Stätte für geistreiche Geselligkeit und heitere Kunstpflege".[10]

Im Gegensatz zu früher gibt es zur Zeit Rosa von Gerolds keinen bedeutenden literarischen Salon. Dichter und Schriftsteller werden wenig gefördert, bisweilen treffen sie sich im Haus des angesehenen Bankiers Vinzenz Ritter von Dutschka oder im Salon der Wiener Glasdynastie Lobmeyer. Komponisten wie Johannes Brahms und Hugo Wolf finden im gehobenen und wohlhabenden Bürgertum nur vereinzelt begeisterte Mäzene. Nikolaus Dumba, Textilindustrieller und Großhändler, empfängt hauptsächlich bildende Künstler. „Die einzige gastliche Stätte Wiens, an der man neben dem Adel des Geldes und des Blutes auch den Adel des Geistes mit Liebenswürdigkeit, sogar mit besonderem Vorzug begrüsste, war das Haus Moriz und Rosa von Gerolds, das bis gegen die Jahrhundertwende eine kleine Kulturinsel inmitten einer nervös nach Genuss hastenden, dem Untergang entgegentreibenden Gesellschaftsschichte blieb."[11]

Rosa von Gerold ist eine liebenswürdige und humorvolle Gastgeberin und Hausfrau: „Wie am Schnürchen verstand sie ihr Hauswesen zu leiten, und dauerten Gastmähler oder frohe Feste auch bis in die Morgenfrühe hinein, versäumte sie es nicht, noch rasch den Küchenzettel für den kommenden Tag zusammenzustellen und alle Anordnungen für das Personal zu treffen, ehe sie sich zu Bett begab. Dafür war aber auch jederzeit alles im Hause blitzblank und für den Empfang von Gästen vorbereitet, ganz gleich, ob ein Besuch erwartet oder unangemeldet auf dem grossen Kiesplatz unter der Linde vorfuhr."[12] Dauergäste wie der Maler Hans Fischer oder Karl Tomaschek, die über längere Zeit im Lindenhof leben, wohnen im oberen Stockwerk.

Fröhlich und sehr feierlich geht es an den Sonntagen zu, wenn auch der Hausherr anwesend ist. Gemeinsam frühstückt das Ehepaar auf der Terrasse und spaziert des Morgens durch das Birkenwäldchen, bevor die Hausfrau das Diner mit der Köchin bespricht.

Wiederholt zu Gast bei der Familie Gerold: der Bildhauer Caspar von Zumbusch. Lithografie von Adolf Dauthage.

Sonntags wird das „gute" Service verwendet und Tafelsilber aufgelegt. Sie selbst bereitet oft die Desserts zu und kümmert sich um die Blumengestecke für das ganze Haus.

Zu den Gästen, die sich wiederholt einfinden, gehören die Familien Falke, Zumbusch und Ferstel – der Deutsche Caspar Clemens Eduard Ritter von Zumbusch ist der wichtigste Monumentalplastiker der Gründerzeit in Österreich, er hat das Denkmal für Maria Theresia zwischen dem Kunsthistorischen Museum und den Naturhistorischen Museum errichtet; weitere Gäste sind die Dichter Veit Pachler, Salomon Hermann Mosenthal, Adolf Wilbrandt, die Literaturhistoriker Karl Tomaschek und Erich Schmidt, um nur einige zu nennen. Nach einem Aperitif oder auch Spaziergang durch den ausgedehnten Garten ertönt um drei Uhr nachmittags die Glocke, die zum Diner ruft. Tischkärtchen weisen jedem Gast seinen Platz zu. Als lebende Dekoration dienen mitunter auch junge Mädchen als Frühlingsgöttinnen, mit Blumen bekränzt. Zu

Ende des Diners wird den Gästen über einem Kupferbecken Rosenwasser über die Hände gegossen, danach auf der Terrasse Mokka und Likör genommen. Die Herren rauchen Zigarre, die Damen Zigaretten. Die Jugend übt sich im Scheibenschießen oder spielt mit Reifen. Am Abend treffen sich alle wieder im Salon und am Teetisch, im Frühjahr auch gerne zu einer Bowle. Mit ihren originellen Ideen und unterschiedlichen Unterhaltungsprogrammen versteht es Rosa, ihre Gäste immer aufs Neue zu begeistern. Während der Woche erledigt Rosa die Korrespondenz und macht Gegenvisiten. Der Donnerstag wird als Empfangstag etabliert. An diesem Tag widmet sie sich mit einem besonders festlichen Mahl vor allem ihrem Mann, dessen Berufskollegen und Freunden.

Im Frühsommer besuchen viele Wiener Freunde und Verwandte die Familie in Neuwaldegg, um kurz darauf in die Sommerfrische zu reisen. Im Hochsommer ist es ruhiger im Haus, auch Rosa und Moriz unternehmen wiederholt ausgedehnte Reisen, um sich dann im Herbst wieder den Geselligkeiten sowie der Pflege von Literatur, Kunst und Musik zu widmen. Den Winter verbringen sie in der Stadtwohnung. Auch Vertreter aus höchsten politischen Kreisen gehen bei Rosa ein und aus, wie die Minister Karl Ritter von Stremayr und Wilhelm von Hartel, weiters der Präsidialchef des Handelsministeriums, Graf Alberti. Drei mit Kaiserin Elisabeth und Kronprinz Rudolf befreundete Diplomaten zählen ebenso zu den Gästen wie Johannes Brahms, Marie von Ebner-Eschenbach und Rudolf von Alt.

Während der Wiener Weltausstellung 1873 verkehrt in Rosas Salon das Who is Who der Kunst- und Kulturszene aus aller Herren Länder. „Wer hätte nicht das Gefühl angenehmsten Behagens gehabt", meint die Schriftstellerin Goswina von Berlepsch in ihrem Vorwort zu Rosa von Gerolds Erinnerungen, wenn er „zur Frühsommer- oder Herbstzeit in dem schönen Neuwaldegger Lindenhof zu Gaste war ... wenn das Haus lichtstrahlend in der Einsamkeit des Waldes stand, und oft spät nachts erst eine fröhliche

Schar Heimkehrender den bereitstehenden Stellwagen bestieg, der Männlein und Weiblein hübsch sicher vor ihre Haustür in der Stadt beförderte."[13]

1866 quartiert Rosa zwölf einfache Soldaten mit ihrem Korporal im Gärtnerhaus ein, während sich zur selben Zeit ein hoher sächsischer Offizier, Generalleutnant Heinrich von Abendroth, bei ihr erholt. Für geschwächte Soldaten auf dem Rückzug aus Kroatien, Ungarn, Polen oder Deutschböhmen hält sie wiederholt Verpflegung bereit und gibt

Schätzte die Gesellschaft der Gerolds und unterrichtete Rosa einmal in der Woche im Malen: der Maler und Aquarellist Rudolf von Alt. Selbstporträt, 1890.

ihnen bei Bedarf Quartier; manche tapfere Krieger sollen unter Tränen geschieden sein.

Die Firma Gerold wird 1775 eine Verlagsbuchhandlung, 1780 erfolgt Josef Gerolds Ernennung zum Universitäts-Buchhändler; in der National-Enzyklopädie steht dazu: „Carl Gerold's Buchhandlung ist eine der bedeutendsten Verlags- und Sortiments-Buchhandlungen in Wien, in letzterer Beziehung wohl die stärkste. Bemerkenswert ist Gerold's neues Lokal im ersten Stock, in welchen man durch die erweiterten Verkaufsläden im Erdgeschoß kommt. Es besteht aus 10 Gemächern, die an Zweckmäßigkeit und Bequemlichkeit hier wetteifern mit Elegance und Geschmack."[14]

Anlässlich der 100-Jahr-Feier der Gründung des Verlags findet das prächtigste Fest statt. Tagsüber treffen Abordnungen der Berufskollegen, aber auch Telegramme, Briefe und Gedichte ein, die Bot-

Mit Rosa von Gerold befreundet: die Dichterin Marie von Ebner-Eschenbach. Gemälde von Karl von Blaas.

schaften und Glückwünsche an Moriz von Gerold überbringen. Einen Tag darauf empfangen Rosa und Moriz Vereine und Korporationen. Am Abend gibt das Ehepaar in den festlich geschmückten Sälen der Gartenbaugesellschaft ein Bankett für fünfhundert Gäste. „Alle Deputationen, alle Buchhändler, Journalisten, Schriftsteller, Gelehrten, Professoren, Minister, Reichsräte, alle Freunde und dazu das ganze Personal der Verlagsbuchhandlung und Druckerei bis zum letzten Hausknecht hinab, sassen an langen, gleich schön geschmückten Tafeln. Auf der Galerie spielte Militärmusik und alles erfreute sich heiterster Stimmung. Minister [für Kultus und Unterricht] Stremayer überreichte Moriz Gerold als dem Repräsentanten des Hauses den Orden der Eisernen Krone, ihn in den Adelsstand erhebend, und nun folgte ein feierlicher Toast auf den anderen. Der Herr des Hauses eröffnete den Reigen der Trinksprüche, die Gattin schloss ihn, indem sie allen für ihre Teilnahme dankte."[15]

Rosa sammelt, abgelegt in einer besonderen Mappe, Zeitungsausschnitte, Adressen, Briefe, Telegramme und Gedichte über das Fest. Äußerst eindrucksvoll ist der Toast des Freundes Tomaschek. In vierzig Versen wird der Geroldsche Fleiß gelobt und seine berufliche Tüchtigkeit hervorgehoben. Im zweiten Teil geht es um die „Arbeiten des Geistes und der Hand", welche im Betrieb „zum Ruhme des Vaterlandes" geleistet werden.[16] Nach diesem rauschenden Fest folgt am 10. Oktober, es ist ein besonders schöner

Herbsttag, ein intimeres, beinahe noch eindrucksvolleres im Lindenhof. Türen, Balkons und Veranda sind mit Eichenlaub geschmückt. Die Wände der großen Eingangshalle zieren persische Teppiche, überall leuchten Blumen. Hier ist die Tafel für die Jugend. Im Speisesaal stehen lange Tische, geschmückt mit Blüten und Körben voller Trauben, für das Ehepaar Gerold und die übrigen Gäste bereit.

Rosa überrascht ihren Mann mit einer Ausstellung im Verlag erschienener Prachtbände und Bücher, alter Urkunden, Privilegien und Siegeln. Die Gäste sind beeindruckt. Diese Ausstellung bildet die Grundlage für die Bibliothek des Verlags Gerold, die zehn Jahre später das große Billardzimmer im Lindenhof ausfüllen wird.

„Als das Haus im Lichterglanz erstrahlte, zog man zur Tafel. Pachler, Wilbrandt, Falke, Billroth und die auswärtigen Gäste toasteten in Versen und Prosa, und beim Dessert traten die anmutige junge Ina Tomaschek, die Nichte des Universitätsprofessors Tomaschek, und ein zweites schönes Mädchen vor, um ein von Frau Rosa verfasstes Gedicht vorzutragen und den beiden Chef-Brüdern Geschenke zu überreichen. Als die Hallen des Hauses von lautester Fröhlichkeit und heiterster Stimmung erfüllt waren, stiegen plötzlich draussen am Nachthimmel Raketen auf. Alles eilte hinaus in den Garten, sich berauschend am Anblick eines Feuerwerkes, das Bruno Henneberg, Frau Rosas Bruder, heimlich vorbereitet hatte. Leuchtkugeln stie-

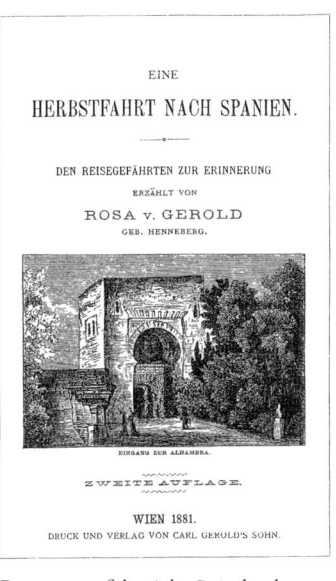

Das erste erfolgreiche Reisebuch Rosa von Gerolds: „Eine Herbstfahrt nach Spanien".

gen in der Nacht auf, der Garten belebte sich immer mehr und mehr und alles war Freude und Jubel. Im Salon wurde dann zum Schlusse fröhlich getanzt bis zum Morgen. Die Nacht war ein einziges, magisches Zauberfest, glanzvoller als es der Lindenhof je gesehen."[17]

Natürlich gibt es auch das Alltagsleben in der Villa, das Rosa in ihrer liebenswürdigen Art sich und ihrem Freundeskreis verschönert. Jeder ungerade Dienstag ist den „Lindenhofern" und dem Gesang gewidmet. Die „Lindenhofer" sind ein Doppelquartett, bestehend aus vier jungen Mädchen in Sopran und Alt, begleitet von Bass- und Tenorstimmen, die Mitglieder des von Brahms dirigierten Singvereins sind. Mit dem „Lindenhofer Wahlspruch", gedichtet von Rosa in Anlehnung an Martin Luther und vom Musiker und Dirigenten Franz Köstinger vertont, begrüßt und verabschiedet sich die Gesellschaft.

> *Ein Narr, wer nicht sein Leben lang*
> *Liebt Freundschaft, Wein und Liederklang!* [18]

Rudolf von Alt, auch er gern gesehener Gast bei vielen Gesellschaften, unterrichtet einmal in der Woche Rosa im Malen. Weiters beliebt – besonders bei den Frauen – ist der Maler Hans Fischer, der in einer Abstimmung das besondere Prädikat „bien-aimé des Lindenhofes" verliehen bekommt.

Am Donnerstag ist „Odyssee"-, am Freitag Lese- und Jünglingsabend. In den Übersetzungen des Grafen Schack kann die Gastgeberin besonders schwelgen. Nachdem man Homer und einen persischen Dichter vorgetragen hat, werden Goethe, französische sowie zeitgenössische Schriftsteller gelesen. Oft erhalten noch nicht gedruckte Werke im Salon Gerold ihre „Sanktion" für die Öffentlichkeit. Auch der junge Dichter Emil Adolf Victor Ertl gibt seine ersten Manuskripte in diesem Kreis zum Besten und legt sie „zur Begutachtung" vor, ebenso der Kritiker Fritz Lämmermayer. Selbst Freifrau Marie von Ebner-Eschenbach ersucht die Freunde um ihre Meinung, ehe sie ihre Novellen drucken lässt. Am meisten gilt aber das Urteil der gebildeten und belesenen Gastgeberin, die, unbeeindruckt von berühmten Namen, schonungslos Kritik übt, wenn ein Werk weder ihren Geschmack noch ihre Auffassung von Kunst trifft. Das laute Lesen eines Textes ist der entscheidende Prüfstein für Rosa, sie schätzt nicht selten einen Text anders ein, wenn er laut vorgetragen wird, auch

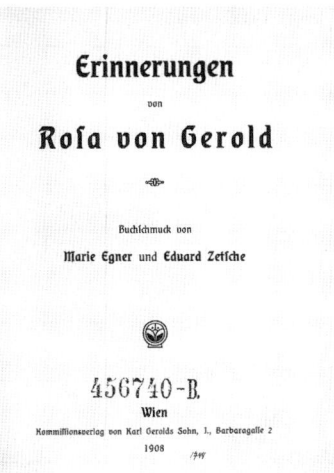

Erinnerungen

von

Rosa von Gerold

Buchschmuck von

Marie Egner und Eduard Zetsche

456740-B.
Wien
Kommissionsverlag von Karl Gerolds Sohn, 1., Barbaragasse 2
1908

Erschienen erst nach dem Tod Rosa von Gerolds: ihre „Erinnerungen".

wenn er ihr zuvor still gelesen zugesagt hat.

An den „Pachler-Freitagen", trägt man sehr gerne Gedichte vor. An diesen Treffen nehmen meistens die Grafen Hoyos und Lanckorovsky, Baron Berger, Maria Majmayer und der jugendliche Dichter Wodizka teil.

Besonders im Herbst und Winter übt die Jugend, angeleitet von Rosa, kurze Theaterstücke ein und spielt sie vor einem geladenen Publikum. Ist der Autor unter den Zuschauern, freut das alle Anwesenden um so mehr. „Den alten Staub überraschte man einmal mit einer gut gelungenen Aufführung seines ‚Seefräuleins', auch Faust Pachler erlebte oft ein hübsches Festspiel oder kleine Einakter, die er eigens für das Haustheater geschrieben hatte."[19]

Im Herbst 1880 findet das letzte große Fest statt. Zu Ehren der beiden ältesten Setzer der Buchdruckerei Gerold werden 700 Personen im Saal einer Brauerei bewirtet und mit Volksmusik unterhalten. „Wie ihre vornehmen Gäste im Lindenhof ehrte Frau Gerold auch die schlichten Arbeiter durch reiche Geschenke, Tischreden und originelle Überraschungen."[20]

Rosa von Gerold und ihr Mann unternehmen viele Reisen in Europa. So besuchen sie auch zweimal Dr. Heinrich Schliemann im „Hause des Ilion", seinem prächtigen Wohnsitz in Athen. Sein Haus steht Besuchern jederzeit offen und sie kommen in Strömen per Schiff. Rosa Gerold beschreibt den Forscher: „Ein kleiner, ältlicher Herr von großer Beweglichkeit und klugem Gesicht kam auf uns zu und forderte uns und eine Gesellschaft Deutscher… bald nach der Begrüßung zu einem Rundgang durch seine Sammlungen auf. Wir stiegen unter seiner Führung hinab in die Säle des untersten Geschosses, hell und luftig, doch eine Art Souterrainräume. Alle waren voll von Glasschränken [mit]… Sammlungen von Vasen und Vasenscherben."[21] Rosa von Gerold ist tief beeindruckt, so direkt mit der alten griechischen Kultur in Berührung zu kommen.

Dr. Schliemann lädt das Ehepaar Gerold zu einer Soirée. Der Marmorpalast erstrahlt im Glanz der Lichter. Im großen Salon bewegen sich die vielen gelandenen Gäste. Der Speisesaal ist dekoriert, der Tanzsaal daneben eine Sehenswürdigkeit. „Im Speisesaal stand ein großes, mit Blumen und Prunkgefäßen geschmücktes Buffet, voll der köstlichen Gerichte. Es wurde Tee serviert, man stand und saß in Gruppen zusammen, von den in Athen beliebten Bäckereien und Süßigkeiten oder den trefflichen Fleischspeisen genießend. Alle aber zog es bald wieder in den großen Saal, der Homer geweiht ist. Die Wände sind mit bunten Marmorarten in Feldern und schönen Einrahmungen bekleidet, dazwischen weiß marmorne Halbsäulen, welche die Decke stützen, die mit Freskogemälden in leuchtenden Farben geschmückt ist. Es sind Szenen aus der griechischen Sage."[22]

Mit dem Tod Moriz von Gerolds endet die Glanzzeit des Salons. Am 6. Oktober 1884 stirbt er und hinterlässt eine tief trauernde Witwe. Zwar ist sie durch Wohlstand abgesichert und kann weiterhin ein Leben – und in kleinem Rahmen ihren Salon – in geselliger Abwechslung führen, doch aus der lebensfrohen, umtriebigen Frau wird eine pessimistische, wie wir aus vielen ihrer Briefe wissen. An Alexander von Warsberg schreibt sie: „Ach fände ich nur eine Seele auf Erden, die für das schwärmt, wofür ich schwärme, die liebt, was ich liebe, und sähe ich diese nur einmal jede Woche, so wollte ich schon leben können. Jetzt ist mir oft, als müsste ich verschmachten! Das W i e n e r   W e s e n, wo sich alles nur um Belustigungen, Romane, um jüdische Salons, um Toilettenluxus dreht, und wo dem Theater, den Schauspielern, den Jüdinnen, dem Makart und Gott weiss was allem eine Bedeutung beigelegt wird, als hinge das Wohl der Menschheit davon ab, ist mir schrecklich! Das darf man aber beileibe nicht laut werden lassen!"[23]

Auch der Tod treuer Freunde wie jener Ludwig Feuerbachs oder Heinrich von Ferstels stürzt Rosa wiederholt in Trauer. Später schreibt sie: „Ich lebe so dahin, tue mechanisch, was ich tun muss, sonst nichts! Denn die Freude an den Dingen und das Interesse an allem sind gestorben – dahin für ewig."[24] Nach außen hin lebt Rosa wie bisher, aber im Inneren vereinsamt sie zusehends. Manche Freunde zieht es zu anderen Zirkeln.

„Vierundfünfzig Jahre lang war Frau von Gerold die Seele unzähliger geselliger Veranstaltungen in ihrem Heim, das noch über die Jahrhundertwende hinaus bei den Wienern in Geltung blieb."[25] Sie stirbt am 16. Jänner 1907 und wird in der Familiengruft in Dornbach beigesetzt.[26] Goswina von Berlepsch veröffentlicht ein Jahr später Blätter aus Rosa von Gerolds Nachlass unter dem Titel *Erinnerungen*.

BERTA ZUCKERKANDL
(1864–1945)

Nach der Zeit des Biedermeiers kommt es in der zweiten Hälfte des 19. Jahrhunderts zu einer neuerlichen Blüte der Salons in Wien. Eine der bedeutendsten Salonièren dieser Zeit, wenn nicht die bedeutendste, ist Berta Zuckerkandl[1], die mit dem Arzt Emil Zuckerkandl verheiratet ist. In ihrem Salon trifft man einander in Zirkeln, Freundschaften entstehen, Ehen und andere zarte Bande werden geknüpft. Gesellschaftlich schließt Zuckerkandl an den Stil Karoline Pichlers und Josephine Wertheimsteins an.

Bertas Vater, Moriz Szeps, wird 1835 als Sohn eines Arztes in Busk in der heutigen Ukraine geboren. In Wien ist er von 1855 bis 1867 leitender Redakteur und Chefredakteur der *Wiener Morgenpost*, einer liberalen, später linksliberalen Zeitung, die 1886 eingestellt wird. Sein Palais in der Liechtensteinstraße wird bald zum Treffpunkt der jüdischen Intelligenz. 1867 erwirbt Szeps mit einem Teilhaber das *Wiener Journal*, das ab nun unter dem Titel *Neues Wiener Tagblatt* erscheint.

Moriz Szeps hat mit seiner Frau Amalie einen Sohn und zwei Töchter. Bertha kommt am 13. April 1864 zur Welt. Sie wird später auf das „h" in ihrem Vornamen verzichten. Nachdem schon die Vorfahren der Familie zur Gruppe der assimilierten Juden gehört haben, spielt bei dem breitfächrig angelegten Journalisten Religion keine Rolle, dafür aber sind Kunst, Literatur, Musik und Theater von großer Bedeutung im großbürgerlichen Hause Szeps. Stefan Zweig notiert zur Bedeutung des jüdischen Bürgertums in dieser Zeit: „ … unermesslich ist der Anteil, den die jüdische Bourgeoisie durch ihre mithelfende und fördernde Art an der Wie-

Temperamentvolle und kämpferische junge Journalistin: Berta Zuckerkandl. Foto Atelier d'Ora/Benda, 1909.

ner Kultur genommen. Sie waren das eigentliche Publikum, sie füllten die Theater, die Konzerte, sie kauften die Bücher, die Bilder, sie besuchten die Ausstellungen und wurden mit ihrem beweglicheren, von der Tradition weniger belasteten Verständnis überall die Förderer und Vorkämpfer alles Neuen. Fast alle großen Kunstsammlungen des 19. Jahrhunderts waren von ihnen geformt, fast alle künstlerischen Versuche nur durch sie ermöglicht; ohne das unablässige stimulierende Interesse der jüdischen Bourgeoisie wäre Wien dank der Indolenz des Hofes, der Aristokratie und der christlichen Millionäre, die sich lieber Rennställe und Jagden hielten, als die Kunst zu fördern, in gleichem Maße hinter Berlin zurückgeblieben wie Österreich politisch hinter dem Deutschen Reich. Wer in Wien etwas Neues durchsetzen wollte, wer als Gast von außen in Wien Verständnis und ein Publikum suchte, war auf diese jüdische Bourgeoisie angewiesen … Neun Zehntel von dem, was die Welt als Wiener Kultur des neunzehnten Jahrhunderts feierte, war eine vom Wiener Judentum geförderte, genährte oder sogar schon selbst geschaffene Kultur.“[2] In diesem Geist wächst Berta auf und wird auch so ihren Salon führen.

Der Liberalismus und die damit einhergehende Wahlrechtsreform gewährt 1849 den Juden das Wahlrecht in Form des Zensuswahlrechts. Nun ist ihnen auch erlaubt, Land zu besitzen, 1867 werden sie zu gleichberechtigten Bürgern. So entsteht eine wohlhabende Bourgeoisie, und die jüdischen Unternehmer aus der Finanz- und Wirtschaftswelt sowie der Presse erziehen die Söhne zu ihren Nachfolgern. Doch viele dieser Söhne ergreifen künstlerische Berufe und bereichern das Kulturleben um die Jahrhundertwende mit entscheidenden Impulsen. Die amerikanische Germanistin Esther Elstun meint dazu: „Man übertreibt nicht, wenn man sagt, dass etwa der literarische Zirkel ‚Junges Wien‘ ohne seine jüdischen Mitglieder niemals existiert hätte.“[3]

Schon Bertas Mutter führt einen glänzenden Salon, dessen Kreis aus Intellektuellen und Liberalen der Wiener Gesellschaft besteht.

Berta wird vom revolutionären Geist ihres Vaters geprägt; das künstlerische Talent jedoch hat sie von der Mutter.

*Bertas Vater Moriz Szeps.
Karikatur in dem satirischen Blatt „Die Bombe", 1877.*

Das erste Mädchengymnasium öffnet erst 1892 seine Pforten, deshalb werden mehrere Hauslehrer engagiert, darunter auch Mitglieder der Redaktion des Vaters wie der avantgardistisch gesinnte Kunsthistoriker Albert Ilg, der die Töchter Sophie und Berta in Kulturgeschichte unterrichtet und Bertas sicheren Geschmack und ihr klares Urteilsvermögen in der bildenden Kunst entscheidend formt. Die Mädchen genießen in den eigenen vier Wänden eine hochschulähnliche Erziehung.

Es ist in der Familie Szeps eine Selbstverständlichkeit, sich politisch zu engagieren. Im elterlichen Palais begegnet Berta bereits als junges Mädchen Persönlichkeiten aus der internationalen Politik wie dem britischen Premier Benjamin Disraeli. Im Mai 1880 begleitet die gesamte Familie den Vater anlässlich der Vorbereitung zu einem Schriftstellerkongress nach Paris. Fasziniert berichtet die sechzehnjährige Berta von einem besonderen Erlebnis: „Gestern sind Sophie und ich durch den kleinen Gartenhof gegangen. Da hat uns Vater, der neben einem Herrn saß, gerufen und uns vorgestellt. Der Herr sah krank aus. Trotz der heißen Sonne war er in einen Pelz eingehüllt. Er schien so gebrechlich. Das Gesicht war totenbleich. Noch bleicher, weil es von gefärbten schwarzen Haaren eingerahmt war. Er lächelte eigentümlich. Es war Jacques Offenbach. Wir kannten seinen Namen gut. Denn wir hatten in Wien ja seine Musik oft gehört.

Bertas Gatte, der um 15 Jahre ältere Anatom Emil Zuckerkandl. Foto, um 1890.

‚Ihr seid zwei liebe kleine Wienerinnen (sagte er freundlich lächelnd). Ich liebe die Wienerinnen. Gewiß tanzt ihr den Wiener Walzer glänzend. Ja, Wien! Wien! Eine charmante Stadt! Die Walzer meines lieben Freundes Johann Strauß sind unsterblich. Grüßt ihn von seinem Bewunderer Offenbach!'"[4]

Der junge Schauspieler und Komödiant Alexander Girardi verkehrt im Haus der Eltern, er ist auch zu Gast, als im Sommer 1883 ein Fest außergewöhnlich langweilig ist. Um die verschlafene Gesellschaft zum Leben zu erwecken, beschließen Berta und er, die Leuchtgasleitung im Keller abzudrehen, und das Haus versinkt eine Zeit im Dunklen. In der Gesellschaft entsteht Verwirrung. Nach einer Weile geht das Licht wieder an, die Gesellschaft wird auf einmal lebendig. Einige Zeit später führen Bertas drei Musketiere, Alexander Girardi, Emil Zuckerkandl und Karl Weiß, begleitet von Berthold Frischauer (im *Neuen Wiener Tagblatt* innenpolitischer Ressortchef), sie bei ihrem Geburtstagsfest in einem Schubkarren in den Garten. „Ein ganzes Jahr lang", sagte Girardi, „sind Sie sehr schlimm gewesen. Sie haben das Gas während der Soirée abgedreht und noch viele andere Streiche gespielt. Wir haben beschlossen, daß Sie Ihre Sünden büßen müssen."[5] Dann verschwinden die drei Musketiere für einen Augenblick. Sie kommen in bunte Fräcke gekleidet. „Girardi trat vor und sang ein von Karl Weiß gedichtetes Couplet unter dem Gesamttitel: ‚Berthas Missetaten'. Diese Zeremonie hat sich dann jährlich an meinem Geburtstag wiederholt."[6]

Zunächst lebt die Familie Szeps in der „jüdischen" Leopoldstadt, danach in der Weihburggasse in der Innenstadt. Später erwirbt Moriz Szeps ein Grundstück in der Liechtensteinstraße, wo er ein Palais errichten lässt,[7] es wird später die Residenz des schwedischen Botschafters. Innerhalb weniger Jahre erlangt Moriz Szeps Ansehen und Reichtum.

Im Rosengarten des Palais trifft sich „tout Vienne" bei der Hausherrin Amalie zum Frühstück im Grünen. „Das Haus … ist sehr schön", schreibt Berta in ihr Tagebuch, „Parterre und erster Stock … umgeben von einem Garten, der bergauf geht. Im Parterre sind die Schlafzimmer von Vater und Mama und auch meine Brüder haben jeder ein extra Schlafzimmer, dann ist noch eins für Sophie und mich da und sogar eines für Ella (die Jüngste), aber sie schläft natürlich mit ihrer Gouvernante. Im ersten Stock sind die Empfangsräume. Eine wunderbare Treppe aus Marmor führt hinauf. Vater hat mir versprochen, daß ich den ersten Empfang im neuen Haus mitmachen darf. Sophie natürlich, denn sie wird ja dann schon 16 Jahre alt sein."[8]

Nachdem Moriz Szeps enge persönliche und politische Kontakte zu Kronprinz Rudolf hält, wird immer wieder gegen ihn vorgegangen und intrigiert. 1883 wird ihm die Vertriebslizenz für das *Neue Wiener Tagblatt* entzogen, die erst 1892 wieder erneuert wird. Szeps lässt sich nicht entmutigen und mietet schon wenige Tage nach dem Lizenzentzug, begleitet von Berta, in den Wiener Vorstädten leerstehende Verkaufslokale, um die Leser mit seiner Zeitung zu versorgen. In den kaiserlich-königlichen Trafiken wird sie nicht mehr angeboten.

Moriz Szeps lernt auch den bedeutendsten Vertreter der politischen Linken Frankreichs, Georges Clemenceau, kennen. In einem Brief an Kronprinz Rudolf bezeichnet er ihn als „Mann der Zukunft". Als Clemenceau nach Wien kommt, lädt ihn Szeps zu sich nach Hause ein. Clemenceau ist 42 Jahre alt und hat, wie Berta notiert, eine „schlanke biegsame Gestalt, ein eigenartiges

Ein enger Freund von Moriz Szeps: Kronprinz Rudolf. Foto von Károly Koller.

ungemein interessantes Gesicht, von hinreißend feurigen und doch kalten Augen erleuchtet. Er war mit raffinierter Eleganz gekleidet. Ein Mann, der Frauen gefährlich werden mußte. In der Deputiertenkammer galt er bereits als gefürchteter Redner. Jedes Wort eine Guillotine. Um diese Zeit begann seine Karriere als Ministerstürzer. Ganz Paris stand unter dem Eindruck dieser außerordentlichen Persönlichkeit. Er kam, wir sahen ihn, und er siegte. Sofort freundete er sich mit Sophie und mir an. Unser moderner Mädchentypus interessierte ihn. Speziell für mich faßte er große Sympathie, und bald entpuppte er sich als unser lustiger Kamerad. Er hat es gleich herausgehabt, daß ich ihm bei seinen übermütigen Streichen gerne assistierte. Immer suchte er sich ein Opfer aus, das er necken konnte. Sein Witz streifte manchesmal an Grausamkeit. Aber man verzieh ihm alles."⁹

Moriz Szeps reist häufig nach Paris, um Clemenceau, der ein erbitterter Gegner Otto von Bismarcks ist, zu treffen, meist in Begleitung von Berta, die eines dieser Gespräche aufzeichnet: „Mein Vater und Georges haben dann lange darüber gesprochen, aus welchem Grund eigentlich Österreich sein Bündnis mit Deutschland aufrecht hält – mit diesem von ganz Europa gehaßten Staat. Und Georges sagte ganz richtig, daß Deutschland diese Allianz brauche, die für Österreich wertlos sei. Vater gab ihm Recht und meinte, es sei Bismarcks größter diplomatischer Triumph, daß er in der

Welt den Glauben geweckt hat, das Bündnis sei für Österreich unentbehrlich."[10] Während des Ersten Weltkrieges wird Berta ihre persönliche Beziehung zu Clemenceau nützen, um eine Vermittlerrolle zu Frankreich zu übernehmen, in der Hoffnung, einen Separatfrieden für Österreich zu erreichen.

Bertas Schwester Sophie, die wiederholt mit auf den Reisen nach Paris ist, lernt die Familie Clemenceau näher kennen, sie verliebt sich in Georges' jüngeren Bruder Paul, einen Bergbau-Ingenieur. Glücklich fährt Berta in das mondäne Karlsbad,

Der Schwager von Bertas Schwester Sophie, Georges Clemenceau. 1906 wird er Premierminister in Frankreich. Foto von Félix Nadar.

wo die Verlobung gefeiert wird. „Vater betrachtet diese Heirat als schicksalshaft, weil seine Tochter einen Mann heiratet, dessen Vaterland früher oder später mit Deutschland Krieg führen muss. Und Deutschland ist ja leider unser Verbündeter. Wird es unser ‚Schicksal' sein, diesen Krieg vermeiden zu dürfen?"[11] Knapp dreißig Jahre später kommt der Krieg, nach dessen Ende Clemenceau den Friedensvertrag mitformuliert.

Kronprinz Rudolf gratuliert Szeps schriftlich zur Verlobung seiner Tochter. Noch vor Weihnachten, am 22. Dezember 1886, heiraten Sophie Szeps und Paul Clemenceau am Standesamt des Wiener Rathauses. Die Hochzeit findet in kleinem Rahmen statt, nach der Trauung gibt es im Haus der Braut ein Diner im engen Familienkreis. Gegen Mitternacht kommt es zu einem Treffen zwischen Erzherzog Rudolf und Georges Clemenceau, die sich über Bismarck sofort einig sind.

Durch Georges Clemenceau lernt Berta in den avantgardistischen Galerien von Paris die Bilder der Impressionisten kennen, die noch verspottet und kaum anerkannt werden, und liebt sie ein Leben lang. Paris wird Bertas zweite Heimat.

George Clemenceaus Einfluss auf ihr Kunstverständnis ist entscheidend. Von Ende der 1880er Jahre bis zum Ausbruch des Zweiten Weltkrieges ist Berta Zuckerkandl eine der wichtigsten Persönlichkeiten im künstlerischen Milieu in Wien. Ihre Persönlichkeit und ihre modernen Ideen sichern den Erfolg ihres Salons. Zuckerkandl initiiert und stellt Verbindungen zwischen den Künstlern in Paris und Wien her.[12]

Im Jahr 1883 bringt der Journalist Berthold Frischauer den Grazer Anatomen Emil Zuckerkandl zu einem Empfang im Hause Szeps mit: „Seine Gestalt umschlotterte ein Frack – dreimal zu groß! Die Ärmel hingen über die Hände herunter, es sah grotesk aus. Sophie und ich wechselten entsetzte Blicke … Ich rannte zu Frischauer: Er besitzt eben keinen Frack. Weil ihm Gesellschaft verhaßt ist. Für heute Abend hat er sich den Frack vom Oberkellner seines Stammkaffees ausgeborgt. Ihm sind solche Sachen ganz egal.'"[13]

Berta bittet Emil Zuckerkandl an ihren Tisch und ist an diesem Abend sehr vergnügt. „Mein Leben lang habe ich mich nicht so gut unterhalten. Ich glaube, wir sind zu übermütig gewesen. Vater sieht mich seit der Soirée streng an. Aber er wird schon wieder gut werden."[14]

Emil Zuckerkandl wird am 18. September 1849 in Györ geboren. Zwar will er zunächst die Laufbahn als Violinist einschlagen, doch bald widmet er sich der Medizin. Arthur Schnitzler schreibt in *Eine Jugend in Wien* über seinen Freund: „Unter jenen Gehilfen der weitaus Interessanteste war uns allen Langers Assistent, Emil Zuckerkandl, ein bleicher junger Mann mit dunklem Spitzbart und schwarzen Augen, der in seinem Talar völlig einem jener Anatomen glich, wie sie uns von berühmten Bildern Rembrandts her vertraut sind, und den bei aller zeitlichen und räumlichen Nähe

fast legendenhaft die Mähr von seiner flotten, trink- und fecht-
freudig durchlebten Burschenzeit umschwebte. Auch jetzt noch
genoß er des Rufs, sich häufig geraden Wegs aus irgendeinem
Nachtlokal oder vielleicht gar aus schönen Frauenarmen an sein
ernstes Tagewerk zu begeben, das er dann lehrend und lernend mit
ungeheurem Fleiß bis in die spätesten Abendstunden trieb."[15] Am
15. April 1886 heiratet Berta den jungen Professor Zuckerkandl.
Auf ihren Wunsch findet die Trauung im Wintergarten des Eltern-
hauses in der Liechtensteinstraße statt, nicht im Tempel der isra-
elitischen Kultusgemeinde. Nach der Hochzeit zieht Berta zu ihm
nach Graz, in eine staatlich zugewiesene Wohnung im Anatomi-
schen Institut. Bereits mit 31 Jahren ist Zuckerkandl außerordent-
licher Professor der Anatomie; 1882 wird er Ordinarius in Graz.
In der neuen Umgebung erleidet Berta eine Art Kulturschock:
„Vom ersten Blick und Augenblick an ist mir Graz unsympa-
thisch", vertraut sie ihrem Tagebuch an. „Es liegt wohl reizend.
Aber ich glaube es ist eine recht öde, gegen den Geist gehässige
Provinzstadt."[16] Emil Zuckerkandl redet mit Berta über seine Ar-
beit und lässt sie daran teilhaben, doch dies kann den Verlust der
intellektuellen Herausforderung, ihrer bisherigen publizistischen
Tätigkeit, der Freunde und Vertrauten nicht aufwiegen.
Wenige Jahre später erhält Zuckerkandl einen Ruf an die Wiener
Universität. In der Stadt findet Berta keine passende Wohnung,
dafür aber eine Villa in der Nusswaldgasse im vornehmen Wiener
Vorort Döbling. Emil Zuckerkandl ist der erste Direktor des Ana-
tomischen Instituts, ihm wird der Titel Hofrat verliehen; später
ist er auch an der Akademie der Wissenschaften tätig. Ein von ihm
entdecktes Organ im Bauchraum trägt seinen Namen. Zuckerkandl veröffentlicht als sein Hauptwerk einen vierbändigen Atlas
der topographischen Anatomie des Menschen.
Da Frauen noch keinen Zugang zum Studium haben, eröffnet er
im April 1900 mit einigen gleichgesinnten Professoren eine Frau-
enakademie. Dieses Institut wird seine Pforten Ende des Ersten

Weltkriegs schließen. Sogar ein Zuckerkandl-Stipendium wird für eine bedürftige Hörerin des Fachs Medizin eingerichtet.

Inspiriert vom Vorbild ihrer Schwester Sophie Clemenceau, die in Paris einen Salon führt, gründet Berta in Wien ihren eigenen, der zum beliebten Treffpunkt der Wiener Literaturschaffenden und Künstler wird. Ihre Geisteshaltung ist offen für die Strömungen der Zeit und sie engagiert sich in journalistischen, kulturellen und politischen Belangen. Bertas Artikel sind in plastischer, bildreicher Sprache gehalten und weisen einen unverwechselbaren Stil auf; in ihrer Kunstkritik ist sie leidenschaftlich subjektiv. Sie sieht sich als Mittlerin zwischen dem Schaffenden und dem Betrachter, sie erklärt und zeigt internationale Zusammenhänge auf.

Gleichzeitig öffnet Berta ihren Salon Künstlern und Intellektuellen, die Kunst, Kultur und die Gesellschaft verändern wollen. Sie sammelt rasch einen Kreis avantgardistischer Künstler um sich.[17]

Als die Gründung der Secession bevorsteht, treten junge Künstler an Berta heran: „Sie müssen (sagten sie mir) mittun. Sie sind durch Ihre Beziehungen mit Frankreich Vorkämpferin einer Bewegung, die Wien aus seinem Schlaf rütteln soll. Wir wissen, dass Sie mit Carrière, mit Rodin befreundet sind. Sie können unserer Sache wertvolle Pionierdienste leisten."[18]

„Im Kampf war meine Waffe die Feder", schreibt Berta, ihr „Tummelplatz die Wiener Allgemeine Zeitung".[19] Dort berichtet sie in ihrer eigenen Kolumne „Kunst und Cultur" vieles von dem, was sie in ihrem Salon erfährt, und wird so zum Sprachrohr der Künstler ihrer Zeit. Als Kennerin und Mitglied der gesellschaftlichen Elite stellt sie sich gegen das „kleinbürgerliche Kunst-Dogma". Man kann sie durchaus die Patin des Jugendstils nennen. Karl Kraus bezeichnet sie später als „Hebamme der Kultur".

Milan Dubrovic, Journalist wie Berta Zuckerkandl, kennt die Salonkultur sehr gut. Er schildert in seinem Buch *Veruntreute Geschichte* die Szene in Wien. Die Salonièren seien alle befähigt, „Gesellschaft zu inszenieren" und Menschen, die profiliert, klug, redefreudig oder besonders begabt sind, zusammenzuführen. Gemeinsam sei den „Damen des Hauses' auch die für ihr Amt erforderliche Vitalität, die Gnadengabe, durch ihre bloße Anwesenheit und persönliche Ausstrahlung animierend zu wirken, Gegensätze auszugleichen, neue Verbindungen zu knüpfen, richtige Tisch- und Sitzordnungen zu arrangieren, um dadurch kalkulierbare Animositäten und Empfindlichkeiten im voraus auszuschalten, mit einem Wort: das Metier der idealen Gastgeberin perfekt zu beherrschen.“[20]

Das Haus Zuckerkandl ist ein Treffpunkt für Wissenschafter und Künstler. Julius Wagner-Jauregg, Julius Tandler und der Forscher Ernst Mach gehören Emils großem Freundeskreis an. Zu Bertas engstem Kreis zählen Gustav Klimt, Josef Hoffmann, Kolo Moser, Carl Moll, Otto Wagner sowie Oskar Kokoschka und Egon Schiele, deren künstlerische Ideen sie vehement unterstützt. Zu den illustren Gästen zählen weiters Stefan Zweig, Franz Werfel, Felix Salten, Raoul Auerheimer, Richard Beer-Hofmann, Egon

Die Nusswaldgasse in Unterdöbling. Im Haus Nr. 22, heute die Villa Knips, führt Berta Zuckerkandl ihren Salon.

Friedell, Taddäus Rittner, Max Burckhard, der Kunstkritiker Richard Specht, der Musikkritiker David Josef Bach, Max Reinhardt, Anton Hanak und Hermann Bahr, um nur einige zu nennen.

„Bald war unser Haus das Zentrum einer Gruppe von Freunden; Künstlern, Wissenschaftlern, Musikern. Seit meiner frühesten Jugend war ich gewohnt gewesen, Gäste zu empfangen. Ich tat dies in einer oft unkonventionellen Art, aber man kam gerne und oft in unser ‚Traumhaus‘",[21] notiert Berta in ihr Tagebuch. Die großen Nussbäume haben schon Beethoven Schatten gespendet, als er seine großen Symphonien geschrieben hat. „Nun neckte mich einer unserer häufigsten Besucher damit, daß er immer sagte, er käme gar nicht zu mir, sondern zu den Nußbäumen, in deren Schatten er sich inspiriert fühle. Dieser Besucher war Johann Strauß, dessen Name unter allen berühmten Namen des XIX. Jahrhunderts mit Wien am engsten verbunden ist. Damals war er schon ein alter Mann, doch immer noch so lebendig, daß sein ganzer Körper vom Rhythmus des Walzers erfüllt schien."[22]

Treffpunkt der jungen Künstler und Genies im Fin de Siècle: das Café Griensteidl. Foto, um 1896.

In der Ersten Republik sind immer mehr Politiker aus dem In- und Ausland zu Gast in Bertas Salon. Milan Dubrovic vermerkt: „Dank seines Ansehens als kulturelles Machtzentrum ebenso wie als versöhnungsfördernder Treffpunkt gegnerischer Politiker rangierte ganz obenan der Salon Berta Zuckerkandls, der zunächst in einer Döblinger Biedermeiervilla in der Nußwaldgasse, dann im Hause Oppolzergasse 6, einige Stockwerke über dem Café Landtmann, etabliert war. Zur Zeit einer historischen Wende im geistigen Leben Wiens attackierte die temperamentvolle junge Journalistin mit ihren kämpferischen Artikeln in den führenden Zeitungen Wiens das alteingesessene, konservative Bürgertum, sofern es an einem sterilen Akademismus festhielt und mit schöpferischem Elan in künstlerisches Neuland aufbrechende junge Genies wie Josef Hoffmann, Adolf Loos, Oskar Kokoschka, Dagobert Peche, Kolo Moser oder [Wilhelm] Müller-Hofmann als lästige, subversive Abweichler verfemte. Berta Zuckerkandls antikonformistische Geisteshaltung, ihr oppositioneller Instinkt wurzelten in einem unbeirrbaren Fortschrittsglauben, der für das liberale jüdische Großbürgertum ihrer Generation so kennzeichnend war.“[23]

Man trifft sich im Café Griensteidl. Die ältesten der Runde sind der Journalist und Operettenlibrettist Julius Bauer und der Satiriker Gustav Schwarzkopf. Letzterer stellt 1890 den damals sechzehnjährigen Hugo von Hofmannsthal seinen Kollegen Arthur Schnitzler, Felix Salten, Richard Beer-Hoffmann, Leopold Adrian, Peter Altenberg und Hermann Bahr vor. Zahlreiche Künstler aus dieser Runde finden sich regelmäßig in Zuckerkandls Salon am Mittwoch zum Jour fixe ein. Viele von ihnen veröffentlichen im Feuilleton der *Neuen Freien Presse*, dem größten Konkurrenten des *Neuen Wiener Tagblattes*, doch das schadet ihrer Freundschaft mit Berta keineswegs.

Im Dezember 1894 unternimmt Berta eine Reise nach Paris, um ihre Schwester zu besuchen. Sophie Clemenceau führt einen

Salon, in dem in erster Linie Maler und Musiker verkehren. Dort lernt Berta Eugène Carrière, einen Maler des Symbolismus und des Jugendstils, kennen, der sie auch porträtiert. Von ihm erfährt sie von der Affäre Dreyfus – die antisemitisch gesinnte europäische Presse jubelt. Der jüdische Artilleriehauptmann Alfred Dreyfus wird beschuldigt, französische Militärgeheimnisse dem deutschen Militärattaché angeboten zu haben. Er wird am 22. Dezember 1894 verurteilt und verbannt. Dreyfus ist unschuldig, der Verräter ist Marie Charles Ferdinand Wahlsin-Esterházy, der die Geheiminformationen an Deutschland verkauft hat. Erst 1906 wird Dreyfus rehabilitiert. Die Dreyfus-Anhänger treffen sich im Salon der Madame Ménard-Dorient, um den Sieg zu feiern. Stolz berichtet Berta, dass sie zwischen dem neuen Chef des französischen Geheimdienstes Georges Picquart und dem Maler Eugène Carrière sowie gegenüber von Emil Zola gesessen ist. Unmittelbar nach dem Ersten Weltkrieg führt Berta exklusive Interviews mit den französischen Schriftstellern Anatole France, Leonid Krassin, Jean Anouilh. Den englischen Premier MacDonald interviewt sie in Fragen einer europäischen Völkerverständigung, denn seit der Affäre Dreyfus hat sich Bertas politisches Engagement verstärkt. Daneben kämpft sie auch weiterhin für die Kunst, den Gedanken der Wiener Werkstätte etwa. Teile der Einrichtung ihres zweiten Salons wie ihr dunkler, mit Jugendstilblumen dekorierter Diwan stammen aus der Wiener Werkstätte. Auch beim Aufbau der Salzburger Festspiele wirkt sie mit.

Arthur Schnitzler, Arzt und Schriftsteller, ist als guter Bekannter aus Emil Zuckerkandls Studienzeit einer der berühmtesten Gäste in Bertas Salon. Die erste Begegnung anlässlich einer Einladung bei Schnitzlers Eltern im Jahr 1894 verläuft nicht harmonisch. Berta schildert die Begegnung in einem Brief an ihre Schwester: „Man geht spät zu Tisch, offenbar wartet die Hausfrau vergebens auf einen Gast. Der Platz rechts neben mir bleibt leer. Nach der Vorspeise tritt der Verspätete ein. Ein auffallend hübscher blonder

Mann, sehr elegant. Eine Locke fällt ihm in die Stirn. Die Augen sehe ich nicht, denn er hat die Lider gesenkt. Eine kühle Verbeugung, dann setzt er sich zu mir. Es ist der Sohn des Hauses, Arthur Schnitzler.

Das ist alles, was ich zunächst von ihm weiß, denn nicht ein Wort, kein einziges, hat er an mich gerichtet. So was ist mir noch nie passiert. Natürlich wende ich mich nach links zu meinem anderen Nachbarn, einem friedlichen alten Professor – und langweile mich tödlich. Die Stimmung ist überhaupt gedrückt. Man atmet auf, als die Hausfrau sich erhebt."[24]

Schnitzler und Emil Zuckerkandl ziehen sich ins angrenzende Zimmer zurück. Auf dem Nachhauseweg schimpft Berta: „Eine schöne Gesellschaft. Nicht um die Welt gehe ich noch einmal in dieses Haus. Dieser unartige, arrogante junge Mann – das ist doch ein Taubstummer … Zum Schluss habe ich ihm schon sagen wollen: ‚Bitte, jetzt sprechen wir einmal von etwas anderem.'"[25]

Der Hintergrund für Schnitzlers Missstimmung ist eine Meinungsverschiedenheit zwischen Vater und Sohn wegen Arthurs Wunsch, den Arztberuf aufzugeben und sich der Schriftstellerei zu widmen. Genau an diesem Tag hat einer der berühmtesten Burgschauspieler, Adolf von Sonnenthal, der zwei Theaterstücke Schnitzlers gelesen hat, ein vernichtendes Urteil über dessen Fähigkeiten als Dichter gefällt: „Völlig unbegabt!", und Sonnenthal rät ihm, lieber weiterhin Menschen zu heilen. Schnitzler aber sendet eines dieser Stücke an den Burgtheaterdirektor Max Burckhardt, der das Stück begeistert annimmt und Sonnenthal die Hauptrolle gibt. Die Uraufführung von *Liebelei* findet am 9. Oktober 1895 in Anwesenheit eines begeisterten Publikums, darunter die Zuckerkandls, statt.

Alexander Girardi kommt häufig zu Besuch, nicht nur am offiziellen Jour fixe, denn er vertraut Berta seine beruflichen und privaten Probleme an. Besonders nach dem Tod seiner Mutter ist sie ihm eine mütterliche Freundin. Seine 1893 geschlossene Ehe mit der lebenslustigen, nach Wien verpflanzten Berliner Schauspielerin Helene Odilon währt nur wenige Jahre.

Mittlerweile haben sich in Wien lockere Zirkel von Kunstschaffenden gebildet: Die Schriftsteller sammeln sich in der Gruppe „Jung-Wien", die Komponisten um Arnold Schönberg bilden die „Wiener Schule" und in der „Secession" vereinigen sich die modernen Maler. Die Anhänger Sigmund Freuds bilden die „Psychoanalytische Vereinigung", während der „Wiener Kreis" aus Anhängern des Logischen Positivismus besteht. Ähnliche Zirkel in anderen europäischen Städten sind vergleichsweise abgeschlossen, doch in Wien gibt es zwischen ihnen dynamische Interaktionen. Die Protagonisten der verschiedenen Richtungen und Metiers kommunizieren miteinander, durch die vielen Überschneidungen entsteht gegenseitige Befruchtung. Es gibt Kunstschaffende, die mehreren Kreisen angehören, weshalb schöpferische Ideen rasch zirkulieren. Zu solcher Offenheit trägt auch das blühende Kaffeehausleben bei.

Paul Graf Vasili beschreibt es folgendermaßen: „Das Café spielt in der Existenz des Wiener Volkes eine große Rolle; es ist gewissermaßen sein zweites Heim. Man geht weniger hin, um zu spielen, die Zeitungen zu lesen und zu trinken, als vom Vorurtheil befangen, daß der Tag ein verlorener wäre, an dem man sich nicht im Café gesehen hätte. Die Café's üben eine solche Anziehungskraft auf die ganze Bevölkerung aus, daß selbst unter Bürgersleuten die Ansicht vorherrscht, als könnte ein Fest, eine Abendgesellschaft oder ein Theaterbesuch nicht würdig enden, ohne daß die Männer und Frauen, ehe sie heimkehren, noch ‚auf einen Sprung' in's Café gingen. Der ‚Kapuziner' (Café mit etwas Milch) zwischen zwei und drei Uhr Morgens genommen, ist eine sehr beliebte Gewohnheit."[26]

Ein berühmter Einzelgänger ist Gustav Mahler, Direktor der Wiener Hofoper seit 1897, den Berta gerne in ihrem Salon sehen möchte. Der Komponist aber meidet gesellschaftliche Ereignisse.

Eine Wohnung im Palais Auspitz-Lieben, Oppolzergasse 6, wird 1917
für Berta Zuckerkandl zur neuen Heimstätte und zum „kulturellen
Machtzentrum" Wiens (Milan Dubrovic).

Anfang des Jahres 1901 meldet sich Mahler bei Berta telefonisch,
um aus Paris Grüße von Sophie und Paul Clemenceau auszurich-
ten. Berta ergreift die günstige Gelegenheit und lädt ihn zu einer
Soirée ein, bei der auch Alma Schindler unter den Gästen ist. Gustav Mahler sagt zu. An diesem Abend kommen Alma und Gustav
Mahler erstmals ins Gespräch.[27]
Die meisten Habitués des Salons ignorieren die Fragen der Gegenwart, obwohl die Zeichen der Zeit auf Sturm stehen. Richard
A. Bermann alias Arnold Höllriegel beschreibt die Wiener Vor-
kriegsatmosphäre folgendermaßen: „Die letzten zehn Jahre des kaiserlichen Wiens vor dem großen Krieg sehen, wenn man heute
auf sie zurückblickt, so aus, als wären sie lauter Glanz und Heiter-
heit gewesen. Ein goldener Schimmer wie der, der einst das ster-
bende Byzanz umstrahlte, liegt über diesem Trugbild. Betrachtet
man die große Wiener Literatur jener Jahre, so findet man, daß
ihre Themen Frauenaffairen in den Villenvierteln sind, Duelle und

Ehrengerichte zwischen eleganten Offizieren, die Liebeleien junger Roués und süßer Mädel aus der Vorstadt. Freilich fanden edle Dichter wie Hofmannsthal, Schnitzler, Richard Beer-Hofmann, auch zu ernsteren und größeren Problemen etwas zu sagen; die beiden letzteren zum Beispiel zur Judenfrage, die sie so nahe anging – aber diese Dichter und die anderen ihrer ‚Jungwiener' Gruppe lebten fast alle ohne Geldsorgen in einer heiteren Welt der Villen und Sommerfrischen; soziale und ökonomische Konflikte gab es einfach nicht für sie. Vergeblich wird man in den nun veröffentlichten Briefen Hugo von Hofmannsthals aus dieser Zeit die leiseste Erwähnung der österreichischen Politik suchen; die vulkanischen Kräfte, die unter seinen Füßen den Boden wanken machten, existierten nicht für ihn."[28]

Die gesellschaftlich tabuisierte Sexualität erfährt im Spiegel der modernen Kunst eine neue Betrachtungsweise, besonders in Literatur und Malerei, aber auch in den Wissenschaften. Arthur Schnitzlers Werke, Sigmund Freuds Abhandlungen und die beeindruckenden Frauenporträts von Gustav Klimt geben Zeugnis davon.

1897 spaltet sich eine Gruppe bildender Künstler von der „Genossenschaft bildender Künstler Wiens", dem „Künstlerhaus", ab und gründet die berühmte „Secession". Berta Zuckerkandl engagiert sich von Anfang an. Zur Gruppe zählen Otto Wagner, Koloman Moser, Carl Moll, Josef Hoffmann, Emil Orlik, Joseph Maria Olbrich, Alfred Roller und auch der schon greise Rudolf von Alt. Bald wächst die Zahl der Mitglieder auf vierzig, hinzu kommen korrespondierende Mitglieder im Ausland. Gustav Klimt wird ihr Präsident, Carl Moll Vizepräsident. Joseph Maria Olbrich errichtet das Gebäude, das am 12. November 1898 mit einer Ausstellung eröffnet wird. Der schlichte architektonische Entwurf steht im Kontrast zur vorherrschenden Ringstraßenarchitektur. Es dauert nicht lange, und die Kuppel der Secession wird von den Wienern spöttisch-liebevoll „das goldene Krauthappl" genannt.

Trotz aller Kritiken verkaufen sich die Bilder der Ausstellung gut. Hermann Bahr schreibt von Anfang an leidenschaftlich für diese Richtung in seiner Zeitschrift *Zeit* und in *Ver Sacrum*, der hauseigenen Secessions-Zeitschrift.

Wie entscheidend Bertas Salon für die Gründung der Secession ist, berichtet der Schriftsteller Ludwig Hevesi, der die schriftlichen Beiträge Bertas würdigt: „Die Verfasserin war alle die Zeit her einer der besten Kriegskameraden in unserem Erneuerungskampfe. Ihre Grundeigenschaft ist das ererbte Journalistenblut. Damit hatte sie von Hause aus, was kein Mensch lernen kann … Es war erstaunlich, wie die neue Polemikerin gleich zu Beginn scharf gerüstet in die vordersten Reihen sprang und ebenso furchtlos als gewandt den Gegner anging. Mit der Raschheit, wie sie eben die Talente haben, lernte sie erst im Kriege selbst den Krieg … So war es denn auch in dem Salon der Verfasserin, dass zum erstenmale, der Gedanke der Wiener Sezession ausgesprochen wurde. Da trafen sich die paar modernen Menschen, die ihm Gestalt gaben und den Kampf für die Kunsterneuerung in Wien begannen. Dieser Geist der Initiative hat die Verfasserin auch später nicht verlassen. So manchesmal hat sie das erste Wort in wichtiger Sache gesprochen, so manchesmal auch das Wort gebracht, das kein Anderer gesagt hätte. Sie tat tiefe Blicke hinter die Kulissen des Werdens und seiner Hindernisse und war im Notfalle sogar, was Gegner indiskret nannten. Aber Klagen und Anklagen beirrten sie nicht, sie blieb bei der Wahrheit, wie sie sie empfand."[29]

Diese aufstrebende Kunstrichtung findet auch in anderen Wiener Salons Eingang. So zählt Fritz Waerndorfer, Spross einer der größten österreichischen Industriellenfamilien, ebenfalls zu den begeisterten Unterstützern der Secession. Hermann Bahr macht ihn mit den Künstlern bekannt, in der Folge entwickelt sich sein Salon zum Treffpunkt. Ludwig Hevesi, zu Besuch in diesem von Josef Hoffmann erbauten Haus, beschreibt die Schönheit, die er dort antraf: „Große Gesellschaft darin. Berühmte alte Herren, auch

Die Secession im Garten von Fritz Waerndorfer, Weimarer Straße 59:
Joseph Maria Olbrich (links), Franz Hohenberger, Koloman Moser und
Gustav Klimt (rechts). Foto von Fritz Waerndorfer, 1899.

vom Burgtheater; witzige Köpfe von Wien; Meister der äußersten
Kunst. Elegante Damen; jung und schlank, etliche von Klimt gemalt, in seinem neuen Juwelenstil, zwischen kristallisierten Gold-
wolken. Man sollte sie wirklich einmal alle einladen und ringsum
ihre Bildnisse von Klimt aufhängen …

So saßen denn in dem weißen Saale die Damen, die Klimt gemalt
hat, und tanzte das fremde Mädchen, das Klimt gewiß auch malen
wird. Ihr Tanz wird ihm etwas sagen; vermutlich das nämliche,
was seine Bilder ihr gesagt haben …

Ein Servierbrett schwankt vorüber. Flüssigkeiten, die aussehen wie
ausgelöste Topase und geschmolzener Chrysopras. Nichts davon!
Hier, dieser neue Likör. Himmelblaue Chartreuse, nach all der gel-
ben und grünen, in der die Vorwelt ertrunken. Kein Scherz. Der
Fabrikant verlangte von der Wiener Werkstätte Flakons und Eti-
ketten nie dagewesener Art. Nichts ist der W. W. geläufiger als das

Niedagewesene. Nur meinte sie, dazu gehöre nun auch ein Likör von unerwarteter Farbe. Und siehe, es entstand ein Schnaps, der war himmelblau …"[30]

Fritz Waerndorfer finanziert die Gründung der „Wiener Werkstätte" und fungiert in den Anfangsjahren auch als Finanzdirektor. Dennoch bleibt das Unternehmen während seiner ganzen Existenz ein wirtschaftlicher Misserfolg. Bereits 1921 wird der zweite Konkurs angemeldet.

Helga Malenberg, Freundin des Wiener Schriftstellers Peter Altenberg und Verkäuferin der Wiener Werkstätte, schildert die dort herrschende Arbeitsatmosphäre: „Mein Chef, Fritz Wärndorfer, führte mich zuerst durch alle seine Räume. Ich war entzückt von dem, was ich dort sah: schöne, helle Arbeitsräume, von Professor Hoffmann eingerichtet, herrliches Material, edle Holzarten in der Tischlerei, wunderbare Ledereinbände bei den Buchbindern, die nach den Entwürfen Mosers handvergoldet wurden. In den Goldschmiedewerkstätten, ein Überfluss an farbigen Halbedelsteinen, Gold und Silber. Das Wertvollste in diesem Unternehmen aber waren die sorgfältig ausgesuchten Handwerker … In allen Abteilungen waren hervorragende Meister ihres Fachs bei der Arbeit. Zwischen den entwerfenden Künstlern und den ausführenden Handwerkern herrschte ein liebenswürdiger und kameradschaftlicher Ton. Die Arbeiter hatten genauso viel Geschmack wie die Künstler; von ihrem Fach verstanden sie mehr. Niemals habe ich ein hochmütiges, verletzendes oder auch nur befehlendes Wort in diesen Räumen gehört …

Er liebte es, sich mit aparten Dingen zu umgeben. Alle Eigenschaften des idealen Mäzens waren in ihm vereinigt: Großzügigkeit, Gastfreundlichkeit und Generosität."[31] Berta Zuckerkandl und Hermann Bahr sind enthusiastische Anhänger der Wiener Werkstätten.

Karl Kraus, der gefürchtete Kritiker seiner Zeit, verfolgt Berta in seiner Zeitschrift *Die Fackel* in geradezu bösartiger Weise. Einmal

Sieht in Berta Zuckerkandl nur eine „Kulturschwätzerin": Karl Kraus. Foto: Joel Heinzelmann, 1925.

nennt er sie „Kulturschwätzerin" und spricht von „denen um Berta Zuckerkandl", womit er die Wiener Moderne meint. Anlässlich des dritten Versuchs der Eröffnung eines Kabaretts in Wien, der „Fledermaus" in der Kärntner Straße, schreibt Berta einen begeisterten Artikel. Die Fledermaus ist von der Wiener Werkstätte eingerichtet. Karl Kraus kontert in der *Fackel*: „Hätte ich in den Tagen, da der Menschheit ganzer Jammer über die Grenzen dieses Landes dringt, Zeit, mir's von Wiener Eindrücken übel werden zu lassen, ich würde gern dazu beitragen, eine Fledermaus zu verscheuchen, die uns eine liebe musikalische Erinnerung verekelt, solange sie in der Haarkrone der Frau Berta Zuckerkandl snobistischen Unfug treiben darf. Jeden Abend, wenn die Tante Klara in der ‚Wiener Allgemeinen Zeitung' uns in die schlecht gelüfteten Geheimnisse einer neuen Kultur einführt, juckt's mich in den Fingern. Aber dass der Inbegriff aller Lebensfreude das Bewusstsein sei, die Herren Kolo Moser und Hoffmann zu Zeitgenossen zu haben, wird uns neuestens mit einer Zudringlichkeit demonstriert, gegen die nur Grobheit hilft. Was hat denn die Zuckerkandl? Zugegeben, dass die Welt schlecht eingerichtet ist, soweit sie noch nicht von der Wiener Werkstätte eingerichtet ist. Aber wenn die Herren Moser und Hoffmann einem Schuhwarenhändler ein neues Comptoir schüfen, selbst die Kunstkritikerin in der ‚Wiener Allgemeinen Zeitung' würde sich's dreimal überlegen, ehe sie von dieser Reformtat einen Aufschwung der Schusterei datierte. Warum datiert sie den Aufschwung der Kabarettkunst von der Lieferung unbequemer Sessel? An eine Erhöhung des künstlerischen Niveaus zu glauben, weil außer den Preisen das Podium erhöht wurde, war eine der kühnsten Metaphern, die in der Kultursprache des Sechsuhr-Abendblatts je gehört worden sind."[32]

Im Jahr 1906 kommen französische Verehrer Gustav Mahlers nach Wien, um eine Opernaufführung unter seinem Dirigat zu hören. Gemeinsam mit ihrer Schwester Sophie organisiert Berta den Besuch. Georges Clemenceau ist inzwischen Ministerpräsident von Frankreich.

Am 28. Mai 1910 stirbt Emil Zuckerkandl an Herzversagen. Berta verfällt in eine tiefe Depression. Am 18. Mai des folgenden Jahres stirbt Gustav Mahler. Alma Mahler und Berta Zuckerkandl sind gute Freundinnen, sehen sich aber nach dem Tod des Künstlers seltener.

Ob es sich nun um Politik oder um Kultur handelt, Berta tritt stets für Österreichs Interessen ein, ohne ihre kosmopolitische Einstellung aufzugeben. Das ändert sich auch mit Kriegsbeginn nicht. Heftig ist 1914 die Begeisterung in Österreich. Die friedliebende Berta Zuckerkandl spricht ihre völlig von der allgemeinen Stimmung abweichende Haltung offen aus: „Der Krieg! Mich ergriff der allgemeine patriotische Taumel nicht. Ich bäumte mich sofort gegen den Haßrausch auf, der selbst die zartesten Gemüter erschütterte. Es blieb mir unverständlich, wieso, warum man Menschen einer anderen Nation, die man noch tags vorher geliebt oder geschätzt hatte, plötzlich verachten oder hassen solle, nur weil es Kaisern, Königen und Präsidenten der Republik gefiel, Europa in Blut zu tauchen. Die drüben (so empfand ich) leiden doch geradeso wie wir. Mütter weinen auch dort; Männer sehen auch dort ihr eigenes Heim versinken, ihren Herd zerstört. Und sofort, während nachts der Marschschritt der abziehenden Truppen unaufhörlich an mein Ohr klang, flammte in mir der Vorsatz und Wille auf, mich in den Dienst aller zu stellen, die, gegeneinander gehetzt, sich morden mußten.

Viel konnte ich ja nicht tun. Aber es stand mir eine Zeitung zur Verfügung. Ich besaß unumschränkte Freiheit, dort zu sagen, was ich zu vertreten gedachte. Nur sah ich mich jetzt einer finstern geharnischten Gestalt gegenüber: der Zensur! Wie sollte ich da meinen Plan verwirklichen, die Stimme der Menschenbrüderlichkeit in diesem Haßkonzert ertönen zu lassen? Es gelang mir, die Wahrheit einzuschmuggeln. Am 19. August 1914 publizierte ich bereits den ersten völkerversöhnenden Artikel, das Manifest der jungen Franzosen. Ich konnte meine Liebe zu Frankreich dokumentieren, die ich keinen Augenblick verleugnete."[33] Bald schon verfliegt die Kriegseuphorie im Land und Berta appelliert an die Macht der Presse, Friedenskeime zu säen, doch vergeblich.

Harry Graf Kessler, Schriftsteller, Mäzen, Kunstsammler und Diplomat, zu Hause in den großen Städten Europas wie Berlin, London und Paris, begegnet Berta 1914 in Sophies Salon, kurz bevor er in die Schweiz geht, um sich für die Friedensbewegung einzusetzen. Auch Berta beschließt, von der Schweiz aus für die Friedensbewegung zu arbeiten. Sie wird von der Idee eines Separatfriedens zwischen Österreich und Frankreich gepackt. Berta erhält den Auftrag, in der Schweiz die österreichische Kulturpropaganda zu übernehmen. Diese Aufgabe nützt sie für ihre geheime Friedensmission, der Erfolg in dieser Angelegenheit bleibt ihr jedoch versagt. Auch andere in der Schweiz lebende Autoren veröffentlichen in pazifistischen Zeitschriften. Berta publiziert Antikriegspropaganda und setzt sich für eine rasche Beendigung des Kriegs ein.

Wegen kriegsbedingter Einschränkungen – die Villa in der Nusswaldgasse ist aus Kohlenmangel kaum mehr beheizbar – übersiedelt die Familie Zuckerkandl in die Wiener Innenstadt nahe dem Burgtheater. Im Palais Auspitz-Lieben in der Oppolzergasse 6, in dem sich das Café Landtmann befindet, bezieht sie eine Wohnung. Bald füllen prominente Gäste Bertas Salon, der sich in der Zwischenkriegszeit zu einem bedeutenden Treffpunkt entwickeln wird. „Heute … hatte ich eine große Freude, eine große Überraschung. Hugo von Hofmannsthal besuchte mich. Bisher war er mir immer ausgewichen. Er betrachtete mich als Journalistin, und er haßte den Journalismus. Ich aber war immer viel zu stolz gewesen, um mich dem großen, genialen Dichter zu nähern. Plötzlich erschien er bei mir, offenbar auch bedenkend, daß meine Verwandtschaft mit Clemenceau Österreich irgendwie nützen könne. Seine wunderbare Persönlichkeit, sein Charme, seine seltsame Ab-

Ein langjähriger Freund der Familie Zuckerkandl: Erfolgsautor Arthur Schnitzler. Foto von Ferdinand Schmutzer, 1912.

ruptheit, die ihn von einem Augenblick zum anderen aus warmer Gemeinschaft in eiskalte Einsamkeit entrückte, dies alles entzückte mich an ihm. So schieden wir als Freunde und sind bis zu seinem Tod die innigsten Freunde geblieben …"[34]

Helene von Nostitz, die Frau des sächsischen Gesandten in Wien, lernt während ihres Aufenthaltes den Hochadel kennen. „Und Wien besitzt wirklich noch eine Gesellschaft, die ein Gesicht hat. Die Menschen haben Stil und Allüre, wenn sie auch sonst manchmal nichts anderes haben. Aber diese Gesellschaft ist wirklich da, man muss mit ihr rechnen."[35] Bertas Salon während des Ersten Weltkrieges beschreibt sie folgendermaßen: „Wie soll ich die entzückende, bewegliche Atmosphäre des Salons von Berta Zuckerkandl beschreiben, die in ganz anderer Art zu diesem bunten Bild von Wien gehört. Sie hatte nichts mit den verträumten, etwas zerstaubten Palais zu tun, die auf die Gasse ernst herniederschauen. Sie war ganz Farbe und Grazie, neu, das Neue stark empfindend. Eine Freundin von Klimt und Mahler, eine Vorkämpferin der Wiener Werkstätten. Wie eine exotische Blume wirkte sie in ihrem feinfarbigen Interieur von Hoffmann. Ihr rotes Haar glühte über buntgestickten Stoffen und Batiks, und ihre dunkelbraunen Augen funkelten von innerem Feuer. Meist fand man sie auf ihrem langen Diwan sitzend, umgeben von jungen Malern, Dichtern und Musikern, die sich immer wohl bei ihr fühlten, weil eine lösende, schwingende Luft dort wehte. Etwas Freies, Unwirkliches, nie Beschwerendes umgab sie wohltuend. Man war mit ihr immer freudig, in dem Glauben an eine Zukunft, es mochte noch so düster aussehen. Diese Heiterkeit, von der man in Wien so viel spricht und die mich manchmal wehmütig stimmte, fand man wirklich bei ihr …

Ich entsinne mich noch einer gemeinsamen Fahrt zu Klimt, die durch sie zu einem besonders farbigen Ereignis wurde. Klimt empfing uns in seinem kleinen Haus bei Schönbrunn, in seiner dunkelblauen Leinenbluse, mit jener urwüchsigen schweigenden Art, die er an sich hatte und die einen seltsamen Kontrast zu den raffiniertesten, sublimsten Kompositionen bildete, die überall auf den Atelierwänden zu sehen waren. Beim ersten Anblick wirkte er wie ein kerniger Bauer, der ungern ein Wort zu viel sagte. Diese derbe Hand aber stellte Frauen dar, die ekstatisch verzückt wie köstliche Orchideen dahinträumten.“[36]

Auch nach dem Krieg berichtet Berta weiterhin über kulturelle Ereignisse. Sie verfasst Artikel und Rezensionen, bis die *Wiener Allgemeine Zeitung* sie am 1. Jänner 1923 nach 28 Jahren Tätigkeit entlässt. Das trifft Berta hart. Doch bald publiziert sie in anderen Medien wie im *Wiener Tag*, in der *Volkszeitung*, der *Bühne* oder im *Neuen Wiener Journal*. Auf journalistischer Ebene wirkt sich dieser Wechsel sehr vorteilhaft aus, wird sie doch innerhalb kürzester Zeit zur wichtigsten Kommentatorin österreichischer Außenpolitik. In dieser Zeit erscheinen auch Interviews mit bedeutenden Politikern des Auslands. Später wird sie den sogenannten Ständestaat vehement ablehnen und sich in dieser Zeit mehrheitlich bei ihrer Schwester in Paris oder auf Reisen aufhalten, bevor sie 1938 von den Nationalsozialisten vertrieben wird.

Ein neues Betätigungsfeld eröffnet sich für Berta mit Übersetzungen, teilweise für das Burgtheater oder den Regisseur Max Reinhardt. Sie bringt aber auch zahlreiche französische Boulevardstücke, Komödien und Sozialdramen ins Deutsche, die im Wiener Verlag Paul Zsolnay erscheinen. Paul Zsolnay gründet den Verlag im Jahr 1923 und ist mit Anna Mahler, der Tochter von Gustav und Alma Mahler, verheiratet.

Über ihr neues Domizil schreibt Berta: „Im Lieben-Auspitz-Palais besaß ich im vierten Stock eine Vierzimmerwohnung. Die Aussicht ging auf die stille Oppolzergasse, doch von meinem Vis-à-vis, der Bodencreditbank, war den ganzen Tag ein bienenhaftes Summen zu hören, besonders im Frühjahr, wenn bei offenem Fenster gearbeitet wurde, störte das Klappern von Hunderten von Schreibmaschinen.

Wenn ich mich vorbeugte, blickte ich auf das Burgtheater, den protzigen, überladenen Bau der eklektischen Kunstepoche aus der francisco-josephinischen Ära. Gleich um die Ecke konnte ich die Mölkerbastei sehen, eine der wenigen schönen Basteien, die die verhängnisvolle Stadterweiterung noch übriggelassen hatte. Eine Reihe Alt-Wiener Barockhäuser stehen da, vornehm, ohne Prunk; sie überzeugen allein durch die Harmonie ihrer Proportionen. Andere sind bürgerlich bescheidene Wohnstätten, die aber einen heiteren, liebenswürdigen Charakter haben. Eines davon ist das Dreimäderlhaus. Schuberts Liebesroman hat sich dort abgespielt. So spürte ich an allen Ecken und Enden in Wien diese herzliche Verbundenheit mit Kunst und Geistesleben. In meinem Garten in der Nußwaldgasse standen die Bäume, unter denen Beethoven seine Eroica komponierte ... Rechts und links neben dem diwanartigen Bett sind niedrige Bücherregale angebracht. Ich schreibe stets im Bett liegend, deshalb wollte ich die nötigen Nachschlagewerke immer zur Hand haben. Im Bibliothekszimmer steht ein

Engagierter Reformer: der Sozialdemokrat Julius Tandler, Stadtrat im „Roten Wien" für Wohlfahrts- und Gesundheitswesen.

überdimensionaler Diwan, der leicht zehn Personen Platz bietet. Diese Diwanecke ist ein Hauptbestandteil meines geselligen Lebens. Seit vielen Jahren treffe ich hier mit Freunden zusammen, erwarte meinen Sohn, die Schwiegertochter und den Enkel, suche zu trösten, muß aber wohl als allzu temperamentvolle Journalistin auch hie und da jemand kränken.

Politikern lauscht der erfahrene Diwan mit Verständnis, und er

Trifft sich im Salon Zuckerkandl mit Julius Tandler: Ignaz Seipel. Foto von Wenzl Weis.

kennt viele Dichter, die hier ihre Klage laut werden lassen. Er mißbilligt die Absicht einer Ehefrau, sich von dem großen Schriftsteller, von dem Mann, der sie liebt, scheiden zu lassen – aber er weiß, daß ich solche Vertraulichkeiten niemals mit der Arroganz des Bewußtseins eigener Tugend aufnehme, vielmehr immer zu verstehen suche. Er bemitleidet die neuen Armen, wenn sie mir fassungslos den Verlust ihrer seit Generationen erworbenen Vermögen klagen. Er lächelt über die neuen Reichen, die sich manches Mal bei mir versammeln und erstaunt erfahren, daß es Dinge gibt wie Geist und Ideal, die nicht zu kaufen sind. Er unterhält sich königlich, selbst wenn Egon Friedell mit dem Gewicht seiner Hühnengestalt ihm zwei Rippen bricht. Auf meinem Diwan wird Österreich lebendig.“[37]

Ab dem Jahr 1922 entwickelt sich Berta Zuckerkandls zweiter Salon zu einem neuen Mittelpunkt in Wien. Die große Koalition ist mit den Parlamentswahlen 1920 zu Ende gegangen, es kommt zu einer Radikalisierung der politischen Lager. Bertas Salon ist eine der wenigen „neutralen Inseln“ in einer Zeit, in der sich die Beziehungen zwischen den Politikern der beiden großen Parteien zusehends verschlechtern. Dort herrschen weiter die alten Gesetze der Achtung und Höflichkeit.

Der christlich-sozialen Ideologie kann sie nichts abgewinnen, die Kommunalpolitik der Sozialdemokraten bewundert sie, deren Ideen gefallen ihr gelegentlich, aber sie bleibt altösterreichisch-liberal in ihrer Weltanschauung und politischen Einstellung. Ein wichtiges Anliegen ist ihr, dass keiner der großen Parteien eine Vorherrschaft zukommt. Mit ihrem Salon stellt sie den Christlichsozialen wie auch den Sozialdemokraten einen neutralen Boden zur Verfügung, auf dem sie persönliche Beziehungen knüpfen können.

Hier treffen Ignaz Seipel und Julius Tandler einander bei einem Empfang zu Ehren von Paul Painlevés Sohn Jean Painlevé, der für einen wissenschaftlichen Vortrag in Wien weilt. Am Vormittag ist es im Parlament zu einem heftigen Wortgefecht zwischen Seipel und dem Sozialisten Otto Bauer gekommen und diese politische „Gewitterschwüle" drückt auch im Salon auf die Stimmung der Gäste. Seipel erscheint in der Tür und umfängt die Schulter des sozialistischen Stadtrates Tandler; ein Bild der Eintracht. Seipel begrüßt den jungen Painlevé und sagt: „Hier darf ich Ihnen Herrn Professor Tandler, einen der besten Männer unseres Landes, vorstellen. Er ist ein großer Wissenschaftler und ein Mann der Tat, der als Begründer der Kinderübernahmsstelle der Gemeinde Wien für die ganze Welt Vorbildliches getan hat."[38] Alle Anwesenden sind verblüfft und applaudieren heftig.

Haben sich vor Kriegsende Künstler und Intellektuelle in Salons lose zusammengefügt, hat es keine abgegrenzten Zirkel gegeben, so ändert sich das in den 1920er Jahren radikal: Die Schriftsteller beziehen Position, es entstehen Trennlinien und Brüche, sie werden dem linken oder rechten Lager zugeordnet. Karl Kraus, Arnold Schönberg und Adolf Loos sympathisieren mit den Sozialdemokraten. Anton Wildgans und Richard Kralik gehören dem konservativen Lager an. Daneben gibt es weiter die liberale Mitte mit Arthur Schnitzler, Hugo von Hofmannsthal und Sigmund Freud.[39]

Auch wenn die politische und gesellschaftliche Entwicklung im Österreich der Zwischenkriegszeit dazu wenig Anlass bietet, Berta Zuckerkandl verliert die Hoffnung nicht. „Diesen Optimismus hielt sie auch aufrecht, als Österreich seine schlimmsten Stunden erlebte, als das alte Reich zusammenbrach, der ‚Staat, den niemand

Die Schauspielerin Tilla Durieux tritt im Theater in der Josefstadt auf. Foto von Jacob Hilsdorf.

wollte', im Elend versank, von Attentaten, Bankenkrachs und Bürgerkrieg zerrüttet wurde. Der Vielvölkerstaat Alt-österreich war ihre Heimat, ihre große Liebe gewesen, und er lebte für sie im Torso der kleinen Donau-Alpen-Republik gewissermaßen unberührt weiter fort."[40]

Über Berta Zuckerkandls und Alma Mahlers Salon schreibt der Schriftsteller Franz Theodor Csokor: Im Leben der Gesellschaft merkt man kaum etwas von den politischen Veränderungen: „Im Salon der Alma Mahler sitzen der Prälat Drechsel und der sozialistische Professor Julius Tandler friedlich nebeneinander, und unser Freund Werfel macht gute Miene zum besseren Spiel seiner Gattin (angeblich ist sie es schon) – aber auch wir ‚Jungen' finden hier eine gastliche Tafel, Ödön von Horvath, den ich eingeführt habe, der Bildhauer Fritz Wotruba, verschiedene Zsolnay-Autoren und von der Musik, was eben durch Wien reist."

Zu Bertas Salon meint er: „Literarisch radikaler ist schon der Salon der ‚Hofrätin‘, der Bertha Zuckerkandl, deren Schwester mit Paul Clemenceau, dem Bruder des ‚Tigers‘, verheiratet ist … Hier hört man Marcel Dunant orakeln, der um die Führung Frankreichs in Zentraleuropa besorgt scheint, hier taucht und umschwärmt Fritz von Unruh auf und das Faß Theodor Däubler und vor allem und immer wieder unser köstlicher Egon Friedell! Gott gebe, daß das hier so bleibt, in beiden Häusern – denn hier ist noch Europa!“[41] Trotz aller Freundschaft besteht zwischen Alma und Berta wohl eine Art Konkurrenz, wessen Salon glanzvoller ist. Berta steht nur eine relativ kleine Wohnung zur Verfügung, Alma ihre 28-Zimmer-Villa auf der Hohen Warte. Schließlich zieht Alma aus ihrer Villa aus und gibt im Juni 1937 ein rauschendes Abschiedsfest, das erst am folgenden Tag um vierzehn Uhr endet.

Berta veranstaltet keine Feste, sondern lädt zu Sonntagnachmittags-Runden ein. Man reicht belegte Brote. Habitués und gelegentliche Gäste werden begrüßt. Zu ihnen zählen in jenen Jahren Franz Werfel, Arthur Schnitzler, Max Reinhardt und seine Frau, die Schauspielerin Helene Thimig, Alexander Moissi, Oskar Kokoschka, der Bildhauer Anton Hanak, Anton Wildgans, Burgtheaterdirektor Paul Herterich, Graf Richard Nikolaus Coudenhove-Kalergi, der Begründer der Paneuropa-Bewegung, die Schauspielerinnen Ida Roland und Tilla Durieux, die Tänzerin Mara Ley, der Theaterintendant und Regisseur Erwin Piscator, der Dirigent und Komponist Oscar Fried, der Komponist Egon Wellesz, der Verleger Paul Zsolnay, die französische Schriftstellerin Colette und Heinrich Mann.[42]

In den zwanziger Jahren ist der beginnende Nationalismus in Bertas Salon nur am Rande ein Gesprächsthema. 1935 wandert Bertas Sohn Fritz, der die Zeichen der Zeit erkennt und die Katastrophe kommen sieht, nach Frankreich aus. Berta führt ihren Salon weiter und hat noch Hoffnung. Einige ihrer liebsten Habitués wie Hugo von Hofmannsthal und Arthur Schnitzler sind inzwischen gestorben. Die Zensur nimmt zu, was Berta die journalistische Arbeit erschwert. Umso engagierter übersetzt sie Theaterstücke aus dem Französischen ins Deutsche.

Obwohl sehr tolerant, lädt die „Hofrätin" – anders als Alma Mahler – niemals Faschisten und Nationalisten in ihren Salon ein. Freunde raten Friedell zur Emigration. Er will in Wien bleiben. Kurz vor dem „Anschluss" Österreichs, am 11. März 1938, bleibt ein Diplomatenauto mit französischem Kennzeichen vor dem Haus Gentzgasse 7 stehen.

Zusammen mit seiner Gattin Helene Thimig zu Gast bei Berta Zuckerkandl: Max Reinhardt.

Paul Géraldy und Paul Clemenceau sitzen im Wagen, Berta Zuckerkandl geht zu Friedell. Eine Stunde lang redet sie auf ihn ein, er möge mit ihnen fliehen. Doch Friedell kommt nicht mit. Wenig später begeht er Selbstmord durch einen Sprung aus dem Fenster.

Ebenfalls am 11. März sagt Berta bei einem Tee: „Ja, glaubt ihr denn wirklich, daß unser Plebiszit übermorgen stattfinden wird? Daß Hitler, gerade weil sich Österreich mit unerwarteter Kraft geeinigt hat, weil Österreich erwacht ist und sich gegen sein Aufgehen in dem verhaßten Preußen mächtig wehrt, es so weit kommen lassen wird? Er wird uns überfallen … wird die Ohnmacht Englands und Frankreichs in Rechnung stellen! Mussolini ist ihm versklavt. Der 13. März wird nicht die Morgenröte eines freien Österreich sehen, sondern dessen Götterdämmerung!"[43] Bertas Gäste gehen nach Hause. Berta erinnert sich: „Es war eben 7 Uhr 30, Freitag den 11. März. Da ertönte … die wohlbekannte Stimme Schuschniggs: … Präsident Miklas beauftragt mich, dem

Gedenktafel am Palais Auspitz-Lieben. Allerdings zog es Berta Zucker-
kandl vor, auf das „h" in ihrem Vornamen zu verzichten.

österreichischen Volk mitzuteilen, dass wir davor zurückschrecken,
Blut fließen zu lassen. Wir beschließen daher, den Truppen den
Befehl zu geben, keinen Widerstand … zu leisten …"[44]
Die Ausreise nach Frankreich gestaltet sich für Berta schwieriger
als angenommen, da die französische Regierung Österreichern
Visa verweigert. Erst durch Intervention von Paul Clemenceau er-
hält Berta eines für sich, ihre Schwiegertochter Trude und ihren
Enkel Emil und reist am 26. März mit dem Zug nach Paris.
Die nun 74 Jahre alte Berta Zuckerkandl findet in der Rue Belles-
Feuilles 22 eine ihr angemessene Wohnung und tritt der Zentral-
vereinigung Österreichischer Emigranten bei. Dort finden sich
auch Bruno Walter, Franz und Alma Werfel, Alfred Polgar, Frie-
derike Zweig und andere ein. Der Beirat hilft Flüchtlingen bei Be-
hördengängen und Aufenthaltsgenehmigungen. Alte Rivalitäten
sind vergessen, die Emigranten halten zusammen. Für viele ist
Frankreich nur eine Durchgangsstation.
Bertas Sohn Fritz besitzt inzwischen die französische Staatsbürger-
schaft. Als am 14. Juni 1940 die deutschen Truppen Paris besetzen,
flieht die Familie des Sohnes nach Algerien. Berta folgt in einer

Odyssee zu Fuß und per Anhalter quer durch das unbesetzte Frankreich.[45] In Algerien arbeitet Fritz als Chemiker in einer französischen Firma, während seine Mutter Artikel in der Wochenzeitschrift TAM veröffentlicht. Sie schreibt über Österreichs künftige Aufgaben in Politik und Kultur. Auch für den Rundfunk liefert Berta Beiträge und stellt ihr Buch über Clemenceau[46] fertig, das 1944 in Algier erscheint.

Die vielen Belastungen haben Bertas Kräfte geschwächt. In einem Brief vom 24. Juli 1945 schreibt sie an Theodor Csokor: „Teurer Freund, ich schreibe keine Briefe mehr. Ich bin so krank, dass meine letzte Energie verschwindet. Die Schmerzen sind höllisch. Die Doktoren sagen immer wieder, wie gut es wäre, würde ich nach Paris fahren, denn hier in Afrika gibt es keine Heilung. Jetzt suchen wir ein Sanatorium in Paris, aber ich fürchte, dass die Kosten zu hoch sein werden ... Ich selbst glaube nicht mehr, dass wir uns wiedersehen werden. Tendrement, Berthe Zuckerkandl-Szeps.“[47]

Fritz lässt seine Mutter mit einem Militärflugzeug nach Paris in eine Klinik überstellen, doch es ist zu spät. Am 16. Oktober 1945 stirbt Berta Zuckerkandl. Sie wird am Friedhof Père Lachaise beerdigt. Berta Zuckerkandl ist in die Geschichte eingegangen als DIE Wiener Salonière.

ALMA MAHLER-WERFEL (1879–1964)
UND ANNA MAHLER (1904–1988)

Alma Mahler, geborene Schindler, ist die Muse von Walter Gropius, Oskar Kokoschka, Franz Werfel und natürlich Gustav Mahler. Ihre eigenen musikalischen Ambitionen, das Komponieren, begräbt sie, als sie Mahler heiratet. Von da an wird ihr ausschließlich die Leistung ihres jeweiligen Mannes zur Aufgabe; was sie sich versagt hat, muss er erfüllen. So richten sich ihr Ehrgeiz und ihre Ambitionen nach dem Ruhm des Künstlers, mit dem sie zusammen ist. Erfolg gründet sich bei Alma auf Fleiß und Disziplin. So verwandelt sie den Kaffeehausliteraten Franz Werfel, ihren dritten Ehemann, in einen erfolgreichen Schriftsteller. Nicht alle Kritiker empfinden ihre Einmischung und Steuerung als positiv für dessen Schaffen.

Almas ausgeprägtes Selbstbewusstsein und ihre künstlerische Begabung hätten sie dazu gedrängt, mehr als nur Muse zu sein, doch der Musikgigant Gustav Mahler gestattete seiner Frau keine künstlerischen Tätigkeiten. So bleibt Alma nichts anderes übrig, als sich auf die Frauenrolle an der Seite des Mannes im Haus zurückzuziehen. Nach Mahlers Tod nimmt sie das Komponieren nicht wieder auf: „Ich habe, was ich an produktiven Gaben besaß, in anderen größeren Hirnen ausleben dürfen", schreibt sie in ihren Erinnerungen. „Irgendwo aber brannte eine Wunde in mir, die niemals ganz verheilt ist."[1]

Dank der Tantiemen aus Mahlers Werk führt Alma ein finanziell abgesichertes Leben. Sie unterstützt Musiker und Komponisten, repräsentiert in ihrer Villa auf der Hohen Warte und liebt ihre

Musste sich auf Wunsch Gustav Mahlers auf ihre Rolle als Frau und Mutter zurückziehen: Alma Mahler-Werfel mit ihren Töchtern Maria (links) und Anna, um 1905/06.

Rolle als „Muse der Kunst" und umschwärmte, maßgebende Dame der Gesellschaft. Sie erfüllt das Bild der hochgestellten Salonière, die von den sie umgebenden, meist männlichen Gästen angebetet und verherrlicht wird. Alma verkörpert ein jahrhundertealtes Frauenideal und knüpft an die Salonièren in Frankreich an.

Almas Vater, Emil Jakob Schindler, ist ein bedeutender Landschaftsmaler und entstammt einer bekannten Industriellenfamilie. Ihre Kindheit verbringt Alma auf Schloss Plankenberg bei Neulengbach in schönster Natur. Hier gründet sich eine Künstlerkolonie, in der Schindler junge Kollegen unterrichtet. Im Alter von fünfzehn Jahren beginnt Alma mit dem Aufbau ihrer Bibliothek.

Gustav Mahler, zwanzig Jahre älter als Alma, lernt seine künftige Ehefrau im Herbst 1901 im Haus von Berta Zuckerkandl kennen. Seit 1897 bekleidet er den Posten des Wiener Hofoperndirektors. Die Hochzeit findet 1902 in der Wiener Karlskirche statt. Nachdem Mahler sie isoliert und ihre künstlerischen Ambitionen unterbindet, fühlt sich die 23-jährige Frau, als hätte man ihr die Flügel beschnitten, gleich einem „flugfrohen, farbenfrohen Vogel".[2] Die Hochzeitsreise führt nach St. Petersburg, wo Mahler drei Konzerte dirigiert.

Ihre erste Tochter Maria, geboren im November 1902, stirbt im Juli 1907 unerwartet an Diphtherie. Das Ehepaar leidet sehr unter dem frühen Tod des Kindes. Anna kommt im Juni 1906 zur Welt. Nachdem Gustav Mahler als Hofoperndirektor heftig umstritten ist und vehement gegen ihn und seine musikalischen Neuerungen gekämpft wird, unterzeichnet er 1907 einen mehrjährigen Vertrag mit der Metropolitan Opera in New York. Die letzten Jahre verbringt das Paar weitgehend in den USA. Die Intrigen der Wiener Hofoper, die aufreibende Zeit mit Alma, ihre heimlichen Verhältnisse und Flirts belasten den sensiblen, introvertierten Mahler auch körperlich, leidet er doch an einem Herzfehler. Am 18. Mai 1911, knapp nach einer Überfahrt von New York nach Wien, stirbt er.

Alma trifft der Verlust schwer, sie erkrankt. In dieser Zeit hört sie intensiv Musik.

Vier Jahre später, im August 1915, heiratet Alma den Architekten Walter Gropius, mit dem sie schon während ihrer Ehe mit Gustav Mahler ein leidenschaftliches Verhältnis unterhält. Zwischen den beiden Ehen ist sie mit dem Maler Oskar Kokoschka liiert, der sie ebenfalls heiraten möchte. Die Ehe mit Gropius dauert nur kurz, zu unterschiedlich sind die Interessen; die Musik verbindet sie nicht und Alma empfindet wenig Motivation, seine „architektonisch-menschlichen" Ziele zu fördern. Ihre gemeinsame Tochter Manon, geboren 1916, erkrankt 1934 in Venedig an Kinderlähmung und stirbt ein Jahr später an deren Folgen.

Nach Jahren der Isolation folgt Alma in Begleitung einer Freundin der Einladung Karl Reininghaus'. „Ich ging befangen in einen Salon voller Menschen und sah sofort den Maler Gustav Klimt und Josef Strzygowski, den großen Kunstforscher. Ich fühlte mich

Sommerfrische im Grünen: Anna Bergen mit ihren Töchtern Alma (rechts) und Grete im Park von Schloss Plankenberg, um 1890.

geborgen. Mit diesen beiden, umwimmelt von einer Menschenmenge, sprach ich bis drei Uhr morgens. Ich war fast glücklich diese Nacht …"[3]

Gustav Klimt stirbt am 3. Februar 1918. „Daß er tot sein soll, kann ich noch gar nicht begreifen. Er war ein unendlich feiner Kolorist. Seine großen Bilder für die Universität wurden zurückgewiesen. Sie waren zu modern, zu abwegig, mit einem Wort: zu bedeutend. Diese Riesenbilder sind das Stärkste, was er gemalt hat."[4] Alma schätzt seinen besonderen Kunstverstand. „Mit ihm geht ein großes Stück Jugend aus meinem Leben", notiert Alma drei Tage später in ihr Tagebuch.

Franz Werfel, geboren am 10. September 1890, stammt aus einer begüterten Prager Industriellenfamilie. Sein Vater besitzt eine Handschuhfabrik, die der Sohn übernehmen soll, doch dieser widmet sich der Schriftstellerei. Schon während ihrer Ehe mit Walter Gropius unterhält Alma ein Verhältnis mit Werfel; die Hochzeit findet jedoch erst 1929 statt.

Idylle im Park von Schloss Plankenberg: Emil Jakob Schindler mit Gattin Anna, den Töchtern Alma (sitzend) und Grete und Freunden, um 1890.

Arnold Schönberg ist gern gesehener Gast in Almas Haus. Im Jänner 1919 notiert sie: „Arnold Schönberg war heute mit Frau und Tochter zum Mittagessen bei mir. Viele seiner Schüler und Freunde kamen dann nachmittags nach. Es war erlebnisreich, wie immer. Er ist ein ganzer Mensch, voll starken geistigen Inhalts."[5] Im gleichen Monat schreibt Franz Werfel ein Gedicht in Almas Tagebuch:

Unendlichen Dank an Dich Alma
für die zahllosen Glückseligkeiten
Ich gehe zu Grunde
Wenn Dein Sommer
Nicht mehr
Über mir ist!
Er muß es ewig bleiben.[6]

Am 20. Februar schreibt sie über Werfel:

Er ist Mensch –
Er ist Liebender wie keiner –
Er ist ein großer Denker und Dichter –
Ja alles – alles.
Und es ist die Musik vor allem, die uns so aneinander bindet!
Wohin soll ich mich verbergen, um ihm zu entgehen?
Was treibt mich in der Welt umher?
Ich sehne mich ewig.
Wonach … wohin?
Das Beste entschwindet meinen offenen Händen.
Ich armes, offenes Ich![7]

An einem Abend bei Arthur Schnitzler im November 1927 unterhält sie sich mit ihm über die Selbstauflösung der Frau in der Ehe und notiert: „Ich sprach darüber, wie die Frau sich durch die Ehe merkwürdigerweise oft von ihrem Ich abdrängen läßt. Etwas dem normalen Manne Fremdes. Ich erzählte Arthur Schnitzler, wie ich mit Gustav Mahler wunderbar sprechen konnte, solange wir uns heimlich kannten."[8] Sobald der Hochzeitstermin festgesetzt und ihre Verbindung bekannt ist, ändert sich das. Sie liest Nietzsche und Schopenhauer, Dostojewski, Fechner und Lotze, um Mahlers Denkweise zu übernehmen, Alma verliert ihre Persönlichkeit um Mahlers willen, damit sie ihn versteht. Sie ordnet sich den Anforderungen des Künstlers unter. Es gibt Einladungen, es kommen berühmte Persönlichkeiten ins Haus, aber für eine regelmäßige Kontaktpflege, wie es ein Salon erfordert, bleibt der jungen Frau keine Zeit. Erst nach Mahlers Tod, ab 1911 – die Ehe mit ihm hat gute Voraussetzungen geschaffen –, führt Alma einen Salon in der Elisabethstraße hinter dem Opernring. Die Wohnung und ihr Haus am Semmering entwickeln sich rasch zum Treffpunkt für Künstler. Komponisten wie Franz Schreker (Schrecker), Hans Pfitzner und Arnold Schönberg sowie die Chordirigenten Siegfried Ochs, der Biologe Paul Kammerer, Kolo Moser und Gustav Klimt verkehren regelmäßig in ihrem Salon, der im Stil der Secession eingerichtet ist. Langjährige Freunde Almas sind Gerhart und Margarete Hauptmann, Helene und Alban Berg. Man trifft sich an Sonntagen in der Stadt, bisweilen auch am Semmering, einem beliebten Ort der Sommerfrische.

Um die Literatur stärker in ihren Zirkel einzubinden, lädt Alma die Schriftsteller Arthur Schnitzler und Hugo von Hofmannsthal in ihr Haus. Als Hofmannsthal das erste Mal unerwartet in ihrem Salon steht, ist Alma verängstigt: „Ich war tödlich erschrocken, als ich ihm nun so allein vis-à-vis saß. Nicht aus Angst vor ihm, nicht aus irgendeiner Beklemmung vor seiner Bedeutung, sondern einfach deshalb, weil ich ihm nichts zu sagen hatte. Er kam und sagte etwas grausam: ‚Ich hab schon so viel von ihnen g'hört, daß ich jetzt selber dahinterkommen möcht, wer sie eigentlich sind … denn alles, was m'r die Leut erzähl'n, is ma so sympathisch.'"[9] Almas Sprachlosigkeit legt sich rasch, als Hofmannsthal häufiger erscheint.

Großbürgerliche Repräsentation: der Salon in der Villa Wertheimstein,
Döblinger Hauptstraße 96.

Ein Abend bei Johann Strauß. Gemälde von Franz Bayros, 1894.

Mondäne Schönheit: Fürstin Pauline Metternich am Strand.
Gemälde von Eugène Boudin, um 1865.

Posieren im extravaganten Kostüm: Fürstin Pauline Metternich.
Foto von Josef Székely, 1880.

Oben: Von 1917 bis 1938 befindet sich hier der Salon Berta Zuckerkandls: das 1873/74 erbaute Palais Auspitz-Lieben, Universitätsring 4. Unten: Das Geymüllerschlössel, im Volksmund „Verschwender-Villa" genannt, hier war u. a. Ferdinand Raimund des Öfteren zu Gast.

Oben: Hier hielten Josephine von Wertheimstein und ihre Tochter Franziska Salon: die Villa Wertheimstein, heute das Bezirksmuseum Döbling.
Unten: Kostbar gestaltete Decke in der Villa Wertheimstein.

Letzte Erinnerung an eine untergegangene Welt: die Grabmale der Familien Arnstein und Eskeles am Währinger jüdischen Friedhof.

Neben Hofmannsthal und Schnitzler spielt im literarischen Bereich auch der Dichter Franz Blei, den der Verleger Jakob Hegner mit Alma bekannt gemacht hat, eine wichtige Rolle. Blei entwickelt sich zu einem Habitué und es kommen Schriftsteller und Verleger verstärkt in Almas Salon. So auch Franz Werfel: „Heute nachmittag kamen Franz Werfel, Blei, Baron Dirzstay und andere. Franz Werfel las sehr eindrucksvoll Goethesche Gedichte vor und sprach dann inspiriert und intensiv darüber."[10]

„Insgesamt war Almas Geselligkeit in erster Linie cognitiv akzentuiert. Die Menschen, die bei ihr zusammenkamen, verfolgten keine erklärten gemeinsamen Ziele, sondern suchten vor allem das Gespräch über künstlerische Themen."[11]

Da die Wohnung in der Elisabethstraße zu klein geworden ist, erwirbt Alma eine 28-Zimmer-Villa auf der Hohen Warte, die von Josef Hoffmann erbaut worden ist. Sie entwickelt sich zum wichtigsten gesellschaftlichen Treffpunkt Wiens. Das Arbeitszimmer Franz Werfels liegt im obersten Stockwerk, Alma richtet sich im Erdgeschoss ein Musikzimmer ein.

Der Schriftsteller und Regisseur Albrecht Joseph, der auch als Sekretär für Franz Werfel tätig war, schildert das stattliche Haus: „Die Empfangsräume zeigten eine zeremoniöse Eleganz. Die große Eingangshalle hatte Marmorwände mit bronzenen Lampenhaltern. Im Eßzimmer hingen einige hervorragende moderne Gemälde. Almas Bibliothek und Musikzimmer waren dunkelrot ausgeschlagen und geräumig, doch die Anordnung wirkte ungeschickt, so daß es fast ausgeschlossen war, sich zu setzen und bequem miteinander zu sprechen. Das ganze Haus war ein typisches Produkt der Wiener Werkstätten, damals, also 1933, wohl über zwanzig Jahre alt, doch hatte es Veränderungen des Geschmacks recht gut überstanden."[12] Auch wenn Albrecht den Salon Almas nicht besonders gerne besucht, ist er hier häufig zu Gast, um der Tochter der Gastgeberin, Anna, seine Aufmerksamkeit zu schenken. Die Mutter beschreibt er wie folgt: „Alma war eine entspannte, angenehme Gastgeberin. Wer sie nicht kannte, mochte sich aufgrund ihres Rufes vielleicht vorstellen, sie gefiele sich in königlichen Posen, doch war dem nicht so. Wußte man nichts über sie, konnte man sie auf den ersten Blick für eine Opernsängerin halten, die sich auf Wagner spezialisiert hatte. Sie war keineswegs reserviert, sondern übertrieb eher eine gewisse Hemdsärmeligkeit, sie war fröhlich, sehr wienerisch, genoß Essen und Trinken und hatte viel Freude an ihren Gästen, die stets zahlreich versammelt waren, wenn ich zu den Eingeladenen zählte."[13]

In der sozialen Zusammensetzung der Gäste ist der Salon der Alma Mahler dem der Berta Zuckerkandl vergleichbar, es sind zunächst vorwiegend Künstler: Musiker, Komponisten, Dirigenten. Mit der Zeit erweitert Alma den Kreis auf Literaten, Politiker und Kleriker und schließlich trifft man in ihrem Salon die gesamte tonangebende gesellschaftliche Schicht der Zeit. Klaus Mann schreibt, dass Alma Kurt Schuschnigg und seinem Kreis nahegestanden sei. Sie „machte den Salon, wo *tout Vienne* sich traf: Regierung, Kirche, Diplomatie, Literatur, Musik, Theater – alles war da."[14]

Der Zeitzeuge Milan Dubrovic äußert sich über die prächtige Spätphase des Salons: „Bei Alma Mahler herrschte vorwiegend das Auswahlprinzip der Prominenz und des Popularitätsgrades, durchmischt mit Adel und katholischer Geistlichkeit und den jeweiligen bevorzugten Lieblingen der Hausfrau."[15] Darunter gibt es auch einige ehemalige Adelige, die im gesellschaftlichen Leben Wiens ihre besondere Stellung halten wollen. Trennlinien zwischen „Erster und Zweiter Gesellschaft" spielen offenbar in der Republik tatsächlich keine Rolle mehr, andere Gräben haben sich aufgetan.

Franz Werfel bringt laufend neue Persönlichkeiten in Almas Freundeskreis ein, der ab den zwanziger Jahren kontinuierlich expandiert: „Zu seinen engsten Freunden und Beratern zählte Ernst Polak, ein sehr feiner Kopf und ein feinsinniger Literat, mit dem er stundenlang diskutierte und seine Werke durchsprach. Ebenso Ernst Deutsch, der eminente Schauspieler. Diese Freundschaft

Verbietet seiner jungen Frau das Komponieren: Gustav Mahler.
Foto aus dem New Yorker Studio A. Dupont, 1909.

wurde bis zum Tode Franz Werfels nie unterbrochen. Dann Willy Haas, der später in Berlin ,Die literarische Welt' gründete ... Einer der allerwichtigsten unter allen Freunden war der Dichter Max Brod, kein Jugendgefährte allerdings, da er viel älter war, aber ein Förderer und früher Versteher von Werfels Begabung."[16]

Im Jahr 1922 kaufen Alma und Franz ein Haus in Venedig, wo auch Gerhart Hauptmann und seine Frau, Arthur Schnitzler, Jakob Wassermann und Hans Pfitzner zu Besuch kommen.

Der Komponist Hans Pfitzner.
Foto von Wanda Debschitz-
Kunowski, 1910.

Schnitzler wird zu einem sehr lieben Freund Almas.

In ihrer charmanten Art versteht es Alma, ihrem jeweiligen Gesprächspartner den Eindruck zu vermitteln, er habe ihre gesamte Aufmerksamkeit. Das macht sie zur beliebten Gastgeberin. Mit „Kunstverstand und Kunstinstinkt"[17] weiß sie gesellige Runden in ihrem Haus zu versammeln und anregende Gespräche zu führen, sie ist vielseitig interessiert. Alma besitzt das Talent, jedem das Passende zu sagen. Vor allem in der Spätphase ihres Salons ist sie das eigentliche verbindende Element der eleganten Gemeinschaft. Elias Canetti beurteilt das kritisch: „… ihr ist um Macht zu tun, in jeder Form, um Ruhm besonders, um Geld und um Macht, die Lust verleiht."[18]

Milan Dubrovic erzählt von den Gästen in den dreißiger Jahren. Häufig besucht er ihren Salon. Dort trifft man den Dirigenten Bruno Walter, die Schriftsteller Egon Friedell und Hermann Broch, die Schauspielerinnen Lotte Lehmann und Lina Loos, Komponisten wie Egon Wellesz und Richard Strauss, weiters den Philharmoniker Joseph Marx, die Musikkritiker Heinrich Kralik und Erwin Mittag sowie den Opernsänger Alfred Muzzarelli. Der engere Kreis besteht aus dem Philosophen Rudolf Kassner, dem Theaterwissenschafter Joseph Gregor, dem Schriftsteller Carl Zuckmayer, dem Schauspieler Werner Krauß, dem Dramaturgen Franz Horch, Anna und Carl Moll und Paul Zsolnay, dem Verleger Franz Werfels. Daneben finden sich auch junge Künstler und Talente und nehmen Kontakt mit den etablierten Kunstschaffenden auf.

Alma führt sicher den bekanntesten Musiksalon ihrer Zeit in Wien. Im „roten Zimmer" finden zahlreiche Konzerte und Aufführungen von zeitgenössischen Komponisten statt. Die Gustav-Mahler-Stiftung verleiht jährlich einen Preis, den Alma Mahler übergibt. In einem Jahr erhält Arnold Schönberg die Auszeichnung, die ihm aus bitterster finanzieller Not hilft. Im Folgejahr bedenkt Alma den Komponisten Julius Bittner. Alma lädt im Rahmen dieser Preisverleihung den Chordirigenten Siegfried Ochs sowie Kolo Moser, dessen Frau und weitere Freunde zu einem Konzert ein, das in ihrem Haus stattfindet. Arnold Schönbergs „Pierrot Lunaire" lässt sie 1920 in ihrem Salon aufführen.

Elias Canetti, der in Anna Mahler verliebt ist, wird auf der Hohen Warte als privater Besuch durch die Hintertüre empfangen. Alma möchte sich vergewissern, dass er ungefährlich ist, Canetti ist neugierig, weil ganz Wien von Alma spricht. In seinem *Augenspiel* berichtet er über diese Begegnung: „Über einen offenen Hof – mit Fliesen belegt, zwischen denen in absichtlicher Natürlichkeit Gras

zu wachsen erlaubt war – wurde ich in eine Art Allerheiligstes geführt, in dem Mammi mich empfing. Eine ziemlich große, allseits überquellende Frau, mit einem süßlichen Lächeln ausgestattet und hellen, weit offenen, glasigen Augen. Ihre ersten Worte klangen so, als hätte sie schon lange auf diese Begegnung gewartet, denn was hatte sie nicht alles von einem gehört. ‚Annerl hat mir erzählt', sagte sie gleich und verkleinerte damit ihre

Sein Stück „Pierrot Lunaire" wird in Almas Salon aufgeführt: Arnold Schönberg. Selbstporträt, 1908.

Tochter vom ersten Wort an, keinen Augenblick ließ sie einen darüber im Zweifel, wer hier, wer überhaupt das wichtige war.

Sie ließ sich nieder, mit einem vertraulichen Blick wurde einem bedeutet, daß man sich nah neben sie setzen sollte. Ich gehorchte zögernd, nach dem ersten Blick auf sie war ich entsetzt, man sprach überall von ihrer Schönheit, als das schönste Mädchen Wiens, so hieß es, habe sie den viel älteren Mahler so sehr beeindruckt, daß er um sie anhielt und sie zur Frau nahm und das Gerücht von ihrer Schönheit hatte sich nun mehr als dreißig Jahre weitergetragen, jetzt aber stand sie da und ließ sich schwer nieder, eine angeheiterte Person, die viel älter aussah, als sie war, und alle ihre Trophäen um sich versammelt hatte.

Denn der abgegrenzte Raum, in dem sie einen empfing, war so eingerichtet, daß die wichtigsten Stücke ihrer Karriere greifbar waren: es ließ sich nichts übersehen, sie selbst war der Führer in diesem Privat-Museum. Keine zwei Meter von ihr entfernt fand sich die Vitrine, in der die Partitur von Mahlers unvollendeter 10. Symphonie aufgeschlagen lag, man wurde darauf hingewiesen, stand auf, trat nahe heran und las die Notschreie des Kranken – es war sein letztes Werk – an seine Frau: ,Almschi, geliebtes Almschi', und ähnliche intime, verzweifelte Ausrufe, diese Stellen größter Intimität waren es, die man in der Partitur aufgeschlagen hatte. Es muß ein erprobtes Mittel gewesen sein, Besucher zu beeindrucken. Ich las diese Worte in der Handschrift eines Sterbenskranken und blickte auf die Frau, der sie gegolten hatten. Sie nahm sie, 23 Jahre später, als gälten sie ihr jetzt. Von jedem Betrachter dieses Schaustücks erwartete sie den bewundernden Blick, der ihr für die Huldigung des Sterbenden in seiner Not gebührte, und so sicher war sie der Wirkung seiner Worte in der Partitur, daß sich das nichtssagende Lächeln auf ihrem Gesicht zu einem Grinsen verbreitete, mit dem sie die Huldigung entgegennahm. Sie spürte nichts vom Abscheu und vom Ekel, die in meinem Blicke lagen. *Ich* lächelte nicht, aber sie mißdeutete meinen Ernst als Andacht, wie sie einem todkranken Genie gebührte, und da es sich alles in dieser Gedenkkapelle abspielte, die sie ihrem Glück errichtet hatte, gehörte auch die Andacht ihr.

Nun war aber der Moment für das Bild gekommen, das direkt gegenüber von ihr an der Wand hing, ein Porträt von ihr, wenige Jahre nach den letzten Worten des Komponisten gemalt. Ich hatte es gleich bemerkt, es ließ mich vom Augenblick des Eintretens an nicht los, es hatte etwas mörderisch Gefährliches und in der Bestürzung über die aufgeschlagene Partitur verwirrte sich mein Blick und das Bild erschien als das Porträt der Mörderin des Komponisten. Es blieb mir keine Zeit, diesen Gedanken zurückzuweisen, denn sie selbst erhob sich, bewegte sich drei Schritte auf die Wand zu, wies, sobald sie neben mir stand, auf das Bild und sagte: ‚Und das bin ich als Lucrezia Borgia, von Kokoschka gemalt.‘ Es war ein Bild aus seiner großen Zeit."[19]

Ein junges Mädchen von 16 Jahren, scheu und schön tritt in das Zimmer. „Schön ist sie, was? Also das ist Manon, meine Tochter. Vom Gropius. Da kann eben keine mithalten. Du gönnst ihr's, Annerl, gell? Warum soll man nicht eine schöne Schwester haben! Der Apfel fällt nicht weit vom Stamm. Haben Sie den Gropius einmal gesehen? Ein schöner, großer Mann. Genau was man arisch nennt. Der einzige Mann, der rassisch zu mir gepaßt hat. Sonst haben sich immer kleine Juden in mich verliebt, wie der Mahler. Ich bin eben für beides. Jetzt kannst wieder gehen, Mutz. Wart einmal, schau mal oben nach, ob der Franzl dichtet. Stör ihn nicht, wenn er dabei ist. Aber wenn er nicht grad dichtet, soll er kommen."[20] Canetti kennt Werfel schon von einem Konzert, das er mit Anna besucht hat. Alma weiß nichts davon. Canetti „stand unter dem fressenden Eindruck der strotzenden Witwe und ihrer früheren Trophäen. An diesem Eindruck hielt ich fest, ihn wollte ich mir bewahren …"[21]

Gelegentlich wird im Salon auch politisiert, was in erster Linie auf Franz Werfel zurückgeht. Alma erinnert sich an eine Szene mit dem österreichischen Sozialdemokraten Karl Renner aus dem Jahr 1930: „Heute saßen wir im Wohnzimmer mit Dr. Karl Renner, der Franz Werfel in irgendeine Parteisache eintunken wollte. Er ist Sozialistenführer. Währenddessen läutet es, und mein kleiner italienischer Diener bittet mich ins Vorzimmer… Signor Starhemberg habe mir eine dringende Mitteilung zu machen. Ich verstand sogleich, daß es sich um den Führer der ‚Heimwehr‘, Fürst Starhemberg, handle. Renner hatte keine Ahnung, daß sein Erzfeind so nahe bei ihm weilte. Ich war aber recht unfreundlich mit Ernst Rüdiger Fürst zu Starhemberg. Seine radikale Rechtseinstellung ist nicht die meine.“[22]

Politik ist nicht Almas Interessensgebiet, weshalb sie Franz Werfels Freundschaft mit Karl Renner nicht goutiert. Abgesehen von ihrem leidenschaftlichen Antisemitismus ist ihre eigene politische Haltung unklar. Meist entstehen diesbezügliche Gespräche in ihrem Haus eher zufällig. Gegen Ende 1930 notiert sie: „Am 15. Oktober waren wieder einmal alle bei uns: Hauptmanns, Schönherrs, der Prälat D. und Julius Tandler. Es kam ein einzigartiges Gespräch zustande. Erst erzählte Gerhart Hauptmann wunderbare Tiererlebnisse, vor allem mit Hunden … Ich ließ unterdessen nach dem schwarzen Kaffee wieder frischen Champagner servieren, und Hauptmann trank lustig weiter. Ich bot Julius Tandler ein Glas an und machte die boshafte Bemerkung, daß er aus sozialistischen Prinzipien ja wohl nicht mehr trinken dürfe. Und nun ging es los. Gerhart Hauptmann erzählte von einem Sozialistenführer, der sein Jugendfreund war, bis zu einer gewissen Grenze, nämlich wo er anfing doktrinär zu werden. Denn da trennten sich ihre Wege! Dieser Mann, ein Naturforscher, hielt ihm immer antialkoholische Reden, und der säuerliche Ton ärgerte ihn. Tandler, aus dem Konzept gebracht, fing nun an, die Gesetzlichkeit des Marxismus zu verteidigen. Aber so trocken und übergebildet … er wurde immer unsicherer und unsicherer, daß es eine Lust war, zuzuhören.“[23]

Alma liebt es, die Begegnung zwischen Menschen mit unterschied-

Lebte ab 1919 mit Alma zusammen: Franz Werfel.
Foto von Carl Van Vechten, Dezember 1940.

lichen Ansichten und unterschiedlichen rhetorischen Fähigkeiten
zu beobachten. Inhalte sind ihr weniger wichtig.
Anfang der dreißiger Jahre erfährt Almas Salon einen gesellschaftlichen Aufschwung. Bundeskanzler Engelbert Dollfuß installiert
den autoritären Ständestaat und Alma ist stolz darauf, dass fast die
gesamte Regierung in ihrem Haus ein und aus geht. Sie bringt
Künstler mit mächtigen Politikern und reichen Industriellen zu-

Walter Gropius heiratet Alma Mahler im August 1915 in Berlin; 1920 wird die Ehe geschieden.

sammen. Sie ändert die Gästeliste und trägt der politischen Radikalisierung Rechnung. In ihrem Salon trifft man auf Anton Rintelen, Unterrichtsminister, sowie Kurt von Schuschnigg, Justizminister, oder den einstigen Bundeskanzler Rudolf Ramek und Edmond Glaise von Horstenau, Direktor des Kriegsarchivs. Der Salon entwickelt sich zu einer Art Kontaktbörse zwischen den verschiedenen Kreisen. Wie bereits erwähnt worden ist, erinnert sich Klaus Mann: „Frau Alma, die Schuschnigg und seinen Kreisen nahestand, wo *tout Vienne* sich traf: Regierung, Kirche, Diplomatie, Literatur, Musik, Theater – es war alles da."[24] Alma leitet nicht nur ihren Salon, sie beeinflusst gern. „In einer Ecke des Boudoirs wurde im Flüsterton über die Besetzung eines hohen Regierungspostens verhandelt, während man sich in einer anderen Gruppe über die Besetzung einer neuen Komödie am Burgtheater schlüssig ward."[25]

Im Jahr 1933, Alma hat bereits das fünfzigste Lebensjahr überschritten, verliebt sie sich in den 37-jährigen Universitätsprofessor der Theologie und Ordenspriester Johannes Hollnsteiner, der sie mehrmals in ihrer Villa auf der Hohen Warte besucht. Alma notiert über diese Begegnungen: „Gewisse Verwirrung ist in mir. Ein kleiner unscheinbarer Priester kann mein Ruhegebäude umwerfen? Mit welchen Kräften? Johannes Hollnsteiner! Er war zum dritten Mal in meinem Hause – ich hatte die Empfindung, als seien all die anderen Menschen, die um uns waren, graue Sche-

men."[26] Die beiden halten die Beziehung geheim; Hollnsteiner gewinnt an Einfluss und Macht, Alma bleibt er „unheimlich"[27].
Joseph weiß zu berichten: „Häufig kam auch Egon Friedell, ein Mann von enormem Leibesumfang und noch enormerem spontanem Witz. Und immer war da der Theologieprofessor Hollnsteiner, etwas zu elegant gekleidet für einen Geistlichen. Sein Gesicht zeigte eine ungesunde Blässe, und in seinen undurchdringlichen Augen hinter den Brillengläsern blitzte der Spott. Ich wußte nicht, daß er ein Verhältnis mit Alma hatte, und es hätte mich auch nicht interessiert. Vermutlich war er der letzte ihrer Liebhaber."[28] Alma mietet für dieses Verhältnis eine Wohnung, wo sie sich ungestört treffen. Hier verwöhnt sie ihn „mit Champagner, Kaviar und anderen Delikatessen, die er sich nicht leisten konnte. Manchmal bestand sie darauf, daß Anna an diesem Festschmaus teilnahm, was diese nur äußerst widerwillig tat. Anna mochte Hollnsteiner nicht; sie wußte, seine Attraktivität für Alma verdankte sich in erster Linie dem Umstand, daß er Priester war, den sie zur Sünde verführt hatte. Sie wußte auch, daß Werfel Kenntnis von dieser Affäre hatte und es sein Geld war, mit dem die Ausschweifung finanziert wurde. Darüber hinaus beförderte Almas Freundschaft mit Hollnsteiner ihre politisch reaktionären Ansichten."[29]

Alma Mahler-Werfel hält die Affäre mit ihm geheim: der Theologe und Priester Johannes Hollnsteiner.

Nach und nach verliert Almas Salon das Charakteristikum des Privaten und Exklusiven und wird zur „großstädtischen, mondänen Gesellschaft". Es sind so viele Gäste im Hause, dass es kaum mehr zu tiefern Begegnungen zwischen den Besuchern kommt und die Gespräche sich auf einen „Austausch von Worten und Gefälligkeiten"[30] reduzieren. Man möchte gesehen werden und der obersten Gesellschaft angehören. Bedauernd schreibt Canetti: „Sie hatten auch alle eine zweite gemeine Welt, in der sie sich bewegten, ohne sich zu besudeln, ja es sah oft so aus, als sei die zweite Welt *notwendig*, um die andere rein zu erhalten."[31] Ihre intellektuellen Bedürfnisse stillen viele Künstler dann in kleineren Zirkeln.

Oft feiert Alma in großen Gesellschaften von zweihundert Personen, bis der Morgen dämmert, Freunde bleiben zum Frühstück. Meist gruppieren sich die Gäste und die Hausfrau bewegt sich von Gruppe zu Gruppe. Klaus Mann schreibt: „Die Hausfrau, hoch gewachsen, sorgfältig geschmückt, von immer noch schöner Miene und Gestalt, bewegte sich triumphierend vom Päpstlichen Nuntius zu Richard Strauss und Arnold Schönberg, vom Minister zum Heldentenor, vom stilvoll vertrottelten Aristokraten zum vielversprechenden jungen Dichter."[32]

Man besucht Almas Salon, um inoffizielle Kontakte herzustellen, die einem besonderen Zweck dienen, sich aber zufällig ergeben sollen. Die Unterhaltung selbst ist unbedeutend. Nicht Wissen und Bildung bestimmen die Gespräche, sondern eine Art „Konsum von Unterhaltung".[33]

Die nationalsozialistischen Strömungen bemerkt man dort kaum. Am 30. Dezember 1933 schreibt Franz Theodor Csokor an Ferdinand Bruckner: „Im Leben der Gesellschaft hier merkst du wenig. Im Salon der Alma Mahler sitzen der Prälat Drechsel und der sozialistische Professor Julius Tandler friedlich nebeneinander."[34] Hilde Spiel empört sich über diese Entwicklung: „Im Salon Alma Mahler-Werfels scheuen sich Ödön von Horváth, Franz Theodor Csokor und Carl Zuckmayer nicht, mit den Regierungsmitgliedern des Ständestaates und den fragwürdigen Kulturpolitikern der ‚Vaterländischen Front‘ zusammenzutreffen."[35]

Das intensive Gesellschaftsleben belastet die Gesundheit von Franz Werfel, der sich, als sich die politische Lage weiter verschärft und Alma dennoch rauschende Feste feiert, aus diesen lärmenden Gesellschaften zurückzieht.

Doch die durch Alma möglich gemachte „Herstellung eines kreativen Milieus" ist immer wieder Auslöser für Schaffensprozesse. Lisa Fischer: „Das Produkt, das hier im Leben als Folge weiblicher Kreativität entsteht, ist ein temporäres. Es wird wieder und wieder inszeniert, um einen Prozeß in Bewegung zu halten. Die Sichtbarkeit liegt im Augenblick, im Arrangement einer Gesellschaft, in der Schaffung einer Atmosphäre."[36] Alma Mahler, als Frau mit Ausstrahlungskraft, gilt als Muse, die auf die schöpferischen Genies ihrer Zeit wie Gustav Mahler, Oskar Kokoschka und Franz Werfel wirkt und sie zu Hochleistungen anspornt. Werfel schreibt, von Alma animiert, Erzählungen und später große Romane, durch die er zu einem international erfolgreichen Schriftsteller wird. Die vielfältigen Begegnungen in ihrem Haus inspirieren ihn zu seinen großen Romanfiguren. Nach Ansicht der Dame des Hauses braucht Kunst eine Liebesbeziehung: „Inspiration entsteht nur im Zeichen gegenseitiger, tiefster Zuneigung. Liebe schafft die besten Ideen."[37] Alma bewirkt dann am meisten, wenn sie sich nur auf einen Menschen, einen kleinen Kreis konzentriert. Während des Ersten Weltkrieges entfaltet ihr Salon eine besonders anregende Atmosphäre, die in dessen Spätphase nicht mehr so kraftvoll ist. Sie selbst hält ihren Ruf als „große Muse der Kunst" aufrecht. Ihre Tagebuchnotizen geben interessante Einblicke in das kulturelle Leben der Zeit, sind aber gleichzeitig auch ein Abbild des großen Geltungsbedürfnisses der Salonière. Alma sieht sich nicht nur als gesellschaftlichen Mittelpunkt an, sondern auch als eine von allen bedeutenden Künstlern begehrte Frau.

Manchmal spielt die Salondame selbst Klavier. Handelt es sich aber um geplante Konzerte oder Lesungen, stellt sie häufig die Gästeliste besonders sorgfältig zusammen. Bei Almas Programm-

Die Villa Mahler-Werfel auf der Hohen Warte. 1937 tauscht sie das Ehepaar Werfel gegen ein Appartement im Hotel Carlton auf der Wiedner Hauptsraße.

zusammenstellung ernten auch junge und unbekannte Künstler erste Anerkennung. Nach der kulturellen Darbietung wird häufig diskutiert und die Abende entwickeln sich zu einem großen Ereignis.

Seit ihrer Ehe mit Gustav Mahler zählen viele Menschen jüdischer Herkunft zu ihren Salongästen. In Wien um 1900 halten die intellektuellen, vielfach jüdischen Eliten zusammen. Die religiöse Praxis wird aufgegeben, man assimiliert sich und stellt das Intellektuelle voran.

Alma beschließt, das Haus auf der Hohen Warte zu verlassen. „Ich habe mich entschlossen, … das Haus in dem Mutzi starb, zu vermieten."[38] Franz Werfel mochte das pompöse Palais ohnedies nicht und begrüßt Almas Entscheidung. Bevor das Ehepaar die Villa verlässt, veranstaltet es im Juni 1937 ein riesiges Gartenfest. Die Crème de la Crème der Wiener Gesellschaft, Hochadel, Industrielle und Politiker sind in die Villa „Ast" geladen. Das *Neue Wiener Journal* schreibt: „Die Gastgeber machten, unterstützt von ihrer Tochter Anna Mahler, in der liebenswürdigsten Weise die Honneurs und empfingen die Eingeladenen."³⁹ Zahlreiche Künstler trifft man beim Heurigenfest tags darauf, das von acht Uhr abends bis zwei Uhr mittags am folgenden Tag dauert. Ida Roland ist da, Bruno Walter, Carl Zuckmayer, Egon Wellesz, Alexander von Zemlinsky, Ödon von Horvath, Siegfried Trebitsch, Arnold Rosé, Karl Schönherr und Franz Theodor Csokor. Franz Werfel landet betrunken im Gartenteich und Carl Zuckmayer schläft seinen Rausch in der Hundehütte aus. Das Ehepaar Werfel mietet ein Appartement im Hotel Carlton auf der Wiedner Hauptstraße, doch bald zieht es Werfel nach Marienbad, und Alma übersiedelt nach Breitenstein, ihrem neuen Hauptwohnsitz.

Nur knapp ein Jahr später, am 13. März 1938, verlassen Alma und ihre Tochter Anna, die nach den Nürnberger Rassegesetzen Halbjüdin ist, Österreich und reisen über Mailand, wo sie Franz Werfel treffen, weiter nach Paris und Amsterdam. Am 9. Mai kommen sie schließlich in London an. Alma missfällt die britische Hauptstadt – „Hier in London kein deutsches Buch … kein Klavier … keine deutsch sprechenden Menschen, eine unbedingt kalte Stadt"⁴⁰ –, sie kehrt mit Anna nach Paris zurück. Nach dem Einmarsch der Deutschen Wehrmacht in Frankreich im Jahr 1940 gelingt Alma und Franz Werfel die Flucht über Spanien nach New York. Die Fluchterlebnisse verarbeitet Werfel in „Jakobowsky und der Oberst".

Gast auf der Hohen Warte beim legendären Gartenfest im Juni 1937: der Dirigent Bruno Walter.

Das Ehepaar lässt sich schließlich in „Deutsch-Kalifornien", in den Hollywood Hills in einer kleinen Villa nieder. Hier entwickelt sich die Freundschaft mit dem jungen Friedrich Torberg.[41] Über Almas Plan, ihre Lebenserinnerungen zu verfassen, antwortet Torberg im Spätherbst 1944 aus New York: „Darf ich aus der kurzen Andeutung über Dein eigenes Leben schließen, daß Du Dich endlich an die wirkliche Arbeit gemacht hast? Das wäre gut und schön und außerdem das Beste, was Du momentan tun kannst (nämlich so lange Du allein bist). Wozu Du allerdings meine – oder irgendjemandes anderen Hilfe brauchen solltest, ist mir wieder einmal unklar. Weißt Du nicht, daß jemand, der sein Leben so allein und von sich aus gelebt hat wie Du, so unversöhnlich im eigenen Auftrag und im eigenen Ermessen, daß da auch bei der Wiedergabe dieses Lebens – kein anderer etwas hineinzupatzen hat?!"[42] Rückblickend schreibt Alma: „Mein Leben war schön. Gott vergönnte mir, die genialen Werke in unserer Zeit zu kennen, ehe sie die Hände ihrer Schöpfer verließen. Und wenn ich für eine Weile die Steigbügel dieser Ritter des Lichts halten durfte, so ist mein Dasein gerechtfertigt und gesegnet."[43]

In den 1930er-Jahren ein häufiger Gast: Franz Theodor Csokor. Foto von Otto Breicha, 1964.

Franz Werfel stirbt am 26. August 1945 im Haus in Beverly Hills, das die Werfels seit 1942 bewohnen. Seine Witwe überlebt ihn knapp zwanzig Jahre; sie stirbt am 11. Dezember 1964 in New York.

ANNA MAHLER entstammt Almas Ehe mit Gustav Mahler. Bei Fritz Wotruba erlernt sie die Bildhauerei. Frühe Studien

Scheut sich nicht, im Salon Alma Mahler-Werfels mit Vertretern des Ständestaates zusammenzutreffen: Ödön von Horvath.

der Malerei führen sie nach Rom zu Giorgio de Chirico. Elias Canetti, der in Anna leidenschaftlich, aber unerwidert verliebt ist, verewigt sie in seiner Lebensgeschichte „Das Augenspiel".
Der Dirigent Hermann Scherchen schickt Canetti mit einem Brief zu Anna Mahler. Dem Brief liegt ein Prospekt zu einer Tagung in Straßburg bei, zu der Scherchen Witwen von fünf berühmten Komponisten einladen möchte, darunter jene von Gustav Mahler, Ferrugio Busoni und Max Reger, doch keine der Eingeladenen erscheint.

Scherchen kennt Anna aus der Zeit, als sie noch mit dem Komponisten Ernst Krenek verheiratet war. „Auch fand er sie nicht voll ausgebildet, denn sie *unterwarf* sich Krenek. Sie diente ihm bei seiner Arbeit. Er komponierte sehr rasch, eigentlich unaufhörlich, und sie kauerte neben ihm und kopierte, was er komponierte. Es war noch ihre rein musikalische Zeit. Sie hatte sieben oder acht Instrumente spielen gelernt und übte sie alle abwechselnd weiter. Sie war früh von Fruchtbarkeit beeindruckt, der Überfluß, das Unaufhörliche, die Pausenlosigkeit der Niederschrift, galten ihr als Beweis von Genie. Dieser Kult des rastlosen Überschwangs blieb ihr auch in allen späteren Perioden ihres Lebens. Verehrung hatte sie nur für Schöpfer oder was sie dafür hielt. Wenn es um Literatur statt um Musik ging, imponierten ihr lange Romane und zwar so, daß immer welche nachkamen, wenn einer zu Ende war. In den Krenek-Jahren beschränkte sich der Fruchtbarkeitskult noch auf Musik und sie schien bereit, dem jungen Schöpfer zu dienen.

H. [Hermann Scherchen], in dessen Galerie von Entdeckten Krenek als einer der ersten gehörte, bemerkte sie damals wohl, aber als Dienerin eines anderen reizte sie ihn gar nicht. Als er nun nach Wien kam, mit hochfliegenden Plänen, und wie es seine Art war, jede frühere Verbindung wieder anknüpfte, wurde er in das Palais in der Maxingstraße, das dem Verleger Paul Zsolnay gehörte, eingeladen. Da fand er Anna als Herrin eines hochmögenden Hauses vor, die Haare hellgelb, mit eigenem Anspruch auf Kunst, zur Bildhauerin aufgeblüht, vielleicht sah er sie auch im Atelier, doch ist das unwahrscheinlich. Aber sicher sah er sie bei einer Einladung im Hause Zsolnay. Ihre Mutter, deren Macht im Musikleben Wiens er kannte, hielt von ihm nichts. Umso mehr hielt er sich an die Tochter. Er streckte die Fühler aus und schrieb einen Werbebrief für Anna, den ich ihr persönlich in ihrem Atelier übergeben sollte.“[44]

Anna bestellt Canetti nach Hietzing. „Ich sah sie zuerst. Ich sah ihre Finger, wie sie sich in den Lehm einer überlebensgroßen Figur drückten. Von ihrem Gesicht sah ich nichts, sie wandte mir noch den Rücken zu. Das Knirschen im Kies, das mir laut in die Ohren ging, schien sie nicht zu hören. Vielleicht mochte sie es nicht hören, sie war in ihre noch wenig geformte Figur vertieft. Vielleicht kam ihr der Besuch, der angekündigt war, jetzt nicht besonders gelegen. Ich hielt mich an den Brief, den ich überbringen sollte. Ich hatte das Glashaus, das als Atelier diente, betreten, als sie sich mit einem plötzlichen Ruck umwandte und mir ins Gesicht sah. Ich stand nicht mehr weit von ihr und fühlte mich von ihrem Blick ergriffen. Von diesem Augenblick an ließen mich ihre Augen nicht los. Es war kein Überfall, denn ich hatte Zeit gehabt, mich zu nähern, aber es war eine Überraschung: eine Unerschöpflichkeit, auf die ich nicht gefaßt war. Sie bestand aus Augen, was immer sonst man in ihr sah, war Illusion. Man fühlte das auf der Stelle, aber wer hätte die Kraft und die Einsicht gehabt, sich das zu sagen. Wie soll man dieses Ungeheuerliche wahrhaben: daß Augen geräumiger sind als der Mensch, dem sie zugehören. In ihrer Tiefe hat Platz, was man sich je gedacht hat und nun, da sich der Raum dafür anbietet, will es alles gesagt sein … Ein Mythos ist auch das Auge, das nicht auf Zerfleischen aus ist, obwohl es nie losläßt, was es erblickt hat. Dieser Mythos ist wahr geworden und wer ihn erlebt hat, denkt mit Schrecken und Ergriffenheit an das Auge zurück, das ihn dazu zwang, sich in ihm zu ertränken. Das ist die Geräumigkeit und Tiefe, die angeboten wird: stürze dich in mich mit allem, was du denken und sagen kannst, sag es, und ertrinke!

Die Tiefe solcher Augen ist bodenlos. Nichts, was darin versinkt, erreicht den Grund. Nichts wird wieder ausgespült, wo bleibt es. Der See dieses Auges hat kein Gedächtnis, er fordert und empfängt. Alles, was einer hat, wird ihm gegeben, alles, worauf es ankommt, woraus einer im Innersten besteht. Es ist nicht möglich, diesem Auge etwas vorzuenthalten. Keine Gewalt wird geübt, da ist kein Entreißen. Es gibt sich glücklich, als wäre es aus keinem

Alma Mahler-Werfel und Anna Mahler

Ist in Anna Mahler leidenschaftlich, aber unerwidert verliebt: Elias Canetti.

anderen Grunde zu sich gekommen, aus keinem anderen Grunde geworden."[45] Anna deutet ihm mit dem Kopf, den Brief auf einen Tisch in der Zimmerecke zu legen. Er streckt ihr die Hand hin, doch ihre Rechte ist lehmverschmiert und sie sagt: „Ich kann Ihnen so die Hand nicht geben."[46]

Canetti versucht sich zu fangen. „Vielleicht sprach sie nicht gern, sie verzichtete, wann immer sie konnte, auf ihre Stimme, immer lieh sie sich die Stimme anderer aus, sei es in der Musik, sei es unter Menschen. Ihr selber lag es näher zu *handeln* als zu sprechen, und da sie nicht zu den Handlungen berufen wurde, die ihr Vater vollbrachte, versuchte sie es, mit ihren Fingern zu *formen*. Ich habe die erste Begegnung mit ihr bewahrt, indem ich sie von allen Worten befreit habe, von ihren, weil es in ihnen vielleicht nichts zu bewahren gab, von meinen, weil das Staunen über sie noch keine vernehmlichen Worte gefunden hatte."[47]

Anna fordert Canetti auf, ihr etwas von ihm zu lesen zu geben. Er habe nur ein Manuskript von einem Roman, erwidert er. Ob er sein Romanmanuskript das nächste Mal mitbringe? Drei Tage später hat Canetti seinen Roman bei sich, den sie so schnell wie kein anderer liest. „Seither war ich eine eigene Person für sie und sie behandelte mich, als wäre ich mit allem versehen, selbst mit Augen. Sie erwartete viele solche Bücher von mir und sprach darüber zu anderen. Sie drängte darauf, mich zu sehen und schickte Briefe und Telegramme. Noch nie hatte ich erlebt, daß Liebe mit

Telegrammen begann, ich war davon erschüttert. Ich begriff anfangs nicht, daß ein Satz von ihr mich so rasch erreichen konnte."[48] Die beiden schreiben einander geheime Briefe. Ein Modell, Hedy Lehner, überbringt sie und gibt Antworttelegramme auf. Die Beziehung dauert nicht lange an; nach nur zwei Monaten bricht Anna sie ab.

Für Canetti steckt Anna voller Geheimnisse. Ihre bildhauerischen Figuren, mit großer Arbeitsenergie gestaltet, sind schwierig in der Ausführung. „Schwere Arbeit galt ihr als ehrenvoll, das hatte sie schon von ihrem Vater geerbt, aber nun war sie von ihrem jungen Lehrer Wotruba, der in hartem Stein arbeitete, sehr nachdrücklich daran erinnert worden. Natürlich modellierte sie auch, besonders Köpfe, und das war dann nicht harte Arbeit, sondern etwas ganz anderes, das war ihr einziger Zugang zu Menschen, der nicht durch die Herrsch- und Liebesgewohnheiten ihrer Mutter verstellt war."[49] War Anna, wie so oft, enttäuscht, spielt sie Musik und zieht sich ans Klavier zurück.

Canetti stilisiert Anna zu einem unantastbaren Bild, doch deren Mutter stellt in seinen Augen das peinliche Gegenstück dar: „Da waren sie beide: auf der einen Seite das stumme Licht, das sich von Meißelhieben und lauter Verherrlichung nährte, auf der anderen die unersättliche, angeheiterte Alte. Ihre nahe Verbindung machte mich nicht irre, ich sah die Tochter als Opfer und wenn es darum

Für Canetti das Gegenstück zur Mutter: Anna Mahler. Porträt von Broncia Koller-Pinell, um 1921.

geht, daß man das Opfer dessen ist, was man von früh auf unaufhörlich um sich gesehen hat, so sah ich richtig."[50]
Albrecht Joseph beschreibt Anna Mahler wie folgt: „Durch eine
seltsame, doch höchst glückliche Laune der Natur war Anna geradezu die Verkörperung der Gesundheit, Schönheit und Kraft.
Ich verliebte mich beim ersten Zusammentreffen in sie. Sie nahm
jedoch keine Notiz von mir. Viel später hat sie mir erzählt, daß sie
nur eine dunkle Erinnerung an mich als ‚Zuckmayers Freund'
hatte. Zu dieser Zeit war Anna mit Paul Zsolnay verheiratet, damals Werfels Verleger, doch wußte man allgemein, daß sie in dieser
Ehe nicht glücklich war und ihn bald verlassen würde. Zsolnay
habe ich bei meinen Besuchen in Werfels Haus nie getroffen. Anna
kam gewöhnlich sehr spät, nach dem Essen, und setzte sich nicht,
sondern umrundete den Tisch, nickte und lächelte, während sie
die Gäste einzeln begrüßte. Dabei trug sie ein enges glänzendes
schwarzes Abendkleid mit langen Ärmeln und einem hohen Steh-
kragen bis unter das Kinn. Ihr Auftritt hat etwas Umflortes – ich
wurde an Lucrezia Borgia erinnert, die Gift in die Weingläser
schüttet. Später erfuhr ich, daß ihr seltsames Benehmen den Um-
ständen geschuldet war, in denen sie leben mußte, verbunden mit
einer generellen Ablehnung der Freunde ihrer Mutter, besonders
der engsten."[51] Der wahre Grund für Annas Besuche im Hause
Mahler-Werfel ist ihre kranke, an den Rollstuhl gefesselte Schwester Manon.
Im Exil begegnet Albrecht Joseph Alma in London und den USA.
Er ist zu dieser Zeit Sekretär von Thomas Mann, später wird er
Filmcutter und lebt in Los Angeles. Anna ist bei ihren Aufenthal-
ten in Amerika in den Jahren 1948 und 1949 von dem promo-
vierten Germanisten und Theaterregisseur fasziniert. Bereits 1933
verliebt sich Joseph in sie, 1951 schließlich werden sie ein Paar,
heiraten aber erst 1970 in Spoleto. Thomas Mann schreibt in seinem Tagebuch: „Mit K.[atia] zum Abendessen bei Walters, mit
Anna Mahler und Dr. Joseph. Heitere Unterhaltung."[52]

Alma Zsolnay, Annas Tochter aus der Ehe mit Paul Zsolnay, schreibt später über die Zeit mit ihrer Mutter in Montreal 1953, die keine leichte, da wenig Geld vorhanden, aber eine sehr glückliche war: „Wir haben eine ganz billige Flasche Alkohol gekauft, das Billigste, was es gab … Meine Mutter hat gesagt, schau, das muß man so machen, damit man am meisten davon hat: Bevor man das Geringste gegessen hat … ganz schnell trinken … Wir haben soviel gelacht. Ich habe nie jemanden gesehen, der so lacht wie meine Mutter. Sie hat so gelacht, daß ihr die Tränen heruntergeronnen sind."[53]

Alma Mahler-Werfels Tod am 11. Dezember 1964 befreit Anna aus einer lebenslangen ambivalenten Bindung. „Wie ein Vogel, der endlich fliegen gelassen wird",[54] fühlt sie sich. Sie selbst lebt noch weitere 24 Jahre ohne materielle Sorgen und unabhängig in den USA und Europa. Ihre nunmehrige Ruhelosigkeit charakterisiert Annas langjährige Freundin Manon Manion folgendermaßen: „Anna war sehr schnell gelangweilt. Nicht nur mit Menschen … Sie hatte all diese verschiedenen Orte, weil sie irgendeine Art von Erfüllung suchte … es war nicht nur in der Arbeit … Sie wurde als Kind sehr früh alleingelassen. Ich glaube, sie suchte etwas Emotionales oder ein Gefühl, das sie nur bekam, wenn sie einen Drink nahm. Dann fühlte sie sich sicher, gut. Irgendwie war sie frei. Aber es lag auch etwas Schweres auf ihr."[55]

Anna Mahler stirbt am 3. Juni 1988 in London im Alter von fast 84 Jahren. Alma Zsolnay zeichnet in einem Gespräch mit Barbara Weidle folgendes Bild ihrer Mutter: „Sie war der aufregendste Mensch, den ich je gekannt habe … Das ist eine Art Lebensfreude, aktiv, kraftvoll, voller Lebenslust, voller Freude an Schönheit, an Farben … Sie war sicher der vitalste Mensch, dem ich begegnet bin. Sie war wie ein Wind, wenn man sie sich körperlos vorstellt, ein sehr energischer Wind, der durchrast vor lauter Lebensfreude."[56]

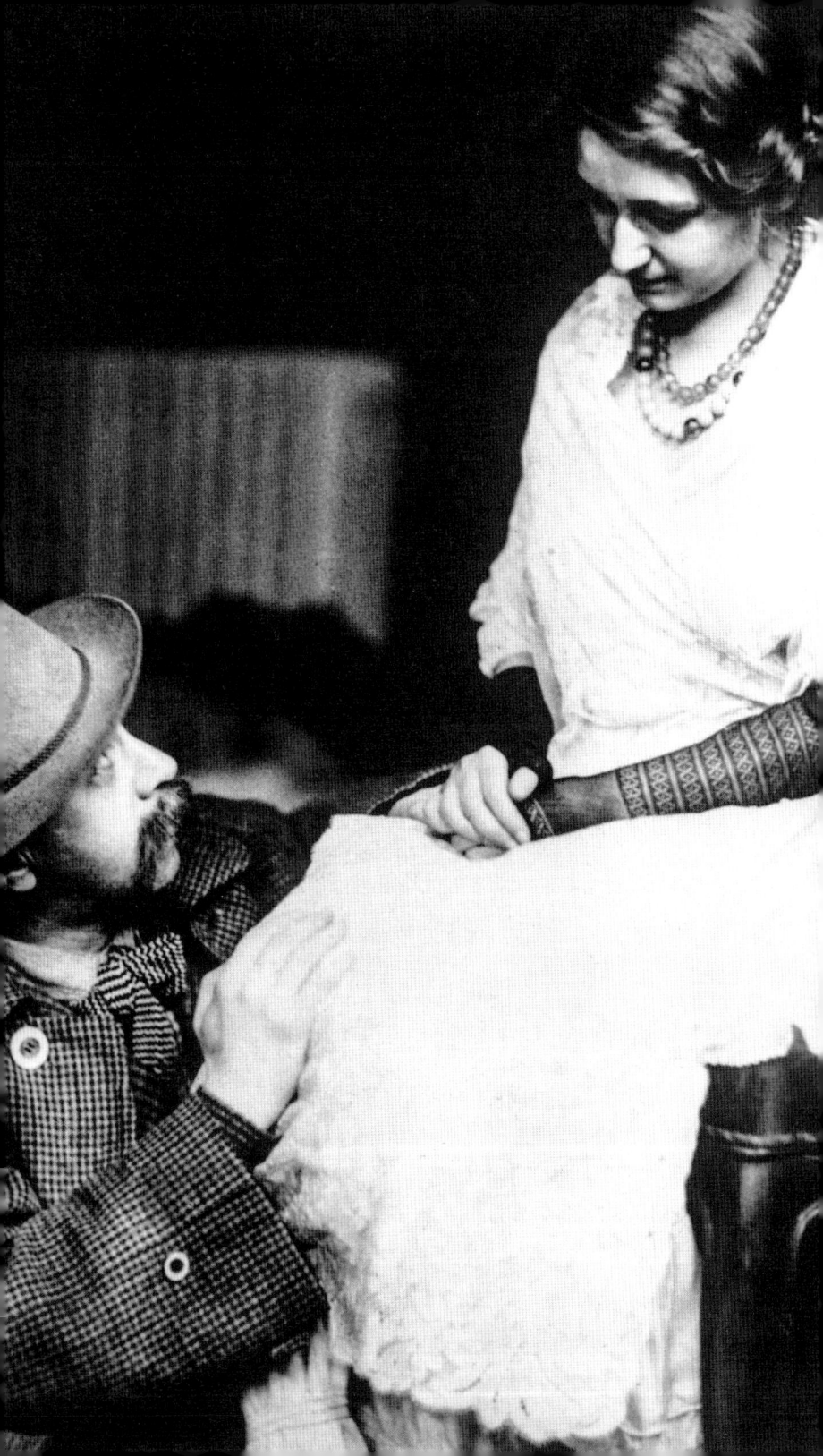

MARIE LANG (1858–1934),
LINA LOOS (1882–1950),
GINA KAUS (1893–1985) UND
GRETE WIESENTHAL (1885–1970)

MARIE LANG, die Tochter von Franz Karl Wisgrill (Wißgril), wird am 8. März 1858 in Wien geboren und später zu einer bekannten Frauenrechtlerin.[1] Ihr Vater ist ein angesehener Zimmermann. Von ihm hat sie die Begeisterung für Liberalismus, Kunst und Kultur geerbt. Marie wächst behütet in einem bürgerlichen Haus auf. Sie engagiert sich für die aus England kommende Settlement-Bewegung, die – mit einem kulturellen Angebot – die Brücke zwischen Bürgern und Arbeitern schlagen möchte.[2] Maries Interesse gilt den Zeitfragen auf intellektuellem und sozialem Gebiet. Die Ehe mit dem Hofjuwelier Theodor Köchert hält nur kurz. Sie verliebt sich in den Juristen Edmund Lang, die beiden heiraten kurz darauf. Eine Freundin beschreibt die junge Frau als „blond, helläugig, fröhlich"[3]. Marie verkörpert die „moderne Weiblichkeit"[4] der Zeit.

Die Langs versammeln jeden Abend Intellektuelle und Künstler um sich, zunächst in der Belvederegasse, dann auf der Linken Wienzeile. Adolf Loos wird beauftragt, das erste Stockwerk zu gestalten. Die soziale Struktur des Kreises um Marie, die sich für die Bildung der Arbeiterschaft einsetzt, ist auf Musiker, Maler, Frauenrechtlerinnen, Ärzte und Politiker beschränkt. Arbeiter werden nicht eingeladen. Ihr Salon gehört vor allem um die Jahrhundertwende zu den größten Anziehungspunkten in Wien. Ihre Kinder gehen darin ein und aus und nehmen an den Zusammenkünften der Erwachsenen teil. Im *Neuen Wiener Tagblatt* schreibt Rudolf

Zählt zu den schönsten Frauen ihrer Zeit: Lina Loos, bewundert und verehrt von Peter Altenberg.

„Feste der Konversation" (Robert Scheu) bis weit nach Mitternacht: die Frauenrechtlerin Marie Lang.

Huber-Wiesenthal: „Die Kinder machten schon alle sozialen und kulturellen Kämpfe als leidenschaftliche Parteigänger mit." Und weiter: „All das, was junge Leute sich zu jener Zeit erst erkämpfen mußten, das wurde den Lang-Kindern von den Eltern, der Mutter vor allem, entgegengebracht."[5]

An der neuen Kunst herrscht großes Interesse und Marie sucht Gespräche mit Künstlern, die ihr Schaffen erklären. Tagesaktuelle Themen sind ebenfalls Gegenstand von Auseinandersetzungen. Rudolf Huber-Wiesenthal: „An zahllosen Abenden konnte ich, was immer an sozialen Geschehnissen zu jener Zeit vor sich ging oder an künstlerischen Leistungen hervorgebracht wurde, in den Gesprächen der fast stets durch Gäste erweiterten Runde wie ein persönliches Schicksal erleben, den Kampf der Sezession oder den Kampf Gustav Mahlers ebenso wie den Isadora Duncans."[6]

Der 1935 verstorbene Journalist Stefan Großmann berichtet über seine Abende im Hause Lang: „Es wurde kein literarischer Schwatz getrieben und eigentlich auch kein politisches Gesalbader. Nie wurde geklatscht, der persönliche Tratsch war, ohne daß man sich verabredete, verboten. Es fehlte aber auch alles Dozierende, nur ausnahmsweise gab einer von uns gelegentlich eine Probe aus einem neuen Buch, oder ein Arzt erzählte von einer neuen medizinischen Theorie ... Die Voraussetzung jedes Gesprächsteilnehmers war nur die, daß er Selbsterlebtes zum besten gab. In nächtlicher Stunde erzählte Marie Lang ihre Träume."[7]

Robert Scheu schreibt in der *Arbeiter-Zeitung*, dass die regelmäßigen Zusammenkünfte im Hause Lang zur „stärksten Attraktion in Wien" zählen: „Jahraus, jahrein, Abend für Abend, war dort ein permanentes Picknick, zu dem sich die Freunde und die jeweils eingeführten Gäste versammelten als zu einem Fest der Konversation, die sich regelmäßig bis weit nach Mitternacht erstreckte."[8] Rosa Mayreder begeistert Marie Lang für die Ideen und Ziele der Frauenbewegung.

Grete Wiesenthal lernt Erwin Lang kennen, der sie in das Haus seiner Eltern einführt. „Durch seine Familie erschloß sich mir eine neue Welt. Seine Mutter Marie Lang hatte einen klingenden Namen in der Frauenbewegung. Sie war durch ihr hinreißendes, pathetisches Temperament die beste agitatorische Kraft, die man sich für die Verbreitung und Popularisierung einer Idee nur wünschen konnte."[9]

Marie ist Mitinitiatorin des „Wiener Frauenclubs", der 1900 seine Tore im Trattnerhof in der Innenstadt öffnet, und gibt die Zeitschrift *Dokumente der Frauen* heraus. Sie hat einen großen Bekanntenkreis, kommt mit fortschrittlichen Ideen in Berührung, viele ausländische Gesandte der Frauenbewegung trifft man bei ihr, also Menschen, die Neues kreieren. „Zwischen immer wiederkehrenden Besuchen saßen sehr häufig Gäste aus aller Welt; war es einmal Ellen Reh, so war es ein andermal ein unbekannter junger Mensch, den nur seine Person empfahl."[10]

Grete Wiesenthal erinnert sich: „Diese Frau hatte tagsüber keine Zeit, Besuche zu empfangen oder abzustatten. Doch am Abend war sie für diejenigen, die einmal bei ihr eingeführt waren, immer zu Hause zu treffen, ohne daß es nötig gewesen wäre, sich vorher anzusagen. Bei einer Tasse Tee konnte man sich dann an den mannigfaltigsten Gesprächen beteiligen oder denselben zuhören."[11]

LINA LOOS wird als Carolina Catharina Obertimpfler am 9. Oktober 1882 in Wien geboren. Sie entstammt einer bekannten Wie-

ner Cafétier-Familie, der das von vielen Künstlern frequentierte Café Casa Piccola an der Ecke Mariahilfer Straße/Rahlgasse gehört. Nach der Gymnasialzeit nimmt Lina Schauspielunterricht und feiert erste Erfolge in Berlin, München und Wien. Schon in sehr jungen Jahren ist sie eine Wiener Schönheit, die von Literaten wie Peter Altenberg, Egon Friedell oder Franz Theodor Csokor verehrt wird.

Die Ehe mit Adolf Loos endet mit einem Skandal: Lina Loos. Foto von Carl Pietzner, um 1904.

Von 1902 bis 1905 ist sie mit dem um mehr als zehn Jahre älteren Architekten Adolf Loos verheiratet. Ein Verhältnis ihrerseits beendet die kurze Ehe mit einem Skandal, Lina verlässt nach der Scheidung Wien und geht nach Amerika, wo sie sehr erfolgreich Theater spielt. Noch vor Beginn des Ersten Weltkrieges kehrt sie nach Europa zurück und bleibt als Schauspielerin und Kabarettistin bis 1938 in Deutschland und Österreich. Nach dem Ende des Zweiten Weltkriegs setzt Lina ihre Karriere als Feuilletonistin und Journalistin fort. Die Weltkriege machen sie zur überzeugten Pazifistin.

Lina Loos zählt zu den schönsten Frauen ihrer Zeit und ist Mittelpunkt in Wiens kulturellem und geistigem Leben. Ihr Haus in der Sieveringer Straße 107 wird häufig und gerne besucht. Zu ihren Freunden und Bekannten zählen Peter Altenberg, Egon Friedell, Franz Theodor Csokor, Franz Werfel, der deutsche Schriftsteller Friedrich Carl Georg Kaiser, Berta Zuckerkandl und Grete Wiesenthal.

Sie stirbt am 6. Juni 1950 in Wien.

GINA KAUS wird als Regina Wiener am 21. Oktober 1893 in Wien geboren. Der Vater ist ein kleiner Geldverleiher, der mit seiner Familie in Wien häufig die ärmlichen Wohnungen wechselt. „Mein Vater war arm", schreibt Gina, „nicht bloß arm – sehr arm. Ich hatte immer nur ein einziges Kleid. Das hat mich sehr gestört, denn ich war immer sehr eitel."[12] Dennoch besucht sie das Mädchenlyzeum des Schulvereins für Beamtentöchter in der Langen Gasse in der Josefstadt in Wien. Sie legt die Staatsprüfung in Englisch ab, wird Englischlehrerin. Weil sie keine Schülerinnen findet, arbeitet sie im Allgemeinen Krankenhaus in einem Laboratorium. Kaum zwanzigjährig heiratet sie 1913 den Musiker Josef Zirner, der wenig später im Ersten Weltkrieg fällt. Im Jahr 1916 adoptiert sie der verheiratete Josef Kranz, ein vermögender, ferner Verwandter ihres Mannes, um seinem Verhältnis mit Gina einen Anschein von Legitimität zu geben. So kann sie ungehindert im Palais in der Liechtensteinstraße leben. Sie ist mit Dichtern befreundet, und wenn Kranz auf Reisen ist, arrangiert Gina festliche Abendessen für sie. Später wird sie Franz Blei, den Geliebten und Förderer ihrer schriftstellerischen Karriere, als Sekretär für Kranz engagieren.

„Mein Lebensinhalt war zu dieser Zeit der Kreis, der sich um Blei gebildet hatte. Ich ging, wann immer ich konnte, zu ihnen ins ‚Café Herrenhof‘, meist nach dem Mittagessen … Blei hatte durch seine Persönlichkeit mehr als durch seine geistige Überlegenheit diesen Kreis gebildet. Die Männer schätzten, aber sie überschätz-

Ihre Wohnung wird zum Intellektuellen-Treffpunkt: Gina Kaus. Foto von Trude Fleischmann, 1927.

Marie Lang, Lina Loos, Gina Kaus und Grete Wiesenthal

ten ihn nicht, ich hörte manche kritische, kaum je eine abfällige Bemerkung."[13]

Dieser Zirkel um Franz Blei weckt bei Gina das Interesse an Politik. Sie engagiert sich für die sozialen Belange der Arbeiterschaft, in der sozialen Struktur ihres Salons sind Arbeiter jedoch nicht zu finden. In den Jahren 1917/18 wird Ginas Atelier-Wohnung in der Strudlhofgasse zu einem „Treffpunkt für die intellektuelle Avantgarde der Kaffeehäuser".[14] Dieses bohèmehafte Leben bietet einen willkommenen Kontrast zu dem bourgeoisen im Palais Kranz. Sie fühlt sich als Revolutionärin und etabliert diesen Treffpunkt außerhalb der großen Gesellschaft. Ein kleiner intimer Kreis versammelt sich. Die Freunde teilen hier und im Café Herrenhof ihre Sorgen um die politische Entwicklung und ihre literarischen Werke.

Gina beginnt bereits in jungen Jahren zu schreiben. Ihre Komödie *Diebe im Haus* wird 1917 – Gina ist 24 Jahre alt – am Burgtheater uraufgeführt und legt den Grundstein zu ihrem lebenslangen

Wurde von Oskar Strnad für Josef Kranz, den „Adoptivvater" von Gina Kaus, umgebaut: das Palais Kranz in der Liechtensteinstraße 53–55.

schriftstellerischen Erfolg. Durch ihre plötzliche Bekanntheit findet sie rasch Zugang zu den literarischen Kreisen, zu Hermann Broch, Paul Streker, Robert Musil, Franz Blei, Egon Erwin Kisch, Ernst Pollack, Anton Kuh und Franz Werfel. Mit Milena Jesenká, der Freundin Franz Kafkas, und der Operettensängerin Fritzi Massary pflegt Gina eine enge Freundschaft, mit Karl Kraus telefoniert sie täglich.

Nach dem Ersten Weltkrieg tritt sie selbstbewusst in einem männerdominierten Gebiet auf. Als Schriftstellerin nimmt sie nicht – wie die meisten anderen Salonièren – nur passiv am Kulturleben teil, sondern aktiv mit ihren eigenen Werken.[15]

Gina pflegt literarische Freundschaften. Im Café Herrenhof beteiligt sie sich lebhaft an den Diskussionen. Sie spornen sie in ihrem Schaffen an. Otto Kaus, einen Schriftsteller und Psychologen, lernt sie in diesem Kreis kennen, er wird 1920 ihr zweiter Mann, das Paar bekommt in der sechs Jahre dauernden Ehe zwei Söhne. Zu Beginn der zwanziger Jahre besucht Gina die Privatseminare Alfred Adlers, mit dem sie befreundet ist und dessen psychologische Ansätze sie sehr überzeugen. Sie arbeitet in einer seiner Frauenberatungsstellen mit und gründet die Zeitschrift *Die Mutter*. Ginas Werk ist von der Schulung durch Alfred Adler wesentlich beeinflusst und kreist ausschließlich um das Thema Liebe.

Im Jahr 1924 übersiedelt das Ehepaar Kaus nach Berlin, wo Gina sich mit Vicky Baum anfreundet und Ernst Toller, Ferdinand Bruckner, Walter Hasenclever und Rudolf Leonhard kennenlernt. Ende der zwanziger Jahre setzt sie sich als Schriftstellerin durch. Neben Kurzgeschichten veröffentlicht sie 1932 den Roman *Die Überfahrt*, der nach Hollywood verkauft wird und Geld bringt. 1933 erlebt ihr Salon eine Hochblüte in der Augustiner Straße 8 im 1. Wiener Bezirk. Dort setzt man die intellektuellen und literarischen Diskussionen aus dem Café fort. Zu den Gästen gehören: Robert Neumann, Alfred Polgar, Robert Musil, Fritz von Herzmanovsky-Orlando, Milan Dubrovic, Friedrich Torberg und

Ernst Pollak.[16] Karl Kraus ist selten in Ginas Salon anzutreffen, er schätzt aber ihre Begleitung bei seinen Runden durch die Wiener Kaffeehäuser. „Der Journalist war fasziniert von Ginas unbekümmertem Lebenswandel und ihrem Lebensmut."[17]

Robert Musil hingegen verkehrt gerne bei Gina. „Sein auf Distanz bedachtes Verhalten wurde als Arroganz und überheblicher Stolz ausgelegt, viele empfanden ihn als spröden Sonderling, der sich so gar nicht in die die heiter gelösten Formen der üblichen Wiener Geselligkeit einzufügen vermochte."[18]

1938 emigriert Gina Kaus über die Schweiz und Paris nach Amerika, wo sie sich nach einem kurzen Aufenthalt in New York in Hollywood niederlässt, um für Filmgesellschaften zu arbeiten. In der Emigrantenkolonie ist sie befreundet mit Bert(old) Brecht, dem Komponisten Hans (Johannes) Eisler, dem Drehbuchautor und Schauspieler Fritz Kortner, Saskia Viertel, dem Schriftsteller und Drehbuchautor Georg Froeschel und nach wie vor mit Schriftstellerin und Musikerin Vicky Baum. Zwischen 1948 und 1951 lebt sie in Berlin und Wien, kehrt aber wieder in die Vereinigten Staaten zurück. Ihre Biografie *Katharina die Große* führt nach ihrem Erscheinen in den USA 1955 zwei Monate lang die Bestsellerlisten an.

Gina Kaus zählt zu den wenigen Exilanten, die in den USA ihre Karriere erfolgreich fortsetzen können. Zahlreiche ihrer Werke – Romane, Bühnenstücke – werden verfilmt. Schon 1921 erhält sie den Fontane-Preis, 1927 wird sie mit dem Goethe-Preis ausgezeichnet, zahlreiche andere Ehrungen folgen. Sie kann sich nicht entschließen, nach Europa zurückzukehren, und stirbt am 23. Dezember 1985 in Los Angeles.

GRETE WIESENTHAL wird am 9. Dezember 1885 in Wien geboren. Die unkonventionelle Familie lebt in der Josefstadt und zieht später in ein Haus in Hietzing. Der Vater, der Kunstmaler Franz Wiesenthal, bringt seinen Kindern, sechs Mädchen und einem Buben, Lebensfreude bei, spielt mit ihnen, nimmt sie ins Theater mit, ihr Kulturbewusstsein entwickelt sich früh. Die Musik ist zentral und stets gegenwärtig.

„Schon der Raum, der ganz eigens des Vaters Raum war, sah seltsam genug aus und hatte in anderen bürgerlichen Wohnungen, wie die Kinder sie kannten, nicht seinesgleichen. Es standen dort hohe Gestelle umher, die Bilder trugen, weil Bilder hingen an den Wänden, schön gerahmt und ungerahmt, Gipsabgüsse hingen dazwischen, es standen in dem Raum geschnitzte Sessel, irgendwo wallte von der Decke Samt zu Boden ... in einer alten Vase breiteten sich anstatt Blumen langstielige Pinsel aus. Und das eigentümlichste war über allem ein feiner, heller Geruch. Den Mädchen mußte bald klar sein, daß nirgendwo anders ein Raum zu finden war, in dem sich auch nur annähernd so gut spielen ließ wie in diesem."[19]

Ein „Ausnahmemensch" (Alfred Polgar): Grete Wiesenthal als Zephyr in „Die Windsbraut". Foto von Franz Xaver Setzer.

Schon als Kind umgibt Grete eine „Aura besonderer Auserwählt-heit". Sie tanzt im Hofopernballett. Gustav Mahler entdeckt die Siebenjährige als ideale Besetzung für die „Stumme von Portici". Mit diesem Debüt beginnt ihre sagenhafte Karriere, sie entwickelt sich zu einer Koryphäe des Wiener Opernballetts, bis sie zur international gefeierten Solotänzerin aufsteigt und auch als Choreografin und Tanzpädogogin berühmt wird. Im Zimmer ihrer Kindheit steht ihr erstes Podium: „Es ist ganz still, niemand ist da. Doch nein, dort auf einem Podium vor dem Fenster steht ja ein kleines Mädchen ... Ich selbst bin es und nur ganz versunken im Schauen über die Dächer, wo man die blauen Berge sieht, die Wien umschließen."[20]

Schon frühzeitig tritt Grete mit ihren Schwestern Elsa und Bertha auf, im Jänner 1908 vor einem prominenten Publikum, zu dem auch Peter Altenberg, Hugo von Hofmannsthal, Gustav Klimt und Kolo Moser gehören. Seit diesem Jahr tanzt sie auch eigene Werke. 1910 trennt sie sich von ihren Schwestern und beginnt den Weg zur Solokarriere. Sie heiratet den Maler Erwin Lang, 1911 kommt ihr Sohn Martin zur Welt.

Als Solistin tanzt sie mit großem Erfolg in Strauß-Walzern und Liszt-Rhapsodien. Wiesenthal arbeitet als Choreografin, aber auch als Tänzerin für Max Reinhardt, Hugo von Hofmannsthal und die Salzburger Festspiele, sie arbeitet für Heinz Hilpert und Oscar Fritz Schuh, sie gründet ihre eigene Schule und wird später Professorin für künstlerischen Tanz an der Akademie für Musik und darstellende Kunst in Wien. Gelegentlich tritt sie mit Partnern wie Toni Birkmeyer und Willy Fränzl auf. Auf Gastspielen und Tourneen, die sie in fast alle großen europäischen und amerikanischen Städte führen, bejubelt sie das Publikum. Sie wird „gewissermaßen zur Erneuerin des Wiener Walzers, der durch ihre Grazie, ihren tänzerischen Esprit vom Status naiver Volkstümlichkeit in den Adelsstand reiner, absoluter Tanzkunst erhoben wurde".[21] Ihre Autobiografie erscheint unter dem Titel *Iffi. Roman einer Tänzerin*[22].

Grete Wiesenthals Kunst ist geprägt durch die „inspirative Epoche der Jahrhundertwende. In ihrem tänzerischen Ausdeutungen, die zärtlich umweht waren von dem morbiden Duft des *fin de sciècle*, spiegelte sich bereits der graziöse Linienschwung des Jugendstils und ließ seine ornamentalen Konturen erkennen"[23], wie Milan Dubrovic beschreibt.

Auch Egon Friedell berührt Grete Wiesenthals „adelige Kunst": „Ihre Hände, jede Biegung ihres Körpers reden eine hundertemal edlere Sprache als alle Verse Raimunds und selbst Goethes und Shakespeares."[24]

Alfred Polgar, Schriftsteller und Feuilletonist, spricht in seinem präzisen Urteil außer der Kunst auch das Menschliche an: „Eine Frau von vollkommenem, durch Zeit und vieles Schicksal überschleierten Liebreiz, ein Ausnahmemensch, unverrückbar sicher im Schutz seiner äußeren und inneren Kultur. Nichts hat ihr das diebische Leben weggenommen von der Gabe, Gott und den Menschen angenehm zu sein."[25]

Ihre „innere Kultur" ist geprägt von Religiosität und ihrem „freien, undogmatischen Denken", beides tief in ihrem Gemüt verwurzelt und im Widerstreit. „So hatte sie Schwierigkeiten, ihr natürliches, instinktives Gottesbewußtsein mit konfessionellen Lehrmeinungen und Glaubenssätzen in Einklang zu bringen."[26]

Der Salon von Grete Wiesenthal ist „ein Zentrum des gesellschaftlichen und intellektuellen Lebens, zugleich eine Adresse, die weltanschauliche Geborgenheit, Zuflucht für das freie Gespräch und jene vertrauenerweckende Intimität zu bieten vermochte, ohne die geistiges Leben nicht gedeihen kann"[27].

Gretes Gäste sind in erster Linie langjährige Freunde aus der künstlerischen Elite, mit der die gefeierte Tänzerin seit Jugendtagen in Verbindung steht. Gemäß dem künstlerischen Anspruch der Hausfrau richtet Architekt Otto Niedermoser deren Wohnsitz ein: „Mittelpunkt des weiträumigen Domizils war der angenehm proportionierte große Salon, dessen Wände mit hellgrauen, fal-

Sicher im Schutz ihrer „äußeren und inneren Kultur": Grete Wiesenthal bei der Probe zu „Wiener Walzer". Foto von Lothar Rübelt, 1939.

tenreich fallenden Seidenvorhängen drapiert waren. Eine biblische Szene, von dem Maler und Freund des Hauses Müller-Hofmann in einem großflächigen Gemälde mit El Greco-haft leuchtenden Farben geschildert, verlieh dem Raum einen Hauch sakraler Würde. Zwei Plastiken, zwischen den Sitzgarnituren postiert, eine schwarze Buddha-Büste und die edle Figur eines schlanken Epheben betonten das feierliche Ambiente.

In diesem fast bühnenhaft anmutenden Dekor bewegten sich die Gäste, ehe sie in einem lockeren Halbrund um den hohen Lehnstuhl der Hausfrau Platz nahmen. Eine Szenerie, die heute einer schnell dahinschwindenden Zahl einstiger persönlicher Freunde in Erinnerung geblieben ist, während der Name Grete Wiesenthal und der Ruf, der sich mit ihm verbindet, in eine Ferne zu entschwinden droht, wo Ereignisse und die beteiligten Menschen sich zur Legende verklären."[28]

In ihrem Haus herrscht eine Art ungeschriebene Hausordnung, die eine geduldige Gesprächsführung gebietet. Grete Wiesenthal ist „in der tugendhaften Fähigkeit des Zuhörenkönnens"[29] Vorbild. „Da saß sie, hoheitsvoll aufgerichtet auf ihrem hohen Lehnstuhl, die gütigen, verständnisvollen Augen auf das Gesicht des Sprechenden geheftet, als wollte sie ihn mit Auge und Ohr erst ganz in sich aufnehmen, ehe sie aus sich selbst heraustrat. Sie horchte, forschte, sog die Worte wägend und prüfend in sich ein, mit ihrem Blick zugleich in das Innere ihres Gegenübers dringend, um dessen Beschaffenheit möglichst total zu erfassen. Der jeweilige Gesprächspartner sollte das Gefühl bekommen, von allen ringsum im Augenblick der Gescheiteste zu sein. Hilflos fast verstört, erlosch jedoch ihr Antlitz, wenn Lautstärke und Tempo von Frage und Antwort ungebührlich exzedierten. Dann verlor sich ihr Blick über die Gäste hinweg im weiten, leeren Raum der Langeweile."[30]

Sorgfältig wählt Grete Wiesenthal die Gäste für ihre Gesprächsrunden aus und führt sie nach ihren künstlerischen und intellektuellen Neigungen zusammen. Zu ihren engsten Freunden gehören Hugo von Hofmannsthal, seine Frau Gerty, sein Sohn Raimund und seine Tochter Christine, mit denen Grete Wiesenthal nach Hofmannsthals frühem Tod in enger Verbindung bleibt. Nach dem Krieg ist sie im Sommer Gast der Familie in deren Schloss Prielau. Arabella, Enkelin des Dichters, lebt eine Zeit lang bei Grete, um besser Wienerisch zu sprechen. Die Freundschaften mit den Literaten Rudolf Alexander Schröder, Max Mell, Franz Theodor Csokor, Felix Braun und Carl Zuckmayer gehen auf ihre Jugendzeit zurück.

1938 zieht sich Grete Wiesenthal von der Bühne zurück. Während der Zeit des Nationalsozialismus und des Krieges hilft sie, wie sie nur kann. In ihre Wohnung Am Modenapark 6 im 3. Bezirk flüchten sich Verfolgte und Regimegegner. „So wurde ihr Haus zu einem der getarnten Zentren oppositioneller Aktivitäten, einem Refugium für Verfolgte und Gefährdete, die hier in einem Kreis von Gutgesinnten Unterstützung fanden."[31] Die SA befragt Wiesenthal unter Drohungen einmal in ihrem Haus, doch mit ihrem entwaffnenden Charme und ihrem verwunderten Lächeln meistert sie die Situation.

„Auf der Suche nach politischen Gegnern hätte die Gestapo an manchen Nachmittagen oder Abenden bei Grete Wiesenthal billige Erfolge zu erzielen vermocht. Aber polizeiliches Durchgreifen hatte manchmal dort seine Grenzen, wo limitierte Freiräume für Andersdenkende bewußt in die Sicherheitsstrategie der Geheimpolizei einkalkuliert waren. Von den Wiesenthalbesuchern waren keine spektakulären Aktionen zu erwarten, ihre Art des Widerstandes gegen das Regime vollzog sich ohne Gewalt. Der Widerstand bestand darin, das Leben von Verfolgten, Geächteten, in den Untergrund Geflüchteten zu sichern, das Leben von moralisch Intaktgebliebenen und Gutgesinnten für eine bessere Zukunft zu bewahren."[32]

Gerhart Hauptmann, „der letzte Dichterfürst klassischen Gepräges"[33], wird 1942 anlässlich seines 80. Geburtstags mit einem durch Baldur von Schirach arrangierten großzügigen Fest und sechs Aufführungen gefeiert. Schirach vertritt damit eine andere Haltung als Joseph Goebbels, der den Theatern Deutschlands jede Huldigung Hauptmanns verbietet. Für Hauptmann ist Grete Wiesenthal die „Symbolfigur Wiens". In besinnlichen Stunden mit ihr, seiner Frau Margarethe und seinem Sohn Benvenuto hält er einen Rückblick, über den Grete schweigt wie über so vieles andere. Im Haus der Wiesenthal findet er in seinen späten Jahren Zuflucht und Geborgenheit.

Auch nach dem Zweiten Weltkrieg wird Gretes Domizil ein Treffpunkt für Menschen aus Kultur und Politik bleiben: „Mit ihrem festgefügten Sinn für Kontinuität fühlte die sechzigjährige Grete Wiesenthal sehr bald nach Kriegsende die Verpflichtung, ihre große Fähigkeit zur Zusammenführung von Menschen unterschiedlichster, auch gegensätzlicher Provenienz zu mobilisieren und ihnen in einer Atmosphäre privater Vertraulichkeit Gelegenheit zu freimütig-engagierten Auseinandersetzungen zu geben."[34] Freunde kehren aus dem Krieg, dem Exil oder der politischen Haft heim. „Es waren Persönlichkeiten, die durch ihre Stellung und Tätigkeit besonders befähigt und willens waren, dem spirituellen Leben Wiens neue Impulse zu geben, das Denken und Fühlen der Menschen nach den Irritationen und Verführungen einer Ära der Propaganda und Suggestion wieder in sinnvolle Bahnen zu lenken. Zwangsläufig ergab sich daraus ein gestärktes Interesse an religiöser Thematik."[35]

Milan Dubrovic nennt einige der vielen Namen aus Literatur, Kultur und Politik, die zu diesem Kreis Wiesenthals gehören: „Carl Zuckmayer mit seiner unter dem Namen Alice Herdan schriftstellernden Frau, seiner Tochter Winnetou und deren Mann, dem Lyriker Michael Guttenbrunner, Alfred Polgar, Rudolf Kassner, Felix Braun, Ernst Lothar, Franz Theodor Csokor, Max Mell, Alois Dempf, August M. Knoll, Friederich Heer, Leo Gabriel, Otto Mauer, Otto Schulmeister, Egon Seefehlner, Franz Salmhofer, Heimito von Doderer, Egon Hilbert, Prälat Lex, Bernhard Degenhart, Toni Birkmayer, die Schwestern Gunda und Lisi Krippel, Käthe Gold, Aenne Michalsky und Imma von Bodmershof."[36]

Die Künstlerin und Salondame Grete Wiesenthal stirbt 1970 vierundachtzigjährig in Wien. Die Ära der Wiener Salontradition geht mit ihr zu Ende. „Noch im hohen Alter lag der Abglanz ihres Ruhmes auf ihrem mädchenhaft faltenlosen Antlitz."[37]

EUGENIE SCHWARZWALD
(1872–1940)

„Eugenie Schwarzwald ist eine Pionierin, der in der Geschichte der Erziehung in Österreich eine herausragende Stellung zukommt. Sie hat vor allem auf dem Gebiet der Mädchenerziehung Außerordentliches geleistet, und ihre beharrliche, aber leichte und ironische Art, mit der sie ihre Neuerungen gegen bürokratische Betonköpfigkeit durchzusetzen verstand, ist heute noch vorbildlich. Dabei verkörperte Dr. Eugenie Schwarzwald, Genia oder ‚Fraudoktor‘, wie sie allgemein genannt wurde, den moderaten, nicht-militanten Typ der emanzipierten Frau, die ihre reformatorischen Anliegen hinter dem Schild eines traditionellen Frauenbildes in die Gesellschaft trug.“[1] So beschreibt sie Beatrix Schifferer. Eugenie Schwarzwald nimmt in ihrem pädagogischen und sozialen Werk vieles von dem vorweg, was uns heute selbstverständlich ist.

Eugenie Schwarzwald, geborene Nußbaum (Nussbaum), wird am 4. Juli 1872 in Połupanówka bei Tarnopol in Galizien geboren und verbringt die ersten 23 Jahre ihres Lebens in Czernowitz. Ihre Eltern sind Leo und Ester Nußbaum.

Über ihre Schulzeit schreibt sie: „Ich war als Kind in einer jener dumpfen, kalten, muffigen und gehässigen Schulen, wie sie Ende der achtziger und zu Anfang der neunziger Jahre in allen Ländern üblich waren. Da ich ein geselliges Wesen bin, war ich beim Eintritt in die Schule fest entschlossen, meine siebzig Kolleginnen und acht Lehrer glühend zu lieben. Aber das war ganz unmöglich. Sie ließen sich nicht lieben. Die Atmosphäre war mit Spannung geladen … Außerdem langweilte ich mich geradezu frenetisch … Je

Eine emanzipierte Frau setzt sich gegen „bürokratische Betonköpfigkeit“ durch: Eugenie Schwarzwald. Foto: Atelier Becker & Maas.

älter man wurde, desto schwerer fand man es, zur Schule zu gehen … Die geistige Entfernung schritt von Stunde zu Stunde fort. Heimlich las man gute Bücher, statt der in der Schule empfohlenen schlechten … Allmählich fing man an, seine geistige Nahrung unter der Bank zu suchen … Bis auf den heutigen Tag gibt es für mich keine anheimelndere Farbe als das Rosabraun der Reklam Büchel …"[2] Doch sie leidet unter der Geheimnistuerei: „Ein ordentliches Kind mag nämlich keine Geheimnisse haben. Man wusste nicht, was man durfte und was nicht, und so verschwieg man alles. Und dies alles lag einem dann schwer auf der Brust und raubte einem die Selbstachtung und den Frieden."[3]

Für Genia ist die Jugend eine Qual, der Abschluss der Schule eine Erlösung. „Man hatte die Jugend zu überstehen, um ein Erwachsener zu werden."[4]

Nach der Matura sucht sie neue Perspektiven und geht in die Schweiz. Sie studiert Philosophie und Literatur und promoviert schließlich als eine der ersten Frauen im Jahre 1900 an der Universität Zürich, an der bereits seit den 1860er Jahren Frauen zum Studium zugelassen werden. Ihr Ziel ist es, pädagogisch tätig zu sein. Während sie das Lehrerinnenseminar besucht, reift in ihr der Entschluss, der Enge zu entfliehen, um Eigenes zu schaffen. Bei ihrem Studium wird sie von ihrem Schwager und Cousin Viktor Nußbaum und ihrem späteren Mann Hermann Schwarzwald finanziell unterstützt.

Um Mitte der zwanziger Jahre erscheint in *Zu meiner Zeit […] zur Naturgeschichte des jungen Mädchens*[5] ein Artikel von Eugenie über ihre Studienzeit: „Diesen Altersgenossinnen zu entfliehen, bezog ich die Universität Zürich. Hier aber fand ich keine jungen Mädchen. Um hier zu studieren, mußte man einen Knax haben. Vorher fing man nicht an. Man kam zum Studium aus unglücklicher Liebe, aus Weltschmerz, oder, und das war das schlimmste, aus Grundsatz. Jedes Mädchen, welches mit Müh und Not Matura gemacht hatte, war nämlich ein Pionier. Lauter Brünhilden. Jeder

Ausspruch trug Harnisch. Alle wollten sie's den Männern endlich zeigen. Ob sie sezierten, ob sie Phonetik trieben oder vor einer Retorte standen, immer waren sie Priesterinnen und handelten in einer Mission. Immer galt es, etwas vorzustellen, jemand zu überzeugen, zu übertrumpfen. Wer seine Verachtung der Männer am besten in Kleidung und Haltung auszudrücken verstand, wurde Präsidentin des Studentinnenvereines. Jeden ersten Mittwoch im Monat ging eine Abordnung zum Rektor, um sich zu beklagen, daß der Professor der Romanistik, der seit vierzig Jahren vortrug, alter Gewohnheit gemäß noch immer ‚meine Herren‘ sagte, obgleich unter seinen 150 Hörern auch drei Mädchen saßen. Sie wären doch so brennend gern Männer gewesen, wollten sich aber durchaus nicht so ansprechen lassen. Es war ein Jammer. Für diesen aber fehlte mir augenscheinlich das Organ. Irgend ein Zweifel an der Wichtigkeit dieser Dinge lebte in mir und trug mir manche Rüge meiner Studienkolleginnen ein. An einem traurigen Abend, ich hatte gerade einen Vortrag über Eugen Dührings ‚Der Weg zur höheren Berufsbildung der Frauen‘ gehalten, fiel mir gegenüber ein Wort, das in Züricher Studentinnenkreisen als ‚touché‘ galt. ‚Sie sind keine Studentin, Sie sind eine anmutige Haustochter.‘ Ich war erschüttert. Und dann kam eine Prophezeiung, ausgesprochen mit der Stimme der bösen Fee im Märchen: ‚Sie werden bald heiraten.‘ Da brach ich zusammen. Eine schlaflose Nacht folgte dieser Szene. Aber wie schon die Jugend einmal ist, die sich durch nichts ganz niederdrücken läßt, am Morgen war ich merkwürdig frisch, hörte vier Stunden Kolleg, erteilte der Tochter des Bäckermeisters Vaterlaus (ich schwöre, sie hieß so) Literaturunterricht um 50 Centimes die Stunde, speiste in der ‚Pomona‘ Karottenschnitzel mit Himbeersaft und übersetzte noch spät in der Nacht eine ukrainische Novelle ins Deutsche, wofür ich von der Zeitschrift ‚Aus fremden Zungen‘ fünf Pfennig pro Zeile bekam. Diese vielseitige, wenn auch nicht einträgliche Tätigkeit brachte es mit sich, daß ich völlig vergaß, die arbeitende Frau würdig zu repräsentieren.“[6]

Eugenie Nußbaum promoviert am 30. Juli 1900 zum Dr. phil. und lässt ihre Dissertation *Metapher und Gleichnis bei Berthold von Regensburg* 1902 im Eigenverlag in Wien drucken. In ihrer Vita schreibt sie: „Ich studierte 10 Semester in Zürich deutsche Sprache und Literatur, englische Sprache, Philosophie und Pädagogik, wobei ich nicht verabsäumte, auch in den angrenzenden Wissensgebieten mich umzusehen. Seit Abschluß meiner Studien wirke ich als Direktorin eines Mädchen-Lyceums (mit Gymnasialkursen) in Wien."[7]

Im Dezember desselben Jahres heiratet Eugenie Dr. Hermann Schwarzwald, der bereits seit 1898 in Wien lebt. Sie nimmt mit dem 1900 gegründeten „Wiener Frauen Club" Kontakt auf und ist Adolf Loos, der die Räume gestaltet hat, wohl schon Anfang 1901 dort begegnet. Zwischen Loos und dem Ehepaar Schwarzwald entsteht eine lebenslange Freundschaft. 1909 ziehen Genia und Hermann Schwarzwald in die Josefstädter Straße 68, wo sie das Haus im Hof mieten und bis zur Emigration 1938 wohnen. Dieses Haus wird der Mittelpunkt ihres gesellschaftlichen Lebens. Über ihr neues Zuhause schreibt Genia an Esther Odermatt, ihre Freundin: „Man kann sich nichts Behaglicheres, Altmodischeres, Wienerischeres ausdenken als unser Häuserl … Sonntag waren zum ersten Mal Menschen bei uns … Ich nehme meine Singstunden auf, Hemme (Hermann, Anm.) lernt Laute spielen."[8]

Hermann Schwarzwald wird am 12. Januar 1871 in Czernowitz geboren. Nach dem Studium wird er Rechtspraktikant, anschließend übersiedelt er nach Wien. Dort ist er zunächst Vertragsbeamter, wird 1901 in den Staatsdienst übernommen und durchläuft stufenweise die Ministerialbeamtenlaufbahn: „Als Leiter der mit den hochaktuellen Kredit- und Währungsangelegenheiten sowie mit der Durchführung des Staatsvertrages von St. Germain befaßten Sektionsgruppe vor die verantwortungsvollsten Aufgaben gestellt, kamen in Paris und London seine ungewöhnliche Intelligenz und scharfe Urteilskraft, namentlich in letzter Zeit, scharf zur Gel-

Das „Schöpferische im Kinde fördern": Klavierunterricht in der Schwarz-waldschule, Wallnerstraße 9.

tung. Für die Verhandlungen mit den Völkerbundsdelegierten wurden an ihn Anforderungen gestellt, die bei der Dringlichkeit und Folgenschwere der Entscheidungen vollste Beherrschung der Materie und rasche Entschlußfähigkeit zur unbedingten Voraussetzung hatten."[9]

Den Staatsdienst verlässt er im August 1923 als Sektionschef und wird Präsident der Anglo-Austrian-Bank, unterstützt von Finanzminister Viktor Kienböck. Genia ist er sein Leben lang eine unentbehrliche Stütze und der geliebteste Mensch. Sie leben 39 Jahre glücklich zusammen.

In ihrer neuen Heimat unterrichtet Eugenie im kurz zuvor gegründeten „Verein Volksheim Wien" und begeistert sich für die Idee der Volkshochschule. Im Jänner 1901 eröffnet sie „einen Privatkurs für erwachsene junge Damen … Gegenstand: Deutsche Literatur von Goethes Tod bis zur Gegenwart". Sie hält einen Vortrag über Gottfried Keller, der ihr viel Anerkennung bringt.

Im Juli gibt sie bekannt, dass „das bisher von Fräulein Eleonore

Jeiteles geleitete Mädchen-Lyceum"[10] ab dem nächsten Jahr von ihr geführt werde und veröffentlicht bereits eine Kursübersicht für das kommende Schuljahr. Zunächst ist die Schule am Franziskanerplatz im 1. Wiener Bezirk untergebracht. In den nächsten Jahren erweitert Schwarzwald das Angebot, die Schülerzahlen steigen. Da man ihr 1904 die Unterrichtsbefugnis entzieht – ihre akademischen Abschlüsse werden hierzulande nicht anerkannt –, leiten offiziell andere Personen die Schule. Ab 1911 führt Genia ein achtklassiges Mädchenrealgymnasium. 1913/14 übersiedelt die Schule in die Wallnerstraße 9, wobei sie auch erweitert wird. Nun können Klassen von der Vorschule bis zur Matura eingerichtet und zusätzliche Weiterbildungskurse angeboten werden.

Über Unterricht und Erziehung äußert sie sich folgendermaßen: „Jeder Mensch, der mit Kindern zu tun hat, weiß, wie genial, liebens- und lebenswürdig diese Wesen sind. Um so erstaunlicher ist die Verknöcherung und Bewegungsarmut der Erwachsenen."[11] Dieser „Prozeß" werde „Erziehung" genannt, das zurückbleibende Phlegma „Reife". „Das Schöpferische im Kinde fördern heißt, alle Seelenkräfte, alle Denkfähigkeit in ihm wecken … Die Schule muß versuchen, eine Künstlereigenschaft, die alle Kinder besitzen, die Vitalität, zu erwecken und zu erhalten … Die Reform in der neuen Schule … beginnt beim Lehrer." „Disziplinhalten" sei „ausgezeichnet unterrichten", „Langeweile" sei auszuschalten, „Fröhlichkeit ein unentbehrliches Lebensmittel"[12]. Ein freundlicher Blick bedeute mehr für den Stoffwechsel eines Kindes als eine lange Radtour. Neben ihren zahlreichen pädagogischen Engagements schreibt Genia Schwarzwald für Tagesblätter und Revuen. Jakob Wassermann ist oft zu Gast bei dem Ehepaar Schwarzwald. Er beschreibt Genia als „eine Frau von untersetzter Statur, starkhalsig, starknackig … kurzhaarig … mit einer Stimme, die etwas vom Schmettern einer Trompete hat". Sie wirke „stämmig-bäuerlich". Dennoch gehöre das Breite und Füllige zu ihrem Typ. Ihr kurzgeschnittenes Haar verleiht ihrer Gestalt eine männliche Wirkung. Zeitgenossen sprechen von ihrem „männlichen Charme". Diese „vollbusige, stattliche Erscheinung" trägt ihre Körperfülle mit Selbstvertrauen, die sich in einer „breiten Mütterlichkeit"[13] entlädt.

Adolf Loos gestaltet Kamin- und Speisezimmer der Wohnung in der Josefstädter Straße. „Für Loos war die Schwarzwald-Wohnung ein zweites Heim. Er kannte alle Fehler Genias, aber auch ihre Vorzüge"[14], schreibt seine zweite Ehefrau, Elsie Altmann-Loos. Loos ist der bedeutendste Habitué in Genias Salon. Oft ist er am Sonntag bei der Familie zu Gast und führt Freunde dort ein. Oskar Kokoschka lernt Genia 1911 kennen. Damals ist er noch unbekannt.

Auch nach dem Ersten Weltkrieg und dem Zusammenbruch der Monarchie bleibt Eugenie Schwarzwalds Salon in erster Linie „cognitiv akzentuiert". Alte Freunde und internationale Gesellschaft finden sich dort ein. Elsie Altmann-Loos schreibt: „Graf Richard Nikolaus Coudenhove-Calergi mit seiner Frau, der Schauspielerin Ida Roland, Rainer Maria Rilke, Carl Zuckmayer, Richard Billinger, Egon Friedell, Jakob Wassermann, Grete Wiesenthal, Karin Michaelis, Mariette Lydis, Alma Mahler und so viele andere, deren Namen ich unabsichtlich vergessen haben mag, versammelten sich bei den gastfreundlichen Schwarzwalds."[15]

Elias Canetti schreibt in *Das Augenspiel*: „Die erste Folge meines gehobenen Selbstgefühls war am 17. April 1935 die Vorlesung in der Schwarzwaldschule … Das eher kleine Zimmer in der Josefstädter Straße war noch legendärer als die Frau Dr. Schwarzwald, denn wer war nicht alles schon da gesessen! … Nun war es aber keineswegs so, daß auch nur ein einziger d i e s e r Besucher das Gespräch der Frau Dr. Schwarzwald besonders interessant gefunden hätte; da alles bei ihr ineinander- und durcheinanderfloß, war sie für geistige Menschen jener besonderen Art nicht nur uninteressant, sondern eher lästig. Man empfand sie als Schwätzerin."[16]

Um ihr Schulprojekt am Semmering zu finanzieren, findet ein Fest statt. Einladungen werden verschickt: „Euer Hochwohlgeboren werden herzlich gebeten, einer Frühlingsfestvorstellung beizuwohnen, welche die Kinder der Schwarzwald'schen Schulanstalten zu Gunsten der neuen Semmeringschule am 8. Mai 1912, um 4 Uhr nachmittags, in der Residenzbühne … veranstalten. Karten sind in der Schule … zu haben."[17] Die Schule ist für einhundert Zöglinge und ihre Lehrkräfte geplant. Im Juli 1913 wird der Betrieb aufgenommen. Die Schwarzwaldschulen überstehen jegliche bürokratischen Hindernisse und Intrigen sowie den Krieg und die Nachkriegszeit.

Es gelingt „Fraudoktor", ihre Schulprojekte mit ihren kulturellen Aktivitäten zu verbinden. Das Gästehaus am Grundlsee und die Wohnung in der Josefstädter Straße sind beliebte Orte für gesellschaftliche Zusammenkünfte. Ohne Mitglied der Frauenbewegung zu werden, setzt sie sich vehement für die Belange und die Befreiung der Frau ein. Genia Schwarzwald ist mit weiten Reformkleidern und kurzem Haar kaum das erotische Ideal der Moderne, doch von ihr geht eine andere Faszination aus: Sie betont das Gefühlsleben, was sich auch darauf auswirkt, wie sich der Freundeskreis zusammensetzt, und schafft eine emotional hoch aufgeladene Atmosphäre um sich. Ihre Freunde sind eine Art „Hofstaat", der sie umgibt.

Eine ungewöhnliche erste Begegnung schildert Elsa Björkman-Goldschmidt vom Weihnachtsmorgen 1919: „Ich hatte ein dunkles Bild von etwas Feierlichem, Unpersönlichem und Prinzipienfestem – die sozial engagierte, berufstätige Frau –, als ich am Weihnachtsmorgen, etwas verspätet, eine ziemlich langweilige Geschäftsstraße in einem sogenannten Beamtenbezirk hinaufeilte. Bei Nummer 68 blieb ich keuchend stehen, möchte sie bloß nicht allzu schulmeisterlich pünktlich sein! Im Hof einer gewöhnlichen alten Mietskaserne fand ich ein kleines einstöckiges Haus im Pseudobarockstil, fast wie ein verschwiegenes Palais en miniature."[18]

Eine emotional hoch aufgeladene Atmosphäre: Eugenie Schwarzwald mit dem Schriftsteller Egon Friedell, um 1930.

Es dauert eine Weile, bis Björkman-Goldschmidt vom Personal Einlass gewährt wird, und als sich im Haus niemand meldet, tritt sie in ein Zimmer mit dem Gefühl, dass manches nicht mit ihren Erwartungen zusammenpasst. „Dass ich mich nicht sofort erschreckt zurückzog, lag an dem schwachen Licht – die Rollgardinen waren noch nicht hochgezogen - langsam begann ich, Einzelheiten zu unterscheiden. Das Zimmer war, gelinde gesagt, noch nicht aufgeräumt. Auf dem Fußboden lag überall Papier herum; die Konturen eines Weihnachtsbaums zeichneten sich ab; überall standen Gläser, Aschenbecher und geleerte Kaffeetassen, die Luft war unbeschreiblich. Nun hatte ich das unbehagliche Gefühl, nicht allein im Zimmer zu sein; erst als ich mich nach einem Stuhl oder einer Sofaecke umsah, wo ich mich hinsetzen könnte, entdeckte ich, dass an jedem denkbaren Platz Leute lagen und schliefen ... ,Sind Sie Fräulein Björkman?' Eine klare Stimme ertönte plötzlich wie ein Trompetensignal durch den Raum. ,Hier war nämlich Weihnachtsabend, und daher ist der Platz etwas

Zählt zu den Freunden Eugenie Schwarzwalds: der Romancier Jakob Wassermann.

knapp. Steh auf, Walther, damit wir irgendwo sitzen können' fuhr sie fort. ‚Und sag Mizzi, sie soll Kaffee aufsetzen. Hier, bitte!' Eines von den Fenstern wurde nun weit aufgemacht. Da erst erblickte ich Frau Doktor, und ich muss wie ein lebendes Fragezeichen ausgesehen haben. Sie entsprach in keinster Weise dem Bild, das ich mir von ihr gemacht hatte, darüber fühlte ich mich direkt irritiert. Ihr Körper war zu dick für die schmalen Beine und die kleinen Füße, ihr Gesicht zu glatt, rund und rotbäckig, während es doch von ihrer und der Not anderer hätte sprechen sollen – ihre Stimme zu hell und mädchenhaft für die grauen Haare."[19]

Frau Dr. Schwarzwald bittet, ohne ein weiteres Wort zu verlieren, Fräulein Björkman, sich neben sie zu setzen, und legt der Repräsentantin des Hilfswerks ihre Pläne vor, die sich bald in den „Bannkreis ihres Temperaments, ihrer klaren Gedanken und ihrer guten Ideen"[20] ziehen lässt. Später ist die Schriftstellerin selbst Gast bei den berühmten Weihnachtsfesten im Haus der Schwarzwalds. Da Genia sozial und pädagogisch sehr aktiv ist, setzt sich ihr Freundeskreis aus Menschen der verschiedensten politischen Anschauungen und gesellschaftlichen Schichten zusammen. Ihr innerer Kreis, der sich in der Stadt und im Sommer im Haus am Grundlsee trifft, ist sorgsam ausgewählt. Dazu zählen neben Lehrern und Schülern ihrer Schulen auch Dichter, Journalisten, Musiker und Maler. Hinzu kommen einige führende Persönlichkeiten der Sozialisten und Kommunisten. Der Geist und der Intellekt eines Menschen sind entscheidend, nicht sein Reichtum. „Hierher kamen die eigentlichen Größen Wiens und zwar lange bevor sie zu allgemein bekannten, öffentlichen Figuren geworden waren"[21], weiß Elias Canetti zu berichten.

Menschen aus verschiedenen Nationen und Ländern treffen aufeinander, zu den Gästen im Salon zählen auch die dänische Schriftstellerin Karin Michaelis, Esther Odermatt, eine Schweizer Studienkollegin Genias, Dorothy Thompson, eine amerikanische Journalistin, Elsa Björkmann-Goldschmidt, eine Schriftstellerin aus Schweden, die Dänin Merete Bonnesen, der ungarische Kulturphilosoph György Lukács und Else Lasker-Schüler. Auch Komponisten der Wiener Schule statten Eugenie Schwarzwald schon vor dem Ersten Weltkrieg regelmäßig Besuche ab. Zu ihnen zählen Arnold Schönberg, Egon Wellesz, Alban Berg und Anton Webern. An der Schwarzwaldschule richtet Schönberg 1916 ein Seminar für Komposition ein. Auch Peter Altenberg, Rainer Maria Rilke, Fritz Wotruba, die Tänzerinnen Grete und Else Wiesenthal zählen zu Genias Freundeskreis. Die Wiesenthal-Schwestern unterrichten ebenfalls in ihrer Schule.[22] Daneben trifft man in der Josefstädter Straße auch einsame Seelen, um die sich Genia kümmert.

Bühnenautor Richard Billinger findet aus dem Innviertel den Weg in den Schwarzwald-Salon. Foto, 1938.

1911 wird das zehnjährige Bestehen der Schwarzwaldschule gefeiert. Es ist ein großes Fest, Genia schreibt im Jahresbericht: „Zwei Tage dauerte die Festfreude. Sie hinterließ nur gute Empfindungen und den

Vorsatz, solche Schätzung und Liebe auch ferner zu verdienen. Für weitere zehn Jahre reicht die Aufmunterung. Sie kam gerade zurecht an der Grenze der Jugend, von der Gefährlichkeit des Lebens mehr denn je überzeugt, fängt man an, ihrer zu bedürfen … Denn mir ist es gegangen wie einer unserer Schülerinnen, die in der Zehnjahrchronik erzählt, sie sei einmal, als sie das Glück ihrer Schulzeit gepriesen habe, von einem Skeptiker lächelnd gefragt worden: ‚Wie alt sind Sie?' Und da habe sie geantwortet: ‚Jung genug, um etwas Rechtes zu werden; wäre ich nicht in die Schwarzwald-Schule gegangen, so wäre ich älter.' Ebenso geht es mir."[23]

Nach Bildung der Ersten Republik werden einige Lehrer in den nunmehrigen Bundesdienst übernommen. Die Schwarzwaldschulen erhalten finanzielle Unterstützung unter der Bedingung, dass das Schulgeld jenes an staatlichen Schulen nicht übersteige. Daraus resultiert der ständige Kampf der Schulleitung um die materielle Existenz. Dennoch übersteht man die Inflation und die Zahl der Schüler wächst.

Die 25-Jahr-Feier der Schwarzwaldschule findet im überfüllten Großen Musikvereinssaal statt. „Einen nicht unpassenden, dafür aber humorvollen Einstieg in das Wesen und Wirken dieser bewundernswerten Frau bietet der Text zu einer Karikatur, die anläßlich dieses Datums in einer Wiener Wochenzeitung erschien. Nach der Melodie einer bekannten Arie aus Friedrich v. Flotows Oper ‚Martha' wurde ‚Frau Doktor' vorgestellt: „Ich kann braten,/ kochen, reden,/ kann beraten,/ einen jeden./ Gänschen füttern/ und zu Müttern,/ zu Probaten/ sie erziehen./ Ich kann dichten,/ unterrichten/ reformieren,/ musizieren,/ jubilieren,/ mich hat gern, oh/, sowohl Czerno-/ witz als Wien."[24]

Viele Tageszeitungen berichten von den Feierlichkeiten, an denen die ganze Stadt Anteil nimmt. Nach dem Orgelspiel werden Festreden gehalten. Der Präsident des Stadtschulrates Otto Glöckel stellt in seiner Glückwunschansprache fest, dass die Schwarzwaldschulen die Schulreform praktisch umgesetzt haben, bevor man die Theorie gekannt hat. Professor Mancza spricht im Namen der Lehrer: „Wir haben von Dr. Schwarzwald gelernt, die Kinder als uns gleichwertige Menschen zu betrachten. Wir sind eben nur um fünfzehn oder mehr Jahre älter als sie und wissen deshalb mehr. Angst und Furcht sind an unserer Anstalt unbekannte Begriffe. Aus Freiheit kommt Freude und aus Freude Kraft. Wir wollen unsere Jugend zu kräftigen Menschen machen, deshalb muß sie frei sein."[25]

Virtuoses Geigenspiel folgt, Vicky Baum rezitiert ein Gedicht von Martha Hofmann, das mit den Worten „Wir sitzen so fröhlich beisammen!"[26] endet. Frau Dr. Schwarzwald sitzt in der Loge und hört zu. Der Wiener Übersetzer und Journalist Walther Schneider charakterisiert sie in einem Artikel mit dem Titel „Dr. Eugenie Schwarzwald: Ein Porträt" folgendermaßen: „Ich weiß, daß sie bei allem, was sie tut, nie an die Wirkung denkt, und daß ihr Wirken für jeden genauen und objektiven Beschauer von überzeugender Reinheit ist. Wie sich alle diese widersprechenden Dinge zu einem höchst werktätigen und anmutigen Leben formen, weiß auch sie nicht. Ebensowenig wie sie weiß, wie es ihr gelungen ist, seinerzeit vor fünfundzwanzig Jahren eine pädagogische Insel zu gründen und dort einen auf den Grundsätzen der Freiheit und der Freude aufgebauten Erziehungsplan zu verwirklichen."[27]

Trotz finanzieller Schwierigkeiten gelingt es Eugenie, „ihren so speziellen, reformerischen pädagogischen Weg bis 1938 erfolgreich weiter[zu]gehen".[28] Neben der reformerischen pädagogischen Arbeit widmet sich Eugenie intensiv sozialen Belangen. An Karin Michaelis schreibt sie über ihre Tätigkeiten: „Ich bin heuer ganz besonders fleißig, unterrichte viel, schreibe meine bescheidenen Artikel, um etwas Geld zu verdienen, lerne fleißig englisch, singe hie und da mit einer ehemaligen Schülerin und bin wieder sehr gut bei Stimme, halte Sprechstunden, vermittle Stellen, verschaffe Geld und Kleider und kränke mich, daß die Welt so ist, wie sie ist. Aber das kann ich nur bei Nacht, da ich tagsüber voll beschäftigt bin."[29]

Jakob Wassermann rühmt Eugenie Schwarzwald geradezu: „Sie begegnet dem, der ihrer Hilfe bedarf, als eine von vornherein Verpflichtete … Dann die Freundlichkeit. Eine Freundlichkeit gegen die Menschen, gegen die Menschen an sich, das ist, wie ich gesehen habe, so selten wie Schönheit, wie Tugend, wie Genialität. Ein solcher Freundlicher besitzt moralische Zucht und Selbstbeherrschung … In den greuelvollen Notjahren 1917 und 1918 wäre ein großer Teil der Wiener Bevölkerung und nicht ihr schlechtester Teil, rundweg verhungert ohne ihre unermüdliche außerordentliche Kühnheit und Konsequenz … Sie muß Briefe schreiben, Ansprachen halten, telephonieren, bitten, betteln, zürnen, lachen, weinen, danken; sie muß Beschuldigungen widerlegen, Zweifler umstimmen, Nörgler aufheitern, Ehrgeizige beschäftigen, Ängstliche beschwichtigen, Habgierige befriedigen, Heißsporne vertrösten, Machthaber vergewaltigen oder überlisten, Vordringliche zurückweisen, Gelangweilte ermuntern; sie lebt mit dem Zifferblatt der Uhr vor Augen und ohne Zeit im Gemüt, denn sie hat keinen Tag, und sie hat keine Nacht; ihr Tun ist pausenlos."[30]

Oskar Kokoschka ist einer ihrer Schützlinge. Mit einer Stelle als Lehrer sichert sie seinen Lebensunterhalt. Kokoschka erinnert sich in *Mein Leben*: „In Wien war ich durch [Adolf] Loos mit Frau Dr. Eugenie Schwarzwald bekannt geworden, deren Haus ein geistiges Zentrum bildete, in dem sich bekannte Menschen des kulturellen und politischen Lebens des In- und Auslandes trafen. Damals porträtierte ich ihren Mann, Dr. Hermann Schwarzwald."[31]

Ein gesellschaftlicher Treffpunkt und zugleich ein Zentrum der Erholung ist in den Jahren 1920 bis 1938 das Sommerheim Seeblick am steirischen Grundlsee. Das Haus wird zum Selbstkostenpreis geführt. Genia weiß eine Gemütlichkeit der besonderen Art, die Seeblick-Atmosphäre, zu schaffen. Die Gäste sind Angehörige der verschiedensten freien Berufe und stammen aus Österreich,

Deutschland, Schweden, Dänemark, aber auch aus England und den USA. Man wohnt in der Villa oder in einem Bauernhaus in der Nähe. Zusätzlich bieten eine Badeanstalt, ein Solebad und ein Tennisplatz Entspannung und Unterhaltung.[32] Ein Zeitzeuge berichtet: „Das rege geistige Leben und Treiben des ‚Seeblick‘ war freilich nur möglich, weil der materielle Apparat (Unterkunft, Verpflegung, Betreuung der Badeanstalt usw.) ebenso geräusch- wie klaglos arbeitete."[33]

Vertritt im Salon Schwarzwald eine dezidiert marxistische Position: der ungarische Kulturphilosoph György Lukács. Foto, 1952.

Zu den Gästen des Hauses zählen Persönlichkeiten wie die Schriftsteller Arno Holz, Egon Friedell oder Jakob Wassermann. Ein Gast weiß zu berichten: „Jeder Besucher, der über eine Fertigkeit oder ein Können verfügte, es mochte auf künstlerischem, wissenschaftlichem oder auf welchem Gebiete auch immer liegen, stellte sich ‚Frau Doktor‘ gerne zur Verfügung, um auf irgendeine Weise zum allgemeinen Wohlbefinden beizutragen: Pianisten (Serkin, Goldsand) konzertierten, Schriftsteller (Arno Holz, Egon Friedell, Jakob Wassermann) lasen aus ihren Werken vor, und ihren Höhepunkt erreichte die Saison, wenn die ausgezeichnete und von allen geliebte Sängerin Lotte Leonard ihren alljährlichen Liederabend gab und die Zuhörer zu stürmischen Beifallskundgebungen hinriß."[34] Und weiter: „Daß dieses Milieu Gäste nicht nur anzulocken, sondern auch festzuhalten verstand, ist nur begreiflich. Berühmte und verwöhnte Besucher kamen gerne zum ‚Seeblick‘ und trennten sich schwer (nicht selten unter Tränen) von ihm."[35] Mit seinem trockenen Witz sorgt Egon Friedell für Heiterkeit.

Karin Michaelis, eine Romanschriftstellerin, Felix Braun, ein österreichischer Dichter, gehören wie auch der Wiener Mac Callum, ein beliebter Radiomacher aus England, zu den besonders umhegten Gästen Genias.

Egon Friedell meint im Sommer 1926 in einem Brief an Walther Schneider: „Die milde Temperatur des Schwimmwassers, das sich in geräumigen Wannen befindet, wirkt überaus stärkend. Das Heim ist mit modernstem Komfort ausgestattet. Es befindet sich hier ein erstklassiges Dominospiel. Ebenso bietet das Waten im Tennisplatz eine beliebte Belustigung … Der überanstrengte geistige Mittelständer … schöpft neue Kräfte für das verantwortungsvolle Schaffen des Winters.“[36]

In einem Artikel vom Oktober 1928 in *Politiken* heißt es: „Grundlsee ist eine Freistätte, ein Eden in dieser sündigen Welt. Wer dort einmal gewesen ist, wird immer wieder dorthin zurückkommen. Es ruht ein unbeschreiblicher Zauber über diesem Ort. So hell und klar wie die Bergluft, so rein und erquickend ist hier die geistige Atmosphäre; man findet dort eine Reinheit, die einem die Kraft gibt, das Leben in der verseuchten Luft der übrigen Welt noch eine Weile auszuhalten. Hier lebt eine Gemeinschaft, auf dem Gefühl beruhend, daß ein jeder genug hat, niemand mehr als der andere, eine Gemeinschaft, in der niemand mehr vorstellt als er ist, wo man nie Schlechtes von anderen redet und wo keiner sich mit Trinkgeld einen Vorteil kaufen kann … Fraudoktor … ist eine Künstlerin auf der großen Bühne des Lebens.“[37]

Ein Brief Genia Schwarzwalds an Karin Michaelis gibt uns einen Einblick in das Salongeschehen und künstlerische Schaffen im Haus Seeblick. Dr. Hermann Schwarzwald gehe es gut, das Klima beruhige die Nerven und das Haus Seeblick habe sich vorteilhaft verändert: „Besseres Publikum, besseres Essen, schönere Feste, anmutigere Ordnung. Dazu hatte ich den ganzen Sommer über alle meine jungen Freunde hier: Hans und Freya Deichmann, Helmuth und Jowo Moltke, Susie Radermacher, Bill, Rolf und Gustus

Brandt, Ljena, Lila, Christl, Ester und Kim Bonnesen. Eine besondere Verzierung bildeten meine amerikanischen Freunde, Edgar und Lilian Mowrer, die durch ihre künstlerische und sportliche Gewandtheit alle Kinderherzen gewannen. Die Entdeckung des Sommers war ein 20jähriger Junge, der Axel von Österreich heißt, aus Hamburg stammt und doch ein schauspielerisches Talent ist … Vormittags arbeitete ich, nachmittags erteilte ich Audienzen, abends war was los: Konzert von Lotte Leonard,

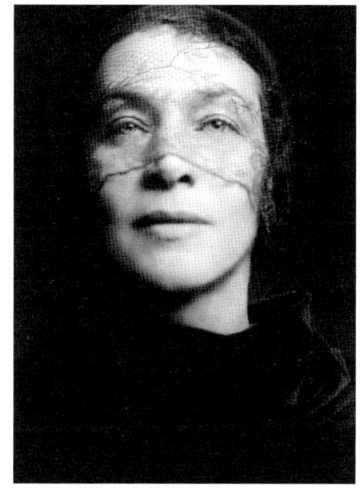

Mit der Familie Schwarzwald eng befreundet: Wiens Bühnenstar Ida Roland. Foto von Trude Fleischmann, 1928.

schönste Quartettabende, wunderbare Kabarettabende unter Führung von Mutz Schanda, ein Vorleseabend von Wassermann, halbwissenschaftliche Vorträge anwesender Gelehrter, Vorträge von mir. Nachts aber saßen bis zwei Uhr abwechselnd Knaben und Mädchen an meinem Bettrand und erzählten mir von ihrem Liebesglück, ihren Berufssorgen, ihrer Lebenslust, ihrer Angst vor dem Leben, und was so Dinge sind, die junge Menschen mir erzählen, wenn es Nacht ist."[38]

Hermann Schwarzwald gesellt sich eher spät zu seinen Gästen. Er ist ein sehr belesener Mann und urteilsscharf. Oskar Kokoschka malt ihn wiederholt und ist von ihm fasziniert. Während einer Sitzung sagt Schwarzwald zu ihm: „Oskar, alle Leute hier im Hause darfst Du malen, nur Genia mußt Du von Deiner abscheulichen Kleckserei verschonen."[39]

Anfang März 1938 bricht Genia Schwarzwald zu einer Vortragsreise nach Dänemark auf. Sie sieht die Katastrophe kommen.

Nach dem Einmarsch Hitlers in Österreich wird sie von Freunden gebeten, nicht zurückzukehren, auch um ihren Mann nicht zu gefährden. Mit dem „Anschluss" verliert sie alles: ihr Zuhause, ihren Wirkungskreis und ihr Vermögen. Sie weiß nicht, wie es den Ihren geht. In einem Brief an Alice Herdan-Zuckmayer schreibt Genia aus Kopenhagen, dass sie nach Wegen suche, Geld zu verdienen. „Ich rechne eigentlich damit, daß Haus, Schule, Pension, Küb [am Semmering], Grundlsee und Semmeringschulplatz verloren sind – also alles, was Hemme und ich in 35jähriger Arbeit verdient haben, abgesehen davon, was wir für Andere verausgabten. Jetzt heißt es: noch einmal anfangen."[40]

Hermann Schwarzwald erreicht Ende September Zürich, wo sich Genia mittlerweile niedergelassen hat. Nur ein knappes Jahr später, am 17. August 1939, stirbt er in der Emigration. Tief betrübt schreibt Genia an Pat Coates: „Ich habe meinen besten Freund verloren, ja mehr, den Antrieb zum Leben, meinen Lebensinhalt, mein Lebensziel. Ich weiß absolut nicht, wie ich weiterleben soll, und vor allen Dingen nicht, ob ich weiterwirken kann. Alles, was ich tat, geschah ihm zu Ehren, ihm zuliebe. Er war so gut gegen mich, so nachsichtig, so dankbar."[41]

Eugenie Schwarzwald überlebt ihren Mann nicht lange. Sie erkrankt und stirbt am 7. August im Jahr darauf. Ihre Arbeit im Bereich der Schule wirkt lange nach und kann noch heute in einer Zeit des Umbruchs Ideen geben für eine humanitäre jugendgerechte Ausbildung der jungen Menschen.

FUSSNOTEN

EINLEITUNG: Salons entstehen und Salonièren entwickeln sich

[1] Schulz, Joachim Christoph Friedrich: Reise eines Liefländers von Riga nach Warschau, durch Südpreußen, über Breslau, Dresden, Karlsbad, Bayreuth, Nürnberg, Regensburg, München, Salzburg, Linz, Wien und Klagenfurt, nach Botzen in Tyrol. 6. Heft. Berlin, 1796, 230.

[2] Wilhelmy, Petra: Der Berliner Salon im 19. Jahrhundert (1780–1914). Veröffentlichungen der Historischen Kommission zu Berlin, Bd. 73. Berlin, 1989, 25f. Tscheitschonig, Alexandra: „Gleichsam das Kunst-Rendezvous der Fremden": Der literarische und musikalische Salon Fanny von Arnstein. Wien (Univ. Dipl. Arb.), 1996, 12f.

KAPITEL 1: Charlotte von Greiner

[3] Vgl. zu Kapitel Charlotte von Greiner: Gerstinger, Heinz: Altwiener literarische Salons. Wiener Salonkultur vom Rokoko bis zur Neoromantik (1777–1907). Hallein, 2002, 7-27. Winklehner, Brigitte: Karoline Pichler (1769–1843) „Denkwürdigkeiten aus meinem Leben." Aspekte eines Frauenlebens in Wien zwischen Aufklärung und Romantik. Wien (Univ. Dipl. Arb.), 1991, 4-12, 44ff. Pichler, Karoline: Denkwürdigkeiten aus meinem Leben. Herausgegeben von Karl Emil Blümml. München, 1914, Band 1, 9–55, 133, – Anmerkungen von Emil Karl Blümml, 521. Landon, Else R.: In der Gunst der Kaiserin: Karrieren unter Maria Theresia. Wien, 1997, 15-67. Arneth, Alfred: Maria Theresia und der Hofrath von Greiner. In: Sitzungsberichte der kaiserlichen Akademie der Wissenschaften, philos.=histor. Classe Band 30. Wien, 1859, 311. Müller, Klaus-Detlev: Autobiographie und Roman. Studien zur literarischen Autobiographie der Goethezeit. Tübingen, 1976, 29. Neumann, Bernd: Identität und Rollenzwang. Zur Theorie der Autobiographie. Frankfurt/Main, 1970, 120 und 189. Donnelly, Brigitte: Charlotte von Greiner und ihr bürgerlicher Salon im Wien des 18. Jahrhunderts. Wien (Univ. Dipl. Arb.), 1997, 68–84.

[4] Pichler, Denkwürdigkeiten, Band 1, 7.

[5] Kritsch, Cornelia/Sichrovsky, Heinz: Die Korrespondenz zwischen Karoline von Greiner, Lorenz Leopold Haschka und Johann Caspar Lavater. In: Joseph Haydn und die Literatur seiner Zeit, ed. Herbert Zeman (= Jahrbuch für österreichische Kulturgeschichte 6), Eisenstadt, 1976, 216.

[6] Kritsch/Sichrovsky, Korrespondenz, 216.

[7] Pichler, Denkwürdigkeiten, Bd. 1, 9.

[8] Pichler, Denkwürdigkeiten, Bd. 1, 18.
[9] Pichler, Denkwürdigkeiten, Bd. 1, 13.
[10] Pichler, Denkwürdigkeiten, Bd. 1, 13.
[11] Pichler, Denkwürdigkeiten, Bd. 1, 13.
[12] Pichler, Denkwürdigkeiten, Bd. 1, 23.
[13] Landon, In der Gunst der Kaiserin, 38.
[14] Pichler, Denkwürdigkeiten, Bd. 1, 30.
[15] Pichler, Denkwürdigkeiten, Bd. 1, 30f.
[16] Pichler, Denkwürdigkeiten, Bd. 1, 32.
[17] Arneth, Hofrath von Greiner, 11.
[18] Pichler, Denkwürdigkeiten, Bd. 1, 38.
[19] Kritsch, Korrespondenz, 222.
[20] Pichler, Denkwürdigkeiten, Bd. 1, 91f.
[21] Pichler, Denkwürdigkeiten, Bd. 1, 40f.
[22] Pichler, Denkwürdigkeiten, Bd. 1, 41.
[23] Pichler, Denkwürdigkeiten, Bd. 1, 43f.
[24] Pichler, Denkwürdigkeiten, Bd. 1, 47.
[25] Pichler, Denkwürdigkeiten, Bd. 1, 42.
[26] Pichler, Denkwürdigkeiten, Bd. 1, 42f.
[27] Pichler, Denkwürdigkeiten, Bd. I, 69ff.
[28] Pichler, Denkwürdigkeiten, Bd. 1, 93f.
[29] Landon, In der Gunst der Kaiserin, 64f.
[30] Landon, In der Gunst der Kaiserin, 65.
[31] Litterarische Monate: Ein Journal von einer Gesellschaft zu Wien 1 (Auf Kosten der Gesellschaft gedruckt bey Johann Thomas Edlen von Trattnern), Wien 1777, 8.
[32] Pichler, Denkwürdigkeiten, Bd. 1, 49.
[33] Pichler, Denkwürdigkeiten, Bd.. 1, 49.
[34] Pichler, Denkwürdigkeiten, Bd. 1, 48.
[35] Gerstinger, Altwiener literarische Salons, 12.
[36] Pichler, Denkwürdigkeiten, Bd. 1, 48.
[37] Schreibt Emil Karl Blümml in seiner Einleitung. Pichler, Denkwürdigkeiten, Bd. I, XI.
[38] Pichler, Denkwürdigkeiten, Bd. 1, 49f.
[39] Gerstinger, Altwiener literarische Salons, 14.
[40] Landon, In der Gunst der Kaiserin, 62.
[41] Pichler, Denkwürdigkeiten, Bd. 1, 72.
[42] Pichler, Denkwürdigkeiten, Bd. 1, 72.
[43] Pichler, Denkwürdigkeiten, Bd. 1, 128.
[44] Gerstinger, Wiener literarische Salons, 15 ff.
[45] Reise eines Engelländers durch Mannheim, Baiern und Österreich nach Wien, herausgegeben von seinem teutschen Freunde L. U. F. v. B. Amsterdam, 1790, 107. Gugitz, Gustav: Alois Blumauer. In: Jahrbuch der Grillparzergesellschaft 18. Wien, 1908, 53.

[46] Biografie der Glaubensfeger in Österreich, Bd. 8 (Wien 1783), nach Gugitz, Haschka, 52.

[47] Handschriftensammlung der Österreichischen Nationalbibliothek. Gugitz, Haschka, 52f.

[48] Gerstinger, Altwiener literarische Salons, 19.

[49] Gerstinger, Altwiener literarische Salons, 19.

[50] Rosenstrauch-Königsberg, Edith: Freimaurerei im josephinischen Wien. Aloys Blumauer, Weg vom Jesuiten zum Jakobiner (Wien 1975), 193.

[51] Rosenstrauch-Königsberg, Freimaurerei im josephinischen Wien, 81.

[52] Pichler, Denkwürdigkeiten, Bd. I, XII.

KAPITEL 2: Fanny von Arnstein

[1] Vgl. zu Kapitel Fanny von Arnstein folgende Literatur: Gerstinger, Altwiener literarische Salons 28–42, 69–79; Spiel, Hilde: Fanny von Arnstein oder die Emanzipation. Ein Frauenleben an der Zeitwende 1758–1818. Frankfurt am Main, 1962 7–10, 38-54, 77–106, 135–145, 198-266, 417–481. Schiferer, Beatrix: Vorbilder. Kreative Frauen in Wien 1750–1950. Wien, 1994, 11–22. Vertraute Briefe: geschrieben auf einer Reise nach Wien und den Österreichischen Staaten zu Ende des Jahres 1808 und zu Anfang 1809/Johann Friedrich Reichardt. Eingeleitet und erläutert von Gustav Gugitz = Denkwürdigkeiten aus Alt-Österreich 15. München, 1915. Bilinski, Emily: Fanny von Arnstein und Cäcilie Eskeles – Export der aufklärerischen Gesellligkeit. In: 300 Jahre Schloss Britz, Berlin, 2006, 142. Schramm, Ingrid: Idol der jüdischen Emanzipation Fanny von Arnstein. In: Beste aller Frauen. Weibliche Dimensionen im Judentum. Herausgegeben im Auftrag des jüdischen Museums Wien von Gabriele Kohlbauer-Fritz und Wiebke Krohn anlässlich der Ausstellung vom 16. Mai bis 18. November 2007. Wien, 2007, 48–50. Strauss, Jutta: Die Haskala – auf der Schwelle zur Moderne. In 300 Jahre Schloss Britz. Ewald Friedrich Graf von Hertzberg und die Berliner Aufklärung. Berlin, 2006, 125f. Hiller, Gottlieb, Reise durch einen Theil von Sachsen, Böhmen, Österreich und Ungarn. (Als zweiter Theil seiner Gedichte und Selbstbiographie) Köthen, 1807, 198. Bertuch, Carl: Tagebuch vom Wiener Kongreß. Hg. v. Hermann Freiherr v. Egloffstein. Berlin, 1916, 95ff, 124.

[2] Spiel, Fanny von Arnstein, 10.

[3] Spiel, Fanny von Arnstein, 199f.

[4] Spiel, Fanny von Arnstein, 199f.

[5] Spiel, Fanny von Arnstein, Seite 174f.

[6] Spiel, Fanny von Arnstein, 7f.

[7] Spiel, Fanny von Arnstein, 43.

[8] Spiel, Fanny von Arnstein, 38f.

[9] Spiel, Fanny von Arnstein, 54.

¹⁰ Fuchs, Johann Baptist: 1757–1827. Erinnerungen aus dem Leben eines Kölner Juristen. Herausgegeben von Dr. Julius Heyderhoff. Köln, 1912, 109.

¹¹ Weckbecker, Wilhelm (Hg.): Von Maria Theresia zu Franz Joseph. Zwei Lebensbilder aus dem alten Österreich, Berlin, 1929, 25, 30f.

¹² Weckbecker, Von Maria Theresia zu Franz Joseph, 34.

¹³ Spiel, Fanny von Arnstein, 151.

¹⁴ Friedel, Johann: Galanterien Wiens, auf einer Reise gesammelt, und in Briefen geschildert von einem Berliner, 1. Teil, (o.O.), 1784, 105.

¹⁵ Friedel, Galanterien, 106.

¹⁶ Friedel, Galanterien, 5.

¹⁷ Friedel, Galanterien, 49.

¹⁸ Zit. in: Spiel, Fanny von Arnstein, 49f.

¹⁹ Spiel, Fanny von Arnstein, 100.

²⁰ Spiel, Fanny von Arnstein, 101f.

²¹ Spiel, Fanny von Arnstein, 106.

²² Spiel, Fanny von Arnstein, 139.

²³ Gaugusch, Georg: Wer einmal war. Das jüdische Großbürgertum Wiens 1800–1938 = Jahrbuch der Heraldisch-Genealogischen Gesellschaft „Adler" – Wien. 3. Folge, Band 16. Wien, 2011, 586.

²⁴ Gaugusch, Georg: Wer einmal war. Das jüdische Großbürgertum Wiens 1800–1938 = Jahrbuch der Heraldisch-Genealogischen Gesellschaft „Adler" – Wien. 3. Folge, Band 16. Wien, 2011, 26.

²⁵ Reise eines Engelländers durch Mannheim, Baiern und Österreich nach Wien. Herausgegeben von seinem teutschen Freunde. L. U. F. v. B. Amsterdam, 1790, 89.

²⁶ Zit in: Spiel, Fanny von Arnstein, 46f.

²⁷ Gerstinger, Altwiener literarische Salons, 42.

²⁸ Gerstinger, Altwiener literarische Salons, 70.

²⁹ Gerstinger, Altwiener literarische Salons, 72f.

³⁰ Bemerkungen oder Briefe über Wien eines jungen Bayern auf einer Reise durch Deutschland an eine Dame von Stande. Leipzig, 1804, 111f.

³¹ Pezzl, Johann: Skizze von Wien, 1. Heft. Wien/Leipzig, 1787, 88f.

³² Pezzl, Skizze von Wien, 89f.

³³ Gerstinger, Heinz: Altwiener literarische Salons, 32.

³⁴ Spiel, Fanny von Arnstein, 175.

³⁵ Jagemann, Karoline/Bamberg, Eduard (Hrsg): Die Erinnerungen der Karoline Jagemann nebst zahlreichen unveröffentlichten Dokumenten aus der Goethezeit. Dresden, 1926, 151f.

³⁶ Spiel, Fanny von Arnstein, 222f.

³⁷ Gerstinger, Altwiener literarische Salons, 73.

³⁸ Bemerkungen oder Briefe über Wien eines jungen Bayern, 112f.

³⁹ Spiel, Fanny von Arnstein, 260.

[40] Spiel, Fanny von Arnstein, 261.
[41] Bertuch, Carl: Tagebuch vom Wiener Kongreß. Hg. v. Hermann Freiherr v. Egloffstein. Berlin, 1916, 28.
[42] Bertuch, Tagebuch, 245.
[43] Spiel, Fanny von Arnstein, 426f.
[44] Spiel, Fanny von Arnstein, 427.
[45] Spiel, Fanny von Arnstein, 421.
[46] Spiel, Fanny von Arnstein, 423.
[47] Spiel, Fanny von Arnstein, 425.
[48] Spiel, Fanny von Arnstein, 427.
[49] Lagarde de Messence, August comte de: Graf Auguste de La Garde. Gemälde des Wiener Kongresses 1814-1815. Erinnerungen, Feste, Sittenschilderungen, Anekdoten. Herausgegeben von Dr. Hans Effenberger. Wien/Leipzig, 1912, 206f.
[50] Spiel, Fanny von Arnstein, 455.
[51] Spiel, Fanny von Arnstein, 455.
[52] Spiel, Fanny von Arnstein, 458.
[53] Spiel, Fanny von Arnstein, 457.
[54] Spiel, Fanny von Arnstein, 463.
[55] Spiel, Fanny von Arnstein, 464.

KAPITEL 3: Karoline Pichler

[1] Pichler, Denkwürdigkeiten, Bd. 1, 54 f.
[2] Pichler, Denkwürdigkeiten, Bd. 1, 149.
[3] Pichler, Denkwürdigkeiten, Bd. 1, 150f.
[4] Pichler, Denkwürdigkeiten, Bd. 1, 170 f.
[5] Pichler, Denkwürdigkeiten, Bd. 1, 171.
[6] Pichler, Denkwürdigkeiten, Bd. 1, 172.
[7] Pichler, Denkwürdigkeiten, Bd. 1, 173.
[8] Pichler, Denkwürdigkeiten, Bd. 1, 173.
[9] Pichler, Denkwürdigkeiten, Bd. 1, Fußnote, Seite 498f.
[10] Pichler, Denkwürdigkeiten, Bd. 1, Fußnote, Seite 500.
[11] Pichler, Denkwürdigkeiten, Bd. 1, 221.
[12] Gerstinger, Altwiener literarische Salons, 48f.
[13] Gerstinger, Altwiener literarische Salons, 49.
[14] Pichler, Denkwürdigkeiten, Bd. 1, 230f.
[15] Pichler, Denkwürdigkeiten, Bd. 1, 225.
[16] Pichler, Denkwürdigkeiten, Bd. 1, 225f.
[17] Pichler, Denkwürdigkeiten, Bd. 1, 250.
[18] Herz, Leo: Die literarischen Salons in Wien zu Beginn des 19. Jahrhunderts: Mit besonderer Berücksichtigung des Salons der Karoline Pichler. Wien (Univ. Diss.), 1918, 25.

[19] Pichler, Denkwürdigkeiten, Bd. 1, 260.
[20] Gerstinger, Altwiener literarische Salons, 52.
[21] Pichler, Denkwürdigkeiten, Bd. 1, 262.
[22] Gerstinger, Altwiener literarische Salons, 54f.
[23] Pichler, Denkwürdigkeiten, Bd. 1, 283.
[24] Gerstinger, Altwiener literarische Salons, 57/59.
[25] Pichler, Denkwürdigkeiten, Bd. 1, 297.
[26] Pichler, Denkwürdigkeiten, Bd. 1, 299.
[27] Pichler, Denkwürdigkeiten, Bd. 1, 299.
[28] Pichler, Denkwürdigkeiten, Bd. 1, 300.
[29] Gerstinger, Altwiener literarische Salons, 59.
[30] Pichler, Denkwürdigkeiten, Bd. 1, 312.
[31] Pichler, Denkwürdigkeiten, Bd. 1, 314.
[32] Pichler, Denkwürdigkeiten, Bd. 1, 318.
[33] Pichler, Denkwürdigkeiten, Bd. 1, 319.
[34] Gerstinger, Altwiener literarische Salons, 60f.
[35] Gerstinger, Altwiener literarische Salons, 63.
[36] Gerstinger, Altwiener literarische Salons, 67.
[37] Pichler, Denkwürdigkeiten, Bd. 1, 335-348.
[38] Pichler, Denkwürdigkeiten, Bd. 1, 348.
[39] Pichler, Denkwürdigkeiten, Bd. 1, 348.
[40] Pichler, Denkwürdigkeiten, Bd. 1, 348-351.
[41] Pichler, Denkwürdigkeiten, Bd. 1, 361f.
[42] Prohaska, Gertrude: Der literarische Salon der Karoline Pichler. Wien (Univ. Diss.), 1946, 122.
[43] Gerstinger, Altwiener literarische Salons, 112.
[44] Prohaska, Pichler, 137f.
[45] Prohaska, Pichler, 138.
[46] Pichler, Denkwürdigkeiten, Bd. 2, 54.
[47] Pichler, Denkwürdigkeiten, Bd. 2, 54f.
[48] Brief Karoline Pichlers an Therese Huber vom 11.12.1819. Leuschner, Brigitte (Hg.) Schriftstellerinnen und Schwesternseelen. Der Briefwechsel zwischen Therese Huber (1764–1829) und Karoline Pichler. Marburg, 1995, 45f.
[49] Pichler, Denkwürdigkeiten, Bd. 2, 95f.
[50] Pichler, Denkwürdigkeiten, Bd. 2, 114f.
[51] Pichler, Denkwürdigkeiten, Bd. 2, 127f.
[52] Prohaska, Pichler, 186.
[53] Prohaska, Pichler, 191f.
[54] Karoline Pichler an K. Streckfuss, 29.9.1831, zit. In: Prohaska, Pichler, 200.
[55] Pichler, Denkwürdigkeiten, Bd. 2, 181.
[56] Jean Charles, Wien und die Wiener, 73. Zit in: Prohaska; Pichler; 221.

⁵⁷ Pichler, Denkwürdigkeiten, Bd. 2, 311.

⁵⁸ Der Österreichische Parnaß verspottet in Wort und Bild. Herausgegeben von R.M. Werner. Beilage Literarisches Pamphlet VI Wiener Bibliophile Gesellschaft 1912. Österreichischer Parnass bestiegen von einem herunter-gekommenen Antiquar. Frey-Sing, bei Athanasius & Comp. Hamburg, 1835, 36.

⁵⁹ Otto Prechtler, Nachruf auf K. Pichler, Bäuerles Allgemeine Theater Zeitung 1834, 749, Zit. In Prohaska, Pichler, 241.

Kapitel 4: Henriette Pereira

¹ Vgl. Spiel, Fanny von Arnstein, 93, 242, 268, 356,ff, 382. Gerstingen, Wiener literarische Salons, 82-85, 116. Matzer, Salonkultur, 109f. Pichler, Denkwürdigkeiten, Bd. 2, 125ff.

² Spiel, Fanny von Arnstein, 146.

³ Bemerkungen oder Briefe über Wien eines jungen Bayern, 72f.

⁴ Spiel, Fanny von Arnstein, 242.

⁵ Walther, Susanne: Der „zweite Adel". Kultur und Gesellschaft vor 1848, in: Bürgersinn und Aufbegehren. Biedermeier und Vormärz in Wien 1815–1848. Katalog der 109. Sonderausstellung des Historischen Museums der Stadt Wien. Wien, 1987, 315. Zit in: Matzer, Christine: Europäische Salonkultur unter besonderer Berücksichtigung des Wiener Salonlebens in der Ersten Hälfte des 19. Jahrhunderts. Graz (Univ. Dipl. Arb.), 1994, 108.

⁶ Matzer, Salonkultur, 108f.

⁷ Österreiches biographisches Lexikon 1815-1950. Bd. 7. 1978, 563

⁸ Stifter, Adalbert: Wiener Salonszenen (Wien und die Wiener in Bildern), in: Gesammelte Werke, ed. Konrad Steffen. Basel/Stuttgart, 1962f, Bd. 13, 235.

⁹ Adalbert Stifter, zit. In: Heyden-Rynsch, Verena von der: Europäische Salons. Höhepunkte einer versunkenen weiblichen Kultur. München, 1992, 167.

¹⁰ Pichler, Denkwürdigkeiten, Bd. 2, 125.

¹¹ Pichler, Denkwürdigkeiten, Bd. 2, 127f.

¹² Spiel, Fanny von Arnstein, 326f.

¹³ Spiel, Fanny von Arnstein, 327.

¹⁴ Spiel, Fanny von Arnstein, 331.

¹⁵ Spiel, Fanny von Arnstein, 331.

¹⁶ Spiel, Fanny von Arnstein, 398.

¹⁷ Zit. Nach Walther, Der „zweite Adel", 314. Zit. In: Matzer, Salonkultur, 110.

¹⁸ Vasili, Paul, Graf: Die Wiener Gesellschaft. Leipzig 1885, 361.

¹⁹ Weckbecker, Von Maria Theresia zu Franz Joseph, 122f.

²⁰ Weckbecker, Von Maria Theresia zu Franz Joseph, 123f.

[21] Weckbecker, Von Maria Theresia zu Franz Joseph, 185f.

[22] Weckbecker, Von Maria Theresia zu Franz Joseph, 194f.

[23] Vasili, Wiener Gesellschaft, 361.

[24] Walther, Der „zweite Adel", 316.

[25] Vasili, Paul: Die Wiener Gesellschaft, 362f.

[26] Vgl. zu Fürstin Pauline Metternich: Müller, Autobiographie, 84f; Fritsche, Victor von: Bilder aus dem österreichischen Hof- und Gesellschaftsleben. Wien, 1914, 77-80.

[27] Vasili, Die Wiener Gesellschaft, 363f.

KAPITEL 5: Josephine von Wertheimstein

[1] Spiel, Fanny von Arnstein, 491f. Vgl. zu Josephine von Wertheimstein: Bartl, Johann: Villa Wertheimstein – Vom geistigen Treffpunkt zum musealen Gedenkraum. Wien (Univ. Dipl. Arb.), 1990, 3, 16-58, 88-98. Gerstinger, Altwiener literarische Salons, 149–170. Holzapfel-Gomperz, Bettina: Reisnerstraße 13. Meine Jugend im Wien der Jahrhundertwende, aus dem Nachlaß herausgegeben von Monika Meyer-Holzapfel und Cedric Hausherr, Wien/München, 1980, 138f. Holzer, Rudolf: Villa Wertheimstein. Haus der Genien und Dämonen. Wien, 1960, 41. vgl. zu Salon Wertheimstein: Bartl, Johann: Villa Wertheimstein – Vom geistigen Treffpunkt zum musealen Gedenkraum. Wien (Univ. Dipl. Arb.) 1990, 77–99, 3, 16–62, 88–98. Winter, Josephine: Fünfzig Jahre eines Wiener Hauses. Wien/Leipzig, 1927, 11. vgl. Kann, Robert A. (Hrsg.): Briefe an, von und um Josephine von Wertheimstein. Wien, 1981, 100ff; Gomperz, Theodor: Essays und Erinnerungen. Stuttgart, 1905, 218f; Gomperz, Julius Ritter von: Jugend-Erinnerungen. Dem Andenken seiner Schwestern Josefine, Sofie, Minna. [Habrowan], 1903, 35f. Baltzarek, Franz/Hoffmann, Alfred/Stekl, Hannes: Wirtschaft und Gesellschaft der Wiener Stadterweiterung. Wiesbaden, 1975 (= Die Wiener Ringstraße. Bild einer Epoche, hrsg. von Renate Wagner-Rieger, Band V), 290. vgl. Kobau, Ernst: Rastlos zieht die Flucht der Jahre... Josephine und Franziska von Wertheimstein – Ferdinand von Saar. Wien/Köln/Weimar, 1997, 217, 232, 318, 285. Rose, Alison: The Jewish Salons of Vienna. In Schwartz, Agatha (Ed.) Gender and Modernity in Central Europe, Ottawa, 2010, 124. Gomperz, Ein Gelehrtenleben im Bürgertum, 229. Ewart, Felicie: Zwei Frauenbildnisse zur Erinnerung. Wien, 1907, 12f, 16. Gomperz, Theodor: Ein Gelehrtenleben im Bürgertum der Franz-Josephs-Zeit. Auswahl seiner Briefe und Aufzeichnung 1869–1912, erläutert und zu einer Darstellung seines Lebens verknüpft von Heinrich Gomperz, neubearbeitet und herausgegeben von Robert A. Kann, Wien, 1974 (= Österreichische Akademie der Wissenschaften, Philosophisch-Historische Klasse, Sitzungsberichte, 295. Band), 10f. Wilbrandt,

Erinnerungen, 177f. Gomperz, Theodor: Essays und Erinnerungen, Stuttgart, 1905, 8ff. Matzer, Christine: Europäische Salonkultur unter besonderer Berücksichtigung des Salonlebens in der ersten Hälfte des 19. Jahrhunderts. Graz (Univ. Dipl. Arb.), 1994, 113ff.

2 Alexander Baumann schrieb diese Worte 1854 in einem Brief an Josephine nach Graz.

3 Ewart, Felicie: Biographisches Jahrbuch und deutscher Necrolog. Bd. 12. 1909, 510. Zit. in Holzer, Villa Wertheimstein, 125.

4 Gerstinger, Altwiener literarische Salons, 149.

5 Gomperz, Theodor: Essays und Erinnerungen. Stuttgart, 1905, 10.

6 Josef Dessauer an Minna Gomperz, 19.2.1854, Kann, Briefsammlung, 113.

7 Winter, Josephine: Fünfzig Jahre eines Wiener Hauses. Wien/Leipzig, 1927, 11.

8 Kann, Briefsammlung, 449.

9 Kann, Robert A. (Hg.): Theodor Gomperz. Ein Gelehrtenleben im Bürgertum der Franz-Josefs-Zeit. Wien, 1974, 48.

10 Bettelheim, Anton: Ferdinand von Saars Leben und Schaffen. Erster Band der Werke in zwölf Bänden. Leipzig, [1908], 64f.

11 Kann, Robert A. (Hg): Theodor Gomperz, Ein Gelehrtenleben, 57.

12 zit. nach Holzer, Villa Wertheimstein, 42.

13 Josephine von Wertheimstein an Fürstenberg, 17.3.1848, Kann, Briefesammlung, 57.

14 Josephine von Wertheimstein an Fürstenberg, 28.3.1848, Kann, Briefesammlung, 59.

15 Holzer, Rudolf: Villa Wertheimstein. Haus der Genien und Dämonen. Wien, 1960, 42.

16 Josephine von Wertheimstein an Eltern und Geschwister, 1.1.1849, ann, Briefesammlung, 76f.

17 Josephine von Wertheimstein an Fürstenberg, 9.2.1849, Kann, Briefesammlung, 78.

18 Holzapfel-Gompertz, Reisnerstraße 13, 140.

19 Neue Freie Presse, 5. Mai 1864.

20 Neue Freie Presse, 5. Mai 1864.

21 Vasili, Die Wiener Gesellschaft, 382.

22 Holzer, Villa Wertheimstein, 125.

23 Vasili, Die Wiener Gesellschaft, 382f.

24 Rossbacher, Karlheinz: Literatur und Bürgertum. Fünf Wiener jüdische Familien von der liberalen Ära zum Fin de Siècle. = Literatur und Leben 64. Wien/Köln/Weimar, 2003, 126.

25 Vasili, Die Wiener Gesellschaft, 294f.

26 Rossbacher, Literatur und Bürgertum, 119.

27 Gesegnet seist Du, die Wohlthätigkeit und Gerechtigkeit liebt. Aus einem anonymen Frauenbuch, Mitte 19 Jh. in: Beste aller Frauen, 62.

28 Bettelheim, Anton: Ferdinand von Saars Leben. Erster Band von zwölf. 64.

29 Kobler, Franz: Jüdische Geschichte in Briefen aus Ost und West. Das Zeitalter der Emanzipation. Wien, 1938, 285.

30 Josephine von Wertheimstein an Theodor Gomperz, 15.12.1891, Kann, Briefesammlung, 431.

31 Stockert-Meynert, Dora: Theodor Meynert und seine Zeit. Wien und Leipzig, 1930, 163.

32 Kobau, Ernst: Rastlos zieht die Flucht der Jahre. Josephine und Franziska von Wertheimstein – Ferdinand von Saar. Wien/Köln/Weimar 1997, 21, 92.

33 Vasili, Wiener Gesellschaft, 418.

34 Vasili, Wiener Gesellschaft, 418.

35 Vasili, Wiener Gesellschaft, 422f.

36 Voss, Richard: Aus einem phantastischen Leben. Erinnerungen. Stuttgart, 1920, 83f.

37 Voss, Erinnerungen, 83.

38 Ewart, Zwei Frauenbildnisse, 24.

39 Kann, Briefesammlung, 7.

40 Ewart, Zwei Frauenbildnisse, 18.

41 Josephine von Wertheimstein an ihre Tochter Franziska, 23.10.1893, Kann, Briefesammlung, 448f.

42 Eduard von Bauernfeld an Josephine von Wertheimstein, 15.12.1872, Kann, Briefesammlung, 302f.

43 Holzer, Villa Wertheimstein, 58–63.

44 Ewart, Zwei Frauenbildnisse, 51f.

45 Robert Lytton an Josephine von Wertheimstein, 8.6.1863, Kann, Briefesammlung, 208f.

46 Wilbrand, Erinnerungen, 183–185.

47 Ewart, Felicie: Zwei Frauenbildnisse zur Erinnerung. Wien, 1907, 16–18.

48 Winter, Fünfzig Jahre eines Wiener Hauses, 12.

49 Gerstinger, Altwiener literarische Salons, 161f.

50 Gerstinger, Altwiener literarische Salons, 162.

51 Helene von Lieben an Josephine von Wertheimstein, 28.7.1861, Kann, Briefesammlung, 194f.

52 Kann, Briefesammlung, 292ff und 458f.

53 Moritz Hartmann an Minna Gomperz, 21.7.1857, Kann, Briefesammlung, 162f.

54 Moritz Hartmann an Josephine von Wertheimstein, 21.5.1858, Kann, Briefesammlung, 173ff.

55 Moritz von Schwind an Eduard von Bauernfeld, 14.3.1856, Kann, Briefesammlung, 144.

56 Stockert-Meynert, Theodor Meynert und seine Zeit, S 70.

57 Ewart, Zwei Frauenbildnisse, 62.

[58] Ewart, Zwei Frauenbildnisse, 69.

[59] vgl. Kann, Briefsammlung, 457, 16. Juli 1894 H.v.Hoffmannsthal an Elsa Bruckmann-Cantacuzene.

[60] vgl. Kann, Briefsammlung, 456.

[61] Josephine von Wertheimstein an Lazar Auspitz, 28. 6. 1845, Kann, Briefsammlung, 51.

[62] Ewart, Zwei Frauenbildnisse, 30.

[63] Josephine von Wertheimstein an Adolf und Auguste Wilbrandt, 21. 4. 1881, Kann, Briefesammlung, 362.

[64] Holzer, Villa Wertheimstein, 136.

[65] Holzer, Villa Wertheimstein, 136f.

[66] Bartl, Villa Wertheimstein, 68.

KAPITEL 6: Rosa von Gerold

[1] Gerold, Rosa von: Erinnerungen. Wien, 1908, 10.

[2] Gerold, Erinnerungen, 8.

[3] Gerold, Rosa von: Eine Herbstfahrt nach Spanien. Wien, 1880.

[4] Gerold, Rosa von: Ein Ausflug nach Kerkyra und Athen. Wien, 1895.

[5] Gerold, R[osa] v[on]: Augenblicksbilder aus dem Buche meiner Erinnerung. Zweiter Band. Städtebilder aus Frankreich und Nordspanien. Wien, 1904.

[6] Gegendorfer, Rosa von Gerold und ihr Salon. Wien (Univ. Diss.). 1948, 31f.

[7] Gegendorfer, Rosa von Gerold, 20.

[8] Gegendorfer, Rosa von Gerold, 88f.

[9] Gegendorfer, Rosa von Gerold, 105.

[10] Gegendorfer, Rosa von Gerold, 92.

[11] Gegendorfer, Rosa von Gerold, 71.

[12] Gegendorfer, Rosa von Gerold, 93.

[13] Gerold, Rosa von: Erinnerungen. Wien, 1908, VIIIf.

[14] Gerold & Co Universitätsbuchhandlung. Firmenchronik 1867-1982, 3.

[15] Gegendorfer, Rosa von Gerold, 107f.

[16] Gegendorfer, Rosa von Gerold, 108.

[17] Gegendorfer, Rosa von Gerold, 110f.

[18] Gegendorfer, Rosa von Gerold, 112.

[19] Gegendorfer, Rosa von Gerold, 114.

[20] Gegendorfer, Rosa von Gerold, 118.

[21] Gerold, Erinnerungen, 30f.

[22] Gerold, Erinnerungen, 32.

[23] Gegendorfer, Rosa von Gerold, 23.

[24] Gegendorfer, Rosa von Gerold, 118.

[25] Gegendorfer, Rosa von Gerold, 103.

[26] Gegendorfer, Rosa von Gerold, 11.

KAPITEL 7: Berta Zuckerkandl

Vgl. zu Berta Zuckerkandl, Dubrovic, Milan: Veruntreute Geschichte. Die Wiener Salons und Literaturcafés. Wien, 1985. Schulte, Michael: Berta Zuckerkandl. Salonière, Journalistin, Geheimdiplomatin. Zürich, 2006, 21-42, 55-57, 78ff, 84-88, 93f, 153ff, 204ff, 212ff. Fischer, Lisa: Lina Loos, S. 182. Zlamal, Wiener Salonkultur, 54. Hevesi, Ludwig: Vorwort zu B. Zuckerkandl: Zeitkunst. Wien, 1908, 5. Zlamal, Wiener Salonkultur, 63-66. Heyden-Rynsch, Europäische Salons, 203 – 206. Timms, Edward: Die Wiener Kreise. Schöpferische Interaktionen in der Wiener Moderne. In: Nautz, Jürgen/Varenkamp, Richard (Hg.): Die Wiener Jahrhundertwende. Wien, 1993, 132. 212ff.

[2] Zweig, Stefan: Die Welt von gestern. Frankfurt am Main, 1996, 31.

[3] Elstun, Esther N. : Richard Beer-Hofmann. His Life and Work. University Park, 1983, 3.

[4] Zuckerkandl-Szeps, Berta: Ich erlebte fünfzig Jahre Weltgeschichte. Stockholm, 1939, 24.

[5] Zuckerkandl-Szeps, Weltgeschichte, 83.

[6] Zuckerkandl-Szeps, Weltgeschichte, 83.

[7] Meysels; Lucian O.: In meinem Salon ist Österreich. Berta Zuckerkandl und ihre Zeit, Wien (3) 1985, 12-15.

[8] Zuckerkandl-Szeps, Berta: Ich erlebte fünfzig Jahre Weltgeschichte. Stockholm 1939, 13ff.

[9] Zuckerkandl-Szeps, Weltgeschichte, 78f.

[10] Zuckerkandl-Szeps, Weltgeschichte, 24.

[11] Zuckerkandl-Szeps, Weltgeschichte, 130.

[12] Weirich, Armelle: Berta Zuckerkandl (1864-1945), salonnière, journaliste et critique d'art, entre Vienne et Paris. In: Bulletin annuel de la Socièté des Amis d'Eugène Carrière, n. 21 avril 2011. [von der Autorin persönlich zur Verfügung gestellt]

[13] Zuckerkandl-Szeps, Weltgeschichte, 78.

[14] Zuckerkandl-Szeps, Weltgeschichte, 78.

[15] Schnitzler, Arthur: Jugend in Wien. Wien, 1968, 127f.

[16] Zuckerkandl-Szeps, Weltgeschichte, 127.

[17] Weirich, Armelle: Berta Zuckerkandl ou l'importance de l'amitié d'une femme et d'une critique d'art. In: Clemenceau et les artistes modernes. Manet, Monet, Rodin..., catalogue d'exposition (Historial de la Vendée, 7. 12. 2013 – 2. 3. 2014), Paris, Somogy, 2013. [von der Autorin persönlich zur Verfügung gestellt]

[18] Zuckerkandl-Szeps, Weltgeschichte, 176.

[19] Zuckerkandl-Szeps, Weltgeschichte, 177.

[20] Dubrovic, Veruntreute Geschichte, 171f.

[21] Zuckerkandl-Szeps, Weltgeschichte, 164.

[22] Zuckerkandl-Szeps, Weltgeschichte, 164.

[23] Dubrovic, Veruntreute Geschichte, 1985, 171f.

[24] Zuckerkandl, Berta: Österreich intim. Frankfurt am Main, 1970, 24f.

[25] Zuckerkandl, Österreich intim, 24f.

[26] Vasili, Wiener Gesellschaft, 412.

[27] Schulte, Zuckerkandl, 92ff.

[28] Bermann, Richard A.: Die Fahrt auf dem Katarakt. Wien 1998, 59.

[29] Hevesi, Ludwig: Zum Geleit. In: Berta Zuckerkandl: Zeitkunst, Wien 1908, VIIff.

[30] Hevesi, Ludwig: Flagranti und andere Heiterkeiten. Stuttgart, 1909. In: Egger, Hanna/Robertson, Pamela/Trummer, Manfred/Vergo, Peter: Ein moderner Nachmittag. Margaret Macdonald Mackintosh und der Salon Waerndorfer in Wien. Wien/Köln/Weimar, 7, 9.

[31] Malmberg, Helga: Widerhall des Herzens. Ein Peter Altenberg-Buch. München, 1961, 53ff.

[32] Schulte, Zuckerkandl, 110.

[33] Zuckerkandl-Szeps, Weltgeschichte, 215f.

[34] Zuckerkandl-Szeps, Weltgeschichte, Seite 218.

[35] Nostitz, Helene: Aus dem Alten Europa. Menschen und Städte. Leipzig, 1925, 89.

[36] Nostitz, Aus dem alten Europa, 98f.

[37] Zuckerkandl, Österreich Intim, 185f.

[38] Dubrovic, Veruntreute Geschichte, 177.

[39] Schulte, Zuckerkandl, 212ff.

[40] Dubrovic, Veruntreute Geschichte, 172

[41] Csokor, Franz Theodor: Zeuge einer Zeit. Briefe aus dem Exil 1933–1950. München/Wien, 1964, 44f.

[42] Redel, 190f. zit. in.: Schulte, Zuckerkandl, 204f.

[43] Zuckerkandl-Szeps, Weltgeschichte, Seite 310.

[44] Zuckerkandl-Szeps, Weltgeschichte, Seite 311.

[45] Vgl. zur Flucht nach Algerien und ihre Schriften aus dem Nachlass: Klugsberger/Pleyer (Hg.): Berta Zuckerkandl Flucht! Von Bourges nach Algir im Sommer 1940. Wien, 2013.

[46] Zuckerkandl-Szeps, Berthé : „Clemenceau, tel que je l'ai connu", Algier 1944, 23.

[47] Schulte, Zuckerkandl, 231.

KAPITEL 8: Alma Mahler-Werfel und Anna Mahler

[1] Mahler-Werfel, Alma: Erinnerungen an Gustav Mahler, herausgegeben von Donald Mitchell. Frankfurt/Main/Berlin/Wien, 1980, 47.

[2] Mahler-Werfel, Alma: Mein Leben. Franzfurt am Main, 1960, 33.

3 Mahler-Werfel, Mein Leben, 67.

4 Mahler-Werfel, Mein Leben, 90f.

5 Mahler-Werfel, Mein Leben, 126.

6 Mahler-Werfel, Mein Leben, 127.

7 Mahler-Werfel, Mein Leben, 128.

8 Mahler-Werfel, Mein Leben, 182.

9 Mahler-Werfel, Mein Leben, 202.

10 Mahler-Werfel, Mein Leben, 128.

11 Zlamal, Wiener Salonkultur, 71.

12 Joseph, Albrecht: Zu Besuch bei Alma Mahler-Werfel. Auszug aus einem Manuskript 1977. In: Weidle/Seeber (Hg): Anna Mahler, 84.

13 Joseph, Zu Besuch bei Alma Mahler-Werfel, 84.

14 Mann, Klaus: Der Wendepunkt. Ein Lebensbericht. München, 1989, 370.

15 Dubrovic, Veruntreute Geschichte, 75.

16 Mahler-Werfel, Mein Leben, 120.

17 Torberg, Friedrich: Die Erben der Tante Jolesch. München, 1978, 310.

18 Canetti, Elias: Das Augenspiel. Lebensgeschichte 1931-1937. München/Wien, 1985, 155.

19 Canetti, Augenspiel, 59ff.

20 Canetti, Augenspiel, 62.

21 Canetti, Augenspiel, 64.

22 Mahler-Werfel, Mein Leben, 216.

23 Mahler-Werfel, Mein Leben, 217.

24 Mann, Klaus: der Wendepunkt. Ein Lebensbericht. München, 1989, 370

25 Ebd.

26 Hilmes, Oliver: Witwe im Wahn. Das Leben der Alma Mahler-Werfel. München, 2005, 248.

27 Hilmes, Witwe im Wahn, 250.

28 Joseph, Zu Besuch bei Alma Mahler-Werfel, 84.

29 Joseph, Zu Besuch bei Alma Mahler-Werfel, 84.

30 vgl. Tönni, Ferdinand: Gemeinschaft und Gesellschaft. Leipzig, 1935, 5.

31 Canetti, Elias: Das Augenspiel, 138.

32 Mann, Klaus: Der Wendepunkt, 370.

33 Himburg-Krawehl, Irene: Marquisen, Literaten und Revolutionäre. Zeitkommunikaton im französischen Salon des 18. Jahrhunderts. Osnabrück, 1970, 16.

34 Csokor, Franz Theodor: Zeuge einer Zeit. Briefe aus dem Exil 1933–1950. München/Wien, 1964, 44.

35 Spiel, Hilde: Die hellen und die finsteren Zeiten. Erinnerungen 1911–1946. München, 1989, 103.

36 Fischer, Lisa: Lina Loos oder Wenn die Muse sich selbst küßt. Wien/Köln/Weimar, 1994, 17.

37 zit. nach Wessling, Berndt W.: Alma. Gefährtin von Gustav Mahler, Oskar Kokoschka, Walter Gropius, Franz Werfel. Düsseldorf, 1983, 182.

[38] Hilmes: Witwe im Wahn, 287.

[39] Empfang bei Alma Mahler-Werfel und Franz Werfel, In: Neues Wiener Journal, 13.6.1937, zit in: Hilmes, Witwe im Wahn, 5.

[40] Hilmes: Witwe im Wahn, 295.

[41] Hilmes: Witwe im Wahn, 319-329.

[42] Mahler-Werfel, Mein Leben, 350.

[43] Mahler-Werfel, Mein Leben, 370.

[44] Canetti, Das Augenspiel, 54. Vergleiche zu Anna Mahler: Canetti, Das Augenspiel, 51–64, 75–96, 102–105, 123–136, 145–176, 202–209.

[45] Canetti, Augenspiel, 79ff.

[46] Canetti, Augenspiel, 81.

[47] Canetti, Augenspiel, 81.

[48] Canetti, Augenspiel, 83.

[49] Canetti, Augenspiel, 84.

[50] Canetti, Augenspiel, 85.

[51] Joseph, Zu Besuch bei Alma Mahler, 86.

[52] Weidle, Barbara: Ich bin in mir selbst zu Hause II. Anna Mahler in London, Montreal, Los Angeles und Spoleto 1938–1988. Bonn, 2004, 137.

[53] Weidle, Ich bin in mir selbst zu Hause II, 138.

[54] Weidle, Ich bin in mir selbst zu Hause II, 139.

[55] Weidle, Ich bin in mir selbst zu Hause II, 140f.

[56] Weidle, Ich bin in mir selbst zu Hause II, 143.

KAPITEL 9: Marie Lang, Lina Loos, Gina Kaus, Grete Wiesenthal

[1] Vgl. zu diesem Kapitel: Zlamal, Michaela: Die Wiener Salonkultur in der ersten Hälfte des 20. Jahrhunderts. Wien (Univ. Dipl. Arb.), 1997, 45–50, 56, 64f, 71. Scheu Robert: Hermann und Genia. In: Arbeiterzeitung, 24. 8. 1947. Csokor, Franz Theodor: In Memoriam Lina Loos. Wiener Zeitung Nr. 133, 1950. Loos, Lina: Das Buch ohne Titel (1986); mehr Lit. in Czeike, Historisches Lexikon Wien, Bd. 4, Wien, 1995.
Huber, Christina, Gina Kaus. Eine Monographie. Wien (Univ. Dipl. Arb.), 1994, S. 14. Huber-Wiesenthal, Rudolf: Die Schwestern Wiesenthal. Wien, 1934, 9–17. Dubrovic, Veruntreute Geschichte, 182f, 189ff.
Mundorf, Susanne: Grete Wiesenthal. Renaissance einer Tanzform. Seefeld (D), 2008, 13ff.

[2] Sparholz, Irmgard: Marie Lang und ihre Bedeutung für die Sozialreformen in Österreich im ausgehenden 19. Jahrhundert. Wien (Univ. Dipl. Arb.), 1986, S 6ff.

[3] Großmann: Ich war begeistert, 160.

[4] Zlamal, Michaela: Die Wiener Salonkultur in der ersten Hälfte des 20. Jahrhunderts. Wien (Univ. Dipl. Arb.), 1997, 47.

[5] Huber-Wiesenthal, Rudolf: Der Kreis um Marie Lang. In: Neues Wiener Tagblatt, 11. 9. 1935, 2.

[6] Huber-Wiesenthal, Rudolf: Der Kreis um Maria Lang. Neues Wiener Tagblatt, 11. 9. 1935, 3.

[7] Großmann: Ich war begeistert, 166f.

[8] Scheu, Robert: Hermann und Genia. In: Arbeiterzeitung, 24. 8. 1947.

[9] Wiesenthal, Grete: Die ersten Schritte. Wien, 1947, 173.

[10] Huber-Wiesenthal, Rudolf: Der Kreis um Maria Lang. Zit. in: Zlamal, Wiener Salonkultur, 68.

[11] Wiesenthal: Die ersten Schritte, 173f.

[12] Brief von Gina Kaus an Victor Suchy vom 8. 4. 1977. Zitiert nach: Huber, Christina: Gina Kaus. Eine Monographic. Wien (Univ. Dipl. Arb.), 1994, 6.

[13] Kaus, Gina: Von Wien nach Hollywood. Erinnerungen von Gina Kaus. Los Angeles, 1990. S. 40f.

[14] Zlamal, Wiener Salonkultur, 71.

[15] Huber, Gina Kaus, 12.

[16] Vgl. Huber, Gina Kaus, 43.

[17] Zlamal, Wiener Salonkultur, 77.

[18] Vgl. Dubrovic, Veruntreute Geschichte, 91.

[19] Huber-Wiesenthal, Der Kreis um Marie Lang, 10.

[20] Wiesenthal, Grete: Die ersten Schritte. Wien, 1947, 6.

[21] Dubrovic, Veruntreute Geschichte, 179f.

[22] Wiesenthal, Iffe, Wien, 1947.

[23] Dubrovic, Veruntreute Geschichte, 180.

[24] Dubrovic, Veruntreute Geschichte, 180.

[25] Dubrovic, Veruntreute Geschichte, 180f.

[26] Dubrovic, Veruntreute Geschichte, 181.

[27] Dubrovic, Veruntreute Geschichte, S. 178.

[28] Dubrovic, Veruntreute Geschichte, 179.

[29] Dubrovic, Veruntreute Geschichte, 181f.

[30] Dubrovic, Veruntreute Geschichte, 181f.

[31] Dubrovic, Veruntreute Geschichte, 183f.

[32] Dubrovic, Veruntreute Geschichte, 187f.

[33] Dubrovic, Veruntreute Geschichte, 191.

[34] Dubrovic, Veruntreute Geschichte, 191.

[35] Dubrovic, Veruntreute Geschichte, 191f.

[36] Dubrovic, Veruntreute Geschichte, 192.

[37] Dubrovic, Veruntreute Geschichte, 192.

KAPITEL 10: Eugenie Schwarzwald

[1] Schiferer, Beatrix: Fraudoktor. Eugenie Schwarzwald. In: Streibel, Robert (Hg.): Eugenie Schwarzwald und ihr Kreis. Wien, 1996, 13.

[2] Die Lebensluft der alten Schule. In; Czernowitzer Morgenblatt, 17. Mai 1931. Zit. In: Deichmann, Hans: Leben mit provisorischer Genehmigung. Leben, Werk und Exil von Dr. Eugenie Schwarzwald (1872–1940). Wien, 1988, 19. Deichmann, Hans: Leben mit provisorischer Genehmigung. Leben, Werk und Exil von Dr. Eugenie Schwarzwald (1872–1940). Wien, 1988, 32–36, 49-52, 79–87, 130, 139-203, 205-208, 241–247, 273f. Neue Freie Presse, 21. Februar 1926. Literatur-Lexikon. Autoren und Werke deutscher Sprache. Hrsg. v. Walter Killy. Bd. 10. 1988–1992. Das Jahrbuch der Wiener Gesellschaft. Hrsg. Von Franz Planer. Ausgabe 1929, 383. Lexikon der Frau, Bd. 2. 1954, 533. Czeike, Felix: Historisches Lexikon. Wien. Bd. 5. 1997. Deutsche Biographische Enzyklopädie. Hrsg. Walther Killy. Bd. 9. 1998. Rukschcio, Burkhard und Schachtel, Roland: Adolf Loos. Leben und Werk. Salzburg, 1982, 143. Zlamal, Michaela: Die Wiener Salonkultur in der ersten Hälfte des 20. Jahrhunderts. Wien (Univ. Dipl. Arb.), 1997, 54f, 69ff. Hall, Murray G.: Adolf Loos und „Frau Doktor". Die Vereinstätigkeit der Eugenie Schwarzwald. In: Der Künstlerkreis um Adolf Loos. Aufbruch zur Jahrhundertwende. Parnass, Sonderheft 2, März 1983, 93. Scheu, Friedrich: Ein Band der Freundschaft. Schwarzwald-Kreis und Entstehung der Vereinigung Sozialistischer Mitschüler. Wien/Köln/Graz, 1985. Holmes, Deborah: Langweile ist Gift: Das Leben der Eugenie Schwarzwald. St. Pölten/Salzburg/Wien, 2012.

[3] Die Lebensluft der alten Schule. In; Czernowitzer Morgenblatt, 17. Mai 1931. Zit. In: Deichmann, Leben mit provisorischer Genehmigung, 18.

[4] Deichmann, Schwarzwald, 18.

[5] Deichmann, Schwarzwald, 24.

[6] Deichmann, Schwarzwald, 24f.

[7] Deichmann, Schwarzwald, 31.

[8] Deichmann, Schwarzwald, 74.

[9] Deichmann, Schwarzwald, 206.

[10] Deichmann, Schwarzwald, 40.

[11] Deichmann, Schwarzwald, 47.

[12] Deichmann, Schwarzwald, 47.

[13] Murray G. Hall: »Frau Doktor« Eugenie Schwarzwald. In: Das jüdische Echo (Wien), Nr. 1, Vol. XX–XII, September 1983, 113ff.

[14] Altmann-Loos, Elsie: Adolf Loos, der Mensch. Wien/München, 1968, 67.

[15] Altmann-Loos, Adolf Loos, 74.

[16] Deichmann, Schwarzwald, 373.

[17] Deichmann, Schwarzwald, 78.

[18] Björkman-Goldschmidt: In: Fraudoktor (unveröffentlichte Textbeiträge aus dem Freundeskreis von Eugenie Schwarzwald, gesammelt von Hans Deichmann, 31. 3. 1978), 4-5. Sifkovits, Elisabeth: Eugenie Schwarzwald, Mädchenbildung, Koedukation und die Vermittlung der Kultur der Moderne. Graz (Univ. Diss.), 2009, 267.

[19] Björkman-Goldschmidt: In: Fraudoktor (unveröffentlichte Textbeiträge aus dem Freundeskreis von Eugenie Schwarzwald, gesammelt von Hans Deichmann, 31. 3. 1978), 4–5. Sifkovits, Eugenie Schwarzwald, 267.

[20] Sifkovits, Eugenie Schwarzwald, 268.

[21] Canetti Elias: Das Augenspiel, Lebensgeschichte 1931–1937, 1985, 203.

[22] Zlamal, Wiener Salonkultur, S. 69.

[23] Deichmann, Schwarzwald, 75f.

[24] Murray G. Hall: „Frau Doktor", 113–115.

[25] Deichmann, Schwarzwald, 132.

[26] Deichmann, Schwarzwald, 132.

[27] Deichmann, Schwalzwald, 377.

[28] Deichmann, Schwarzwald, 136.

[29] Deichmann: Schwarzwald, 226.

[30] Deichmann, Schwarzwald, 370f.

[31] Kokoschka, Oskar: Mein Leben. München, 1971, 121.

[32] Deichmann, Schwarzwald, 175–181.

[33] Deichmann, Schwarzwald, 181.

[34] Deichmann, Schwarzwald, 175.

[35] Deichmann, Schwarzwald, 181.

[36] Deichmann, Schwarzwald, 182.

[37] Deichmann, Schwarzwald, 183f.

[38] Deichmann, Schwarzwald, 184.

[39] Deichmann, Schwarzwald, 208.

[40] Deichmann, Schwarzwald, 248.

[41] Deichmann, Schwarzwald, 261.

LITERATURVERZEICHNIS

Ackerl, Elisabeth: Wiener Salonkultur um die Jahrhundertwende. Ein Versuch. In: Nautz, Jürgen (Hg.)/Varenkamp, Richard (Hg.): Die Wiener Jahrhundertwende. Einflüsse, Umwelt, Wirkungen. Wien/Köln/Graz 1993. = Studien zu Politik und Verwaltung Band 46.

Altmann-Loos, Elsie: Adolf Loos, der Mensch. Wien/München 1968.

Anonyma: Die Wiener Gesellschaft. Charakterisiert von einer Dame. Wien 1860.

Arneth, Alfred: Maria Theresia und der Hofrath von Greiner. In: Sitzungsberichte der kaiserlichen Akademie der Wissenschaften, philos.-histor. Classe Bd. 30. Wien 1859.

Baltzarek, Franz/Hoffmann, Alfred/Stekl, Hannes: Wirtschaft und Gesellschaft der Wiener Stadterweiterung. Wiesbaden 1975.

Bartl, Johann: Villa Wertheimstein – Vom geistigen Treffpunkt zum musealen Gedenkraum. Wien (Univ. Dipl. Arb) 1990.

Bemerkungen oder Briefe über Wien eines jungen Bayern auf einer Reise durch Deutschland an eine Dame von Stande. Leipzig 1804.

Bermann, Richard A. alias Höllriegel, Arnold: Die Fahrt auf dem Katarakt. Eine Autobiographie ohne einen Helden. Herausgegeben von Hans-Harald Müller. Wien 1998.

Bertuch, Carl: Bemerkungen auf einer Reise von Thüringen nach Wien im Winter 1805 bis 1806. Zweites Heft. Weimar 1810.

Bertuch, Carl: Tagebuch vom Wiener Kongreß. Hg. v. Hermann Freiherr v. Eglosstein. Berlin 1916.

Bettelheim, Anton: Ferdinand von Saars Leben und Schaffen. Erster Band der Werke in zwölf Bänden. Leipzig 1908.

Bilinski, Emily: Fanny von Arnstein und Cäcilie Eskeles – Export der aufklärerischen Geselligkeit. In: 300 Jahre Schloss Britz. Berlin 2006.

Biografie der Glaubensfeger in Österreich, Bd. 8. Wien 1783.

Biografisches Lexikon des Kaiserthums Österreich, ed. Constantin von Wurzbach Band 5. Wien 1859.

Björkman-Goldschmidt, Elsa: Es geschah in Wien: Erinnerungen von Elsa Björkman-Goldschmidt. Schreiber, Renate [Hrsg.].

Buergersinn Aufbegehren. Bürgersinn und Aufbegehren. Biedermeier u. Vormärz in Wien 1815–1848. (Sonderausstellung des Histor. Museums d. Stadt Wien, Karlsplatz, im Künstlerhaus, Karlsplatz 5, 17. Dez. 1987 bis 12. Juni 1988. Erben, Tino [Hrsg.]; Forstner-Karner, Regina [Hrsg.]; Krasa, Selma [Hrsg.] Wien: Eigenverl. d. Museen d. Stadt Wien.Wien 1988.

Canetti, Elias: Das Augenspiel. Lebensgeschichte 1931–1937. München/Wien 1985.

Csokor, Franz Theodor: In Memoriam Lina Loos. Wiener Zeitung Nr. 133, Wien 1950.

Csokor, Franz Theodor: Zeuge einer Zeit. Briefe aus dem Exil 1933–1950. München 1964.

Czeike, Felix: Historisches Lexikon Wien. Wien 1997.

Deichmann, Hans: Leben mit provisorischer Genehmigung. Leben, Werk und Exil von Dr. Eugenie Schwarzwald. Wien 1988.

Donnelly, Brigitte: Charlotte von Greiner und ihr bürgerlicher Salon im Wien des 18. Jahrhunderts. Wien (Univ. Dipl. Arb.) 1997.

Dubrovic, Milan: Veruntreute Geschichte. Wien/Hamburg 1985.

Eglossstein, Hermann Freiherr (Hg.): Carl Bertuchs Tagebuch vom Wiener Kongreß. Berlin, 1916.

Elstun, Esther N.: Richard Beer-Hofmann. His Life and Work. Pennsylvania State University 1983.

Ewart, Felicie: Biographisches Jahrbuch und deutscher Necrolog. Bd. 12. Wien 1909.

Ewart, Felicie: Zwei Frauenbildnisse zur Erinnerung. Wien 1907.

Exner, Emilie, siehe Ewart Felicie.

Fischer, Lisa: Lina Loos oder Wenn die Muse sich selbst küßt. Eine Biographie. Wien/Köln/Weimar 1994.

Friedel, Johann: Galanterien Wiens, auf einer Reise gesammelt, und in Briefen geschildert von einem Berliner, 1. Teil, [o.O.] 1784.

Fritsche, Victor von: Bilder aus dem österreichischen Hof- und Gesellschaftsleben. Wien 1914.

Fuchs, Johann Baptist: 1757-1827. Erinnerungen aus dem Leben eines Kölner Juristen. Herausgegeben von Dr. Julius Heyderhoff. Köln 1912.

Gaugusch, Georg: Wer einmal war. Das jüdische Großbürgertum Wiens 1800–1938 (Jahrbuch der Heraldisch-Genealogischen Gesellschaft „Adler", Wien. 3. Folge, Bd. 16) Wien 2011.

Gegendorfer, Johanna: Rosa von Gerold und ihr Salon. Wien (Univ. Diss.) 1948.

Gerold & Co Universitätsbuchhandlung. Firmenchronik 1867–1982, Wien 1982.

Gerold, Rosa von: Augenblicksbilder aus dem Buche meiner Erinnerungen. Zweiter Band. Städtebilder aus Frankreich und Nord-Spanien. Wien 1904.

Gerold, Rosa von: Ein Ausflug nach Kerkyra und Athen. Wien 1895.

Gerold, Rosa von: Eine Herbstfahrt nach Spanien. Den Reisegefährten zur Erinnerung. Wien 1880.

Gerold, Rosa von: Erinnerungen. Wien 1908.

Gerstinger, Heinz: Altwiener literarische Salons. Wiener Salonkultur vom Rokoko bis zur Neuromantik (1777–1907). Hallein 2002.

Giroud, Françoise: Alma Mahler oder die Kunst, geliebt zu werden. Wien 1989.

Gomperz, Julius von: Jugend-Erinnerungen: dem Andenken seiner Schwestern Josefine, Sofie, Minna. [Habrowan] 1903.

Gomperz, Theodor: Essays und Erinnerungen. Stuttgart 1905.

Gomperz, Theodor: Ein Gelehrtenleben im Bürgertum der Franz-Josephs-Zeit. Auswahl seiner Briefe und Aufzeichnung 1869–1912, erläutert und zu einer Darstellung seines Lebens verknüpft von Heinrich Gomperz, neubearbeitet und herausgegeben von Robert A. Kann, (Österreichische Akademie der Wissenschaften, Philosophisch-Historische Klasse, Sitzungsberichte, 295. Band) Wien 1974.

Großmann, Stefan: Ich war begeistert. Eine Lebensgeschichte. Königstein 1979.

Gugitz, Gustav: Alois Blumauer. In: Jahrbuch der Grillparzergesellschaft 18, Wien 1908.

Hall, Murray G.: „Frau Doktor" Eugenie Schwarzwald. In: Das jüdische Echo, Nr. 1, Vol. XX–XII, Wien 1983.

Hall, Murray G.: Adolf Loos und „Frau Doktor". Die Vereinstätigkeit der Eugenie Schwarzwald. In: Der Künstlerkreis um Adolf Loos. Aufbruch zur Jahrhundertwende. Parnass, Sonderheft 2. Wien 1983.

Herz, Leo: Die literarischen Salons in Wien zu Beginn des 19. Jahrhunderts. Mit besonderer Berücksichtigung des Salons der Karoline Pichler. Wien (Univ. Diss.) 1918.

Hevesi, Ludwig: Flagranti und andere Heiterkeiten. Stuttgart, 1909. In: Egger, Hanna; Noever, Peter [Hrsg.]: Ein moderner Nachmittag. Margaret Macdonald Mackintosh und der Salon Waerndorfer in Wien. Wien 2000.

Heyden-Rynsch, Verena von der: Europäische Salons. Höhepunkte einer versunkenen weiblichen Kultur. München 1992.

Hiller, Gottlieb, Reise durch einen Theil von Sachsen, Böhmen, Österreich und Ungarn. Köthen 1807.

Hilmes, Oliver: Witwe im Wahn. Das Leben der Alma Mahler-Werfel. München 2004.

Himburg-Krawehl, Irene: Marquisen, Literaten, Revolutionäre. Zeitkommunikation im französischen Salon des 18. Jahrhunderts. (= Dialogos. Zeitung und Leben, Neue Folge, Bd. 4, hrsg von Dr. Otto N. Roegele). Osnabrück 1970.

Holmes, Deborah: Langweile ist Gift: Das Leben der Eugenie Schwarzwald. St. Pölten/Salzburg/Wien 2012.

Holzapfel-Gomperz, Bettina: Reisnerstraße 13. Meine Jugend im Wien der Jahrhundertwende. Aus dem Nachlaß hg. v. Monika Meyer-Holzapfel und Cedric Hausherr, Wien/München 1980.

Holzer, Rudolf: Villa Wertheimstein. Haus der Genien und Dämonen. Wien 1960.

Huber, Christina: Gina Kaus. Eine Monographie. Wien (Univ. Dipl. Arb.) 1994.

Huber-Wiesenthal, Rudolf: Der Kreis um Marie Lang. In: Neues Wiener Tagblatt, Wien 11. 9. 1935.

Huber-Wiesenthal, Rudolf.: Die Schwestern Wiesenthal. Wien 1934.

Jagemann, Karoline/Bamberg, Eduard (Hrsg): Die Erinnerungen der Karoline Jagemann nebst zahlreichen unveröffentlichten Dokumenten aus der Goethezeit. Dresden, 1926.

Jansen, Lena: Karoline Pichlers Schaffen und Weltanschauung im Rahmen ihrer Zeit. Graz 1936.

Jörgler, Daniela: Rivalin oder Mitstreiterin. Über das Verhältnis von Eugenie Schwarzwald und Otto Glöckel. Graz (Univ. Dipl. Arb.) 2007.

Joseph, Albrecht: Zu Besuch bei Alma Mahler-Werfel Auszug aus einem Manuskript von 1977. In: Anna Mahler/Barbara Weidle u. Ursula Seeber (Hg.) [Beitr. von Herta Blaukopf ...]: Anna Mahler: Ich bin in mir selbst zu Hause. Bonn 2004.

Junker, Carl: Das Haus Gerold in Wien 1775–1925. Wien 1925.

Kaltenthaler, Albert: Die Pariser Salons als europäische Kulturzentren unter besonderer Berücksichtigung der deutschen Besucher während der Zeit von 1815–1848. Nürnberg (Univ. Dipl. Arb.) 1960.

Kann, Robert A. (Hg.): Briefe an, von und um Josephine von Wertheimstein. Wien 1981.

Kann, Robert A.: Theodor Gomperz. Ein Gelehrtenleben im Bürgertum d. Franz-Josefs-Zeit. Ausw. seiner Briefe u. Aufzeichnungen, 1869–1912, erl. u. zu einer Darstellung seines Lebens verknüpft. Wien 1974.

Kaus, Gina: Von Wien nach Hollywood. Erinnerungen von Gina Kaus. Los Angeles 1990.

Killy, Walther (Hrsg.): Deutsche Biographische Enzyklopädie. Berlin 1998.

Klugsberger, Theresia/Pleyer, Ruth (Hrsg.): Berta Zuckerkandl. Flucht! Von Bourges nach Algir im Sommer 1940. Wien 2013.

Kobau, Ernst: Ratlos zieht die Flucht der Jahre … Josephine und Franziska von Wertheimstein – Ferdinand von Saar. Wien/Köln/Weimar 1997.

Kobler, Franz: Jüdische Geschichte in Briefen aus Ost und West. Das Zeitalter der Emanzipation. Wien 1938.

Kohlbauer-Fritz, Gabriele: Gesegnet seist Du die Wohltätigkeit und Gerechtigkeit sucht. In: Beste aller Frauen: weibliche Dimensionen im Judentum ... anlässlich der Ausstellung vom 16. Mai bis 18. November 2007, [Jüdisches Museum Wien], herausgegeben von Gabriele Kohlbauer-Fritz. Wien 2007.

Kokoschka, Oskar: Mein Leben. München 1971.

Kritsch, Cornelia/Sichrovsky, Heinz: Die Korrespondenz zwischen Karoline von Greiner, Lorenz Leopold Haschka und Johann Caspar Lavater. In: Joseph Haydn und die Literatur seiner Zeit, ed. Herbert Zeman (Jahrbuch für österreichische Kulturgeschichte 6). Eisenstadt 1976.

Lagarde de Messence, August comte de: Graf Auguste de La Garde. Gemälde des Wiener Kongresses 1814–1815. Erinnerungen, Feste, Sittenschilderungen, Anekdoten. Herausgegeben von Dr. Hans Effenberger. Wien/Leipzig 1912.

Landon, Else R.: In der Gunst der Kaiserin: Karrieren unter Maria Theresia. Wien 1997.

Leuschner, Brigitte (Hg.): Schriftstellerinnen und Schwesternseelen. Der Briefwechsel zwischen Therese Huber und Karoline Pichler. Marburg 1995.

Lexikon der Frau, zwei Bände. Zürich 1954.

Literatur-Lexikon. Autoren und Werke deutscher Sprache. Hrsg. v. Killy, Walter. Berlin 1988–1992.

Litterarische Monate: Ein Journal von einer Gesellschaft zu Wien 1 (Auf Kosten der Gesellschaft gedruckt bey Johann Thomas Edlen von Trattnern). Wien. 1777.

Loos, Lina: Das Buch ohne Titel. Wien/Köln/Graz 1986.

Mahler-Werfel, Alma: And the Bridge is Love. New York 1958.

Mahler-Werfel, Alma: Erinnerungen an Gustav Mahler. Hg. v. Donald Mitchell. Frankfurt/Main/Berlin/Wien 1980.

Mahler-Werfel, Alma: Mein Leben. Frankfurt/Main 1960.

Malmberg, Helga: Widerhall des Herzens. Ein Peter Altenberg-Buch. München 1961.

Mann, Klaus: Der Wendepunkt. Ein Lebensbericht. [Frankfurt am Main] 1952.

Matzer, Christine: Europäische Salonkultur unter besonderer Berücksichtigung des Wiener Salonlebens in der ersten Hälfte des 19. Jahrhunderts. Graz (Univ. Dipl. Arb.) 1994.

Meysels, Lucian O.: In meinem Salon ist Österreich. Berta Zuckerkandl und ihre Zeit. Wien 1984.

Monson, Karen: Alma Mahler-Werfel: Die unbezähmbare Muse. München 1986.

Müller, Klaus-Detlev: Autobiographie und Roman. Studien zur literarischen Autobiographie der Goethezeit. Tübingen 1976.

Müller, Peter: Die Ringstraßengesellschaft. Wien 1984.

Mundorf, Susanne: Grete Wiesenthal. Renaissance einer Tanzform. Seefeld (D) 2008.

Neuestes Damen-Conversations-Lexikon (Damen-Conversations-Lexicon). Ein Inbegriff des Gesammtwissens für die Frauenwelt. 5./6. Band, Leipzig 1856.

Neumann, Bernd: Identität und Rollenzwang. Zur Theorie der Autobiographie. Frankfurt/Main 1970.

Nostiz, Helene von: Aus dem Alten Europa. Menschen und Städte. Leipzig 1925.

Österreichisches Biographisches Lexikon 1815–1950.

Oppenauer, Markus: Der Salon Zuckerkandl im Kontext von Wissenschaft, Politik und Öffentlichkeit. Weitra 2012.

Pelzeln, Fanny, Edle von: „Aus Karoline Pichlers letzten Lebensjahren". Österreichisches Kaiser-Jubiläums-Dichterbuch: 50 Jahre österreichische Literatur; Huldigungsgabe zur fünfzigsten Jahreswende der Thronbesteigung Seiner Majestät des Kaisers Franz Joseph I. Hassenberger, Eduard [Hrsg.]. Wien 1899.

Pezzl, J., Skizze von Wien, 1786–1790, 6 Hefte, Heft 4. Wien 1786–1790.

Picher, Karoline: Denkwürdigkeiten aus meinem Leben. Autobiografie in vier Bänden. Wien 1844.

Pichler, Caroline, geb. von Greiner: Denkwürdigkeiten aus meinem Leben. Mit einer Einl. u. zahlr. Anm. nach dem Erscheinungsdruck u. d. Urschrift neu hrsg. von Emil Karl Blümml. München 1914.

Planer, Franz (Hrsg.): Das Jahrbuch der Wiener Gesellschaft. Wien 1929.

Prohaska, Gertrude: Der literarische Salon der Karoline Pichler. Wien (Univ. Diss.) 1946.

Reichardt, Johann Friedrich: Vertraute Briefe geschrieben auf einer Reise nach Wien und den Österreichischen Staaten zu Ende des Jahres 1808 und zu Anfang 1809. München 1915.

Reise eines Engelländers durch Mannheim, Baiern und Österreich nach Wien. Herausgegeben von seinem teutschen Freunde. L. U. F. v. B. Amsterdam 1790.

Rose, Alison: The Jewish Salons of Vienna. In: Schwartz, Agatha (Ed.): Gender and Modernity in Central Europe. Ottawa 2010.

Rosenstrauch-Königsberg, Edith: Freimaurerei im josephinischen Wien. Aloys Blumauers Weg vom Jesuiten zum Jakobiner. Wien 1975.

Rossbacher, Karlheinz: Literatur und Bürgertum. Fünf Wiener jüdische Familien von der liberalen Ära zum Fin de Siècle. Literatur und Leben 64. Wien/Köln/Weimar 2003.

Rukschcio, Burkhard/Schachtel, Roland: Adolf Loos. Leben und Werk. Salzburg 1982.

Schiferer, Beatrix: Vorbilder. Kreative Frauen in Wien 1750–1950. Wien 1994.

Schiferer, Beatrix: Fraudoktor. Eugenie Schwarzwald. In: Streibel, Robert (Hg.): Eugenie Schwarzwald und ihr Kreis. Wien 1996.

Schneller, Concetta: Alma Schindlers Jugendzeit und der Salon von Alma Mahler-Werfel. Graz, (Univ. Dipl. Arb.) 1999.

Scheu, Friedrich: Ein Band der Freundschaft. Schwarzwald-Kreis und Entstehung der Vereinigung Sozialistischer Mitschüler. Wien/Köln/Graz 1985.

Scheu, Robert: Hermann und Genia. In: Arbeiterzeitung, 24. 8. 1947. Wien 1947.

Schlögl, Michaela: Klimt mit allen fünf Sinnen. Wien/Graz/Klagenfurt 2012.

Schnitzler, Arthur: Jugend in Wien. Eine Autobiographie. Wien 1968.

Schramm, Ingrid: Idol der jüdischen Emanzipation Fanny von Arnstein. In: Beste aller Frauen. Weibliche Dimensionen im Judentum. Hg. im Auftrag des Jüdischen Museums Wien von Gabriele Kohlbauer-Fritz und Wiebke Krohn anlässlich der Ausstellung vom 16. Mai bis 18. November 2007. Wien 2007.

Schraub, Ingrid: Zwischen Salon und Mädchenkammer. Frauen in Biedermeier und Kaiserzeit. Hamburg 1992.

Schulte, Michael: Berta Zuckerkandl. Saloniere, Journalistin, Geheimdiplomatin. Zürich 2006.

Schulz, Joachim Christoph Friedrich: Reise eines Lieffländers von Riga nach Warschau, durch Südpreußen, über Breslau, Dresden, Karlsbad, Bayreuth, Nürnberg, Regensburg, München, Salzburg, Linz, Wien und Klagenfurt, nach Botzen in Tyrol. 6. Heft. Berlin 1796.

Schwartz, Agatha (Hrsg.): Gender and modernity in Central Europe: the Austro-Hungarian monarchy and its legacy. Ottawa 2009.

Seibert, Peter: Der literarische Salon. Literatur und Geselligkeit zwischen Aufklärung und Vormärz. Stuttgart/Weimar 1993.

Sifkovits, Elisabeth: Eugenie Schwarzwald, Mädchenbildung, Koedukation und die Vermittlung der Kultur der Moderne. Graz (Univ. Diss) 2009.

Sparholz, Irmgard: Marie Lang und ihre Bedeutung für die Sozialreformen in Österreich im ausgehenden neunzehnten Jahrhundert. Wien (Univ. Dipl. Arb.) 1986.

Spiel, Hilde: Die hellen und die finsteren Zeiten. Erinnerungen 1911–1946. München 1989.

Spiel, Hilde: Fanny von Arnstein oder die Emanzipation. Ein Frauenleben an der Zeitwende 1758–1818. Frankfurt/Main 1962.

Stockert-Meynert, Dora: Theodor Meynert und seine Zeit. Wien und Leipzig 1930.

Stifter, Adalbert: Wiener Salonszenen (Wien und die Wiener in Bildern). In: Gesammelte Werke, ed. Konrad Steffen. Bd. 13, Basel/Stuttgart 1962.

Strauss, Jutta: Die Haskala – auf der Schwelle zur Moderne. In: 300 Jahre Schloss Britz. Berlin 2006.

Streibel, Robert (Hg.): Eugenie Schwarzwald und ihr Kreis. Wien 1996.

Strommer, Roswitha: Wiener literarische Salons zur Zeit Joseph Haydns. In: Zemann, Herbert (Hg.): Joseph Haydn und die Literatur seiner Zeit. In: Jahrbuch für österreichische Kulturgeschichte, Bd. VI. Eisenstadt 1976.

Szeps-Zuckerkandl siehe Zuckerkandl-Szeps

Tanzer, Gerhard: Spectacle müssen seyn. Die Freizeit der Wiener im 18. Jhd. Wien/Köln/Weimar 1992.

Timms, Edward: Die Wiener Kreise. Schöpferische Interaktionen in der
Wiener Moderne. In: Nautz, Jürgen/Varenkamp, Richard (Hg.):
Die Wiener Jahrhundertwende. Wien 1993.

Tönnies, Ferdinand: Gemeinschaft und Gesellschaft, Grundbegriffe der
reinen Soziologie. Leipzig 1935.

Torberg, Friedrich: Die Erben der Tante Jolesch. München 1978.

Tscheitschonig, Alexandra: „Gleichsam das Kunst-Rendezvous der Fremden":
Der literarische und musikalische Salon Fanny von Arnstein.
Wien (Univ. Dipl. Arb.) 1996.

Varnhagen von Ense, Carl August: Denkwürdigkeiten. hrsg. von Karl August
Varnhagen von Ense. Erhard, Johann-Benjamin/Varnhagen von Ense,
Carl August. Stuttgart 1830.

Vasili, Paul: Die Wiener Gesellschaft. Autorisierte Übersetzung. Leipzig 1885.

Voss, Richard: Aus einem phantastischen Leben. Erinnerungen. Stuttgart
1920.

Wagner, Renate: Arthur Schnitzler. Eine Biographie. Wien/München/Zürich
1981.

Wagner-Rieger, Renate (Hg): Die Wiener Ringstraße. Bilder einer Epoche.
Bd. V, Wiesbaden 1975.

Walther, Susanne: Der „zweite Adel". Kultur und Gesellschaft vor 1848.
In: Bürgersinn und Aufbegehren. Biedermeier und Vormärz in Wien
1815–1848. Katalog der 109. Sonderausstellung des Historischen
Museums der Stadt Wien. Wien 1987.

Weckbecker, Wilhelm (Hg.): Von Maria Theresia zu Franz Joseph.
Zwei Lebensbilder aus dem alten Österreich, Berlin 1929.

Weidle, Barbara/Seeber, Ursula (Hrsg.): Ich bin in mir selbst zu Hause. II.
Anna Mahler in London, Montreal, Los Angeles und Spoleto 1938–1988.
Bonn 2004.

Weirich, Armelle: Berta Zuckerkandl-Szeps ou l'importance de l'amitié d'une
femme et d'une critique d'art. In: Clemenceau et les artistes modernes.
Manet, Monet, Rodin …, catalogue d'exposition (Historial de la Vendee,
7. 12. 2013–2. 3. 2014), Paris, Somogy 2013.

Weirich, Armelle: Berta Zuckerkandl (1864–1945), salonnière, journaliste et
critique d'art, entre Vienne et Paris. In: Bulletin annuel de la Société des
Amis d'Eugène Carrière, n. 21, avril 2011.

Wessling, Berndt W.: Alma. Gefährtin von Gustav Mahler, Oskar Kokoschka,
Walter Gropius, Franz Werfel. Düsseldorf 1983.

Wiesenthal, Grete: Die ersten Schritte. Wien 1947.

Wiesenthal, Grete: Iffi, Roman einer Tänzerin. Wien 1951.

Wilbrandt, Adolf: Erinnerungen. Stuttgart/Berlin 1905.

Wilhelmy, Petra: Der Berliner Salon im 19. Jahrhundert (1780–1914).
Veröffentlichungen der Historischen Kommission zu Berlin, Bd. 73.
Berlin 1989.

Winklehner, Brigitte: Karoline Pichler, „Denkwürdigkeiten aus meinem Leben." Aspekte eines Frauenlebens in Wien zwischen Aufklärung und Romantik. (Univ Dipl. Arb.). Wien 1991.

Winter, Josephine: Fünfzig Jahre eines Wiener Hauses. Wien/Leipzig 1927.

Zlamal, Michaela: Die Wiener Salonkultur in der ersten Hälfte des 20. Jahrhunderts. Wien (Univ. Dipl. Arb.) 1997.

Zuckerkandl, Berta: Ich erlebte fünfzig Jahre Weltgeschichte. Stockholm 1939.

Zuckerkandl, Berta: Österreich intim. Erinnerungen 1892–1942. Frankfurt/Main 1970.

Zuckerkandl, B[erta]: Zeitkunst. Wien 1901–1907. Wien 1908.

Zuckerkandl-Szeps, Berthe: Clemenceau, tel que je l'ai connu. Algier 1944.

Zur hundertjährigen Gründungsfeier des Hauses Gerold, Buchdruckerei und Buchhandlung. Wien, 9. Oktober 1875.

Zweig, Stefan: Die Welt von Gestern. Erinnerungen eines Europäers. Frankfurt/Main 1996.

ABBILDUNGSVERZEICHNIS

Willfried Gredler-Oxenbauer: 138, 151, 165, 166, 167, 207, 233, 238, 239, 240, 254, 270

Library of Congress: 249

IMAGNO/ÖNB: Umschlagbild, 4, 24, 43, 46, 84, 86, 139, 142, 144, 152, 155, 210, 218, 229, 230, 264, 268, 276, 280, 285, 291

IMAGNO/Austrian Archives: 237 · IMAGNO/picturedesk.com: 190

IMAGNO/Otto Breicha: 256 · k. A./IMAGNO/picturedesk.com: 212

ÖNB-Bildarchiv/picturedesk.com: 18, 55

Friedrich Amerling/IMAGNO/picturedesk.com: 120, 134

Franz Xaver Setzer/IMAGNO/picturedesk.com: 273

Anonym/IMAGNO/picturedesk.com: 289

akg-images/picturedesk.com: 132/133

Bernt, Rudolf/ÖNB-Bildarchiv/picturedesk.com: 177

Fleischmann, Trude/ÖNB-Bildarchiv/picturedesk.com: 269, 297

Wien Museum: 51, 69, 110, 117, 129, 130/131, 136, 234/235

Österreichische Nationalbibliothek: 185, 187

Wikimedia Commons: 35, 36, 39, 58, 65, 72, 73, 79, 80, 82, 83, 100, 101, 104, 105, 106, 107, 112, 113, 114, 115, 123, 124, 125, 135, 140, 145, 159, 160, 168, 170, 181, 183, 184, 193, 194, 196, 197, 201 (Foto: Geiserich 77), 202, 215, 219, 221, 223, 224, 226, 236, 243, 244, 245, 250, 251, 255, 257, 260, 261, 266, 290

Commons Bundesarchiv: 295 (Foto: Horst Sturm, 3. 7. 1952)

Joseph Richter, Bildergalerie weltlicher Mißbräuche (Wien 1785): 52

Karoline Pichler, Denkwürdigkeiten aus meinem Leben. Hrsg. von Emil Karl Blümml (München 1914): 10, 25, 93, 97

Rosa von Gerold, Erinnerungen (Wien 1908): 172

DANKSAGUNG

Mein persönlicher Dank für ihre Unterstützung und ihr Interesse an meiner Arbeit gilt Frau Martina Paul, Frau Mag. Angelika Paier, Frau Mag. Barbara Sauer, Herrn Mag. Peter Wallisch, den Damen und Herren der Heraldisch-Genealogischen Gesellschaft Adler, der Nationalbibliothek Wien, der Universitätsbibliothek Wien, der Wienbibliothek und des Staatsarchivs Wien.

Mein besonderer Dank gilt der Verlegerin des Verlags Styria Frau Mag. Gerda Schaffelhofer und dem Programmleiter Herrn Dr. Johannes Sachslehner für die Aufnahme des Werks in das Verlagsprogramm, die Betreuung und die Verbreitung des Buches.

Dr. Helga Peham
helga.peham@chello.at
www.biografien-peham.com
Wien, am 1. September 2013

Wien um 1910: 929 Millionäre bilden die Spitze der Gesellschaft: das Kaiserhaus, hohe Adelige und Rentiers, Bankleute, Großhändler und Industrielle, einige Künstler und Wissenschaftler. Roman Sandgruber beschreibt die Welt dieser Oberschicht, ihre Berufe und Geburtsorte, ihre Religion und Ausbildung, ihr Geschlecht und Alter, ihre Orden und Titel, ihre Wohnorte und Schlösser, ihre Hobbys und Vergnügen, ihr Leben und Sterben. Das faszinierende Porträt einer Gesellschaftsschicht, die mit Krieg, Hyperinflation, Weltwirtschaftskrise und der Vernichtung der jüdischen Gesellschaft durch den Nationalsozialismus ein jähes Ende nahm.

Roman Sandgruber
TRAUMZEIT FÜR MILLIONÄRE
Die 929 reichsten Wienerinnen und Wiener
im Jahr 1910

496 Seiten, 17 x 24 cm
€ 34,99 · ISBN 978-3-222-13405-0

ISBN: 978-3-222-13402-9

© 2013 by Styria premium in der
Verlagsgruppe Styria GmbH & Co KG
Wien · Graz · Klagenfurt

styriabooks.at

Covergestaltung: Bruno Wegscheider
Produktion und Gestaltung: Alfred Hoffmann

Druck und Bindung:
Duckerei Theiss GmbH, St. Stefan im Lavanttal

1 3 5 7 6 4 2

Printed in Austria